Sammlung Göschen Band 1008

Allgemeine Betriebswirtschaftslehre

Von

Dr. Konrad Mellerowicz

o. Professor an der Wirtschafts-Hochschule Berlin

Dritte, veränderte Auflage

Walter de Gruyter & Co.

vormals G. J. Göschen'sche Verlagshandlung · J. Guttentag, Verlagsbuchhandlung · Georg Reimer · Karl J. Trübner · Veit & Comp.

Berlin 1940

Archiv-Nr. 11 1008
Druck von Walter de Gruyter & Co., Berlin W 35
Printed in Germany

Inhalt.

Seite

I. Begriff und Gliederung der Betriebswirtschaftslehre

1. Begriff der Betriebswirtschaft 6
2. Begriff und Methode der Betriebswirtschaftslehre 9
3. Gliederung der Betriebswirtschaftslehre 13

II. Wirtschaftsformen

1. Betriebswirtschaft und Wirtschaftsordnung 14
2. Betriebsformen 21
   a) Grundformen 21
   b) Konzentrationsformen 32

III. Der Betriebsablauf

1. Der betriebliche Kreislauf 46
2. Das Prinzip der Produktionsgestaltung 51
3. Die drei Faktoren der Produktionsgestaltung 56
   a) Kosten 56
   b) Wert 78
   c) Preis 85
4. Wert- und Preiskalkulationen 92
5. Der Ertrag 101
   a) Begriff, Arten und Funktionen des Ertrages 101
   b) Die Ertragsrechnung 109

IV. Die gestaltenden Betriebskräfte

1. Die Arbeit als tragende Betriebskraft 115
   a) Mensch und Menschenführung im Betriebe 115
   b) Organisation der Arbeit 120
   c) Arbeitslohn und seine Formen 126
2. Die Hilfskräfte 128
   a) Kapital 128
   b) Organisation 139

V. Die betrieblichen Funktionen

1. Leitung und Verwaltung 151
2. Beschaffung 153
   a) Finanzierung 153
   b) Einkauf und Lagerhaltung 170
3. Produktion 173
   a) Standort 173
   b) Produktionsstufen 175
   c) Produktionsprozeß, seine technische Entwicklung 176
   d) Produktionsformen 182
   e) Produktionskapazität und optimale Betriebsgröße 184
4. Vertrieb 185
   a) Transport 185
   b) Absatz 189

Schluß 221

Literatur.

Allgemeine Literatur und zu I.

1. Leitner, Wirtschaftslehre der Unternehmung, Berlin 1926.
2. Lohmann, Betriebswirtschaftslehre, Hamburg 1936.
3. Nicklisch, Die Betriebswirtschaft, Stuttgart 1932.
4. Prion, Die Lehre vom Wirtschaftsbetrieb, 3 Bände, Berlin 1935—36.
5. Schär, Handelsbetriebslehre, Leipzig 1921.
6. Walb, Kaufmännische Betriebswirtschaftslehre, Leipzig 1938.

Zu II.

1. Hoffmann, Erwerbswirtschaftl. Gesellschaftsformen, Leipzig 1937.
2. Mitsch, Wettbewerb als Aufgabe, Stuttgart und Berlin 1937.
3. Müllensiefen-Dörinkel, Kartellrecht, Berlin 1938.
4. Schlegelberger-Quassowski, Kommentar zum Aktiengesetz, Berlin 1938.

Zu III.

1. Beste, Die kurzfristige Erfolgsrechnung, G. d. B. Bd. V, Leipzig 1930.
2. Fischer-Heß-Seebauer, Buchführung und Kostenrechnung, Leipzig 1939.
3. Heß-Zeidler, Kommentar der RPÖ und LSÖ, Hamburg 1939.
4. Leitner, Bilanztechnik und Bilanzkritik, Berlin-Leipzig 1929.
5. Ders., Die Kontrolle, Frankfurt 1939.
6. Meithner, Die Bilanzen, Wien 1933.
7. Mellerowicz, Grundlagen betriebswirtschaftlicher Wertungslehre, Berlin 1926.
8. Ders., Kosten und Kostenrechnung, Bd. I u. II, Berlin und Leipzig 1933 und 1936.
9. Rentrop, Preisbildung und -überwachung in der gewerblichen Wirtschaft, Hamburg 1937.
10. Schmalenbach, Dynamische Bilanz, Leipzig 1939.
11. Ders., Selbstkostenrechnung und Preispolitik, Leipzig 1934.
12. Schmidt, Die organische Tageswertbilanz, Leipzig 1929.
13. Walb, Die Erfolgsrechnung privater und öffentlicher Betriebe, Berlin 1926.
14. Größere Wirtschaftlichkeit durch geordnetes Rechnungswesen, RKW Nr. 101, Leipzig 1937.
15. Grundplan der Kostenrechnung, RKW Nr. 100.

Zu IV.

1. Arnhold, Der Deutsche Betrieb, Leipzig 1939.
2. Geck, Soziale Betriebsführung, München und Berlin 1938.
3. Jahrbuch 1938 des Arbeitswissenschaftl. Institutes der Deutschen Arbeitsfront, Berlin 1939.
4. Der Mensch und die Rationalisierung, RKW Nr. 71, 83, 87, Jena und Berlin 1931—33.
5. Hennig, Einführung in die betriebswirtschaftl. Organisation, Berlin 1934.
6. Nordsieck, Die schaubildliche Erfassung und Untersuchung der Betriebsorganisation, Stuttgart 1932.
7. Ders., Grundlagen der Organisationslehre, Stuttgart 1934.
8. Schramm, Die betriebliche Funktion und ihre Organisation, Berlin 1935.
9. Handbuch der Rationalisierung, RKW 1932.
10. Heußer, Durchschreibebuchführung, Zürich 1935.
11. Richtlinien für die Auswahl und Anwendung von Buchungsmaschinen, RKW Nr. 17, Leipzig 1938.
12. Richtlinien für die Auswahl und Anwendung von Handdurchschreibe-Buchführungen, RKW Nr. 97, Leipzig 1939.

Zu V.
1. Schmalenbach, Finanzierungen, Leipzig 1938.
2. Alford (in der Übersetzung von Frölich), Handbuch für industrielle Werkleitung, Berlin 1930.
3. Hennig, Betriebswirtschaftslehre der Industrie, Berlin 1928.
4. Grundlagen der Arbeitsvorbereitung, Zeitstudien, AWF, Berlin 1929.
5. G. Fischer u. a., Güter- und Personenverkehr, G. d. B. Bd. 12, Leipzig 1930.
6. Hellauer, Güterverkehr, Jena 1938.
7. Hellauer u. a., Nachrichtendienst, Schriftverkehr und Reklame, G. d. B. Bd. 13, Leipzig 1928.
8. Deutsch. Die finanzielle Führung der Handelsbetriebe, Leipzig 1936.
9. Ruberg, Absatzförderung im Einzelhandel, Wiesbaden 1939.
10. Seyffert, Handbuch des Einzelhandels, Stuttgart 1932.

Sammelwerke:

Grundriß der Betriebswirtschaftslehre (G. d. B.), Herausgeber: Mahlberg, Schmalenbach, Schmidt und Walb, Leipzig seit 1926.
Handwörterbuch der Betriebswirtschaft, Herausgeber: Nicklisch, Stuttgart 1938.
Die Handels-Hochschule, Herausgeber: Schmidt, Berlin seit 1936.
Wirtschafts-Karteihandbuch, Herausgeber: Müllensiefen-Böttcher-Merckel, Stuttgart.

I. Begriff und Gliederung der Betriebswirtschaftslehre.

1. Begriff der Betriebswirtschaft.

Die Wirtschaft dient dem Verbrauch. Ihre Aufgabe ist, dem Volke die besten Lebensbedingungen zu schaffen und den Staat wirtschaftlich zu sichern. Wirtschaft ist daher Güterbeschaffung zur Befriedigung vorhandener Bedürfnisse. Sie ist Unterhalts- und Erwerbsfürsorge. Der Urgrund aller Wirtschaft ist die menschliche Natur mit ihren Bedürfnissen. Die Bedürfnisse, vom bedürfenden Subjekt abstrahiert, bilden den Bedarf. Ziel der Wirtschaft ist, Bedarf und Bedarfsdeckung in Einklang zu bringen. Das Wesen des Wirtschaftens drückt Plenge etwas anders folgendermaßen aus: „Wirtschaften ist weder Bedarf noch Deckung, weder Produktion noch Konsumtion, sondern die berechnende Tätigkeit, um das vorhandene Verhältnis zwischen Bedarf und Deckung zu beeinflussen".

Die Beschaffung der Deckung: die Erzeugung der Güter und ihre Weiterleitung an den Konsumenten geht im Betriebe vor sich. Der Betrieb ist der Ort des Wirtschaftens. Er umfaßt alles, was zur Deckungsbeschaffung notwendig ist: die Werkstätte und die Mittel des Betreibens, kurz die Technik der Werkverrichtung, ferner aber auch die Zweckwahl der Werkverrichtung, ihre Zielsetzung, ihre Planung und Vorbereitung, kurz die Wirtschaft. Betrieb nehmen wir gleichbedeutend mit Betriebswirtschaft. Es gibt zwar viele Betriebe, hier aber ist nur eine Art, der Wirtschaftsbetrieb, Objekt der Betrachtung.

Der Betrieb besitzt demnach zwei Sphären, die freilich niemals getrennt sind, sondern sich gegenseitig durchdringen: die technische und die wirtschaftliche. Die primäre Sphäre ist die Wirtschaft, wenn sie sich auch immer einer Technik bedienen muß. Die Wirtschaft gibt der Technik die Zielsetzung, sie gibt ihr Impuls, Richtung und Kraft. Ist die Wirtschaft

„Zweckwahl" zur Verwertung vorhandener Mittel, so ist die Technik „Mittelwahl" zur Erzielung einer Leistung. Nur beide zusammen, vereinigt im Betrieb, lösen das Bedarfsdeckungsproblem. Ist das Bedürfnis ewig, wie die unveränderliche Menschennatur, so ist es auch die Betriebswirtschaft. Was sich ändert, das ist die Technik des Betreibens und das „Wirtschaftssystem" (Sombart). Die verschiedenen Formen der Technik und die verschiedenen Wirtschaftssysteme sind historische Erscheinungen. Die Betriebswirtschaft als Organisation zur Deckungsbeschaffung für Bedürfnisse ist zeitlos. Es gibt also eine Betriebswirtschaft an sich, unbeschadet der technischen und wirtschaftsorganisatorischen Formwandlungen.

Der Betrieb ist eine Leistungsgemeinschaft. Er ist planmäßiger Dauervollzug einer Handlung, ist organisierte „Werkverrichtung", wie primitiv und wie kompliziert sie auch sein mag. Die **Technik** bestimmt den Gang der Werkverrichtung, den Einsatz der Mittel und die Verfahren, und stets ist zu einer bestimmten Zeit — in gewissen Grenzen — nur eine Art der Betriebstechnik in Anwendung, nämlich die, die dem technischen Entwicklungsstand entspricht.

Die Betriebstechnik ist doppelter Art: eine Werkstatt-(Ingenieur-) und Verwaltungs-(kaufmännische) Technik. Erstere bestimmt die Verfahren und Mittel der Produktion, letztere die Verfahren des außerbetrieblichen Verkehrs (Einkauf und Verkauf) und der innerbetrieblichen Verwaltung: Organisation der Verwaltung und des Rechnungswesens.

Die **Wirtschaft** im Betriebe gibt an, was, wieviel und wann gekauft, produziert, um welchen Preis und unter welchen Bedingungen verkauft werden soll. Sie beschafft auch die Mittel zur Ausstattung und Einrichtung des Betriebes.

Das **Wirtschaftssystem** wird nach Sombart (außer durch die in dieser Wirtschaftsform angewandte Technik) durch eine **bestimmte Ordnung** und eine **bestimmte Wirtschaftsgesinnung** gekennzeichnet. Die Wirtschaftssysteme, in die der

Betrieb eingegliedert sein kann, sind: die *Eigenwirtschaft* (Sklaven-, Fronhofswirtschaft), *Handwerkswirtschaft*, die Wirtschaft der *Unternehmung*, die *Genossenschafts*- und die *Gemeinwirtschaft*. Jedem dieser Wirtschaftssystene ist eine andere Ordnung (Wirtschaftsverfassung, Verhätnis zwischen Kapital und Arbeit) eigen und eine andere Wirtschaftsgesinnung, die das Ziel des Wirtschaftens bestimmt und ihm einen eigenen Geist einhaucht: ob Gewinnerzielung oder Bedarfsdeckung oder Genossenförderung.

Das *Ziel des Betriebes* ist in allen Wirtschaftssystemen dasselbe: die *größte Wirtschaftlichkeit*. Das bedeutet etwas Doppeltes: größten Wirkungsgrad der Technik und zweckmäßigsten Einsatz der Mittel, also beste Zweckwahl. Selbst größter technischer Wirkungsgrad am unrechten Ort (Stellen geringen oder fehlenden Bedarfs) ist von Wirtschaftlichkeit weit entfernt. Die betriebliche Wirtschaftlichkeit ist deshalb das Ziel des Betriebes an sich und ist an kein Wirtschaftssystem gebunden.

Die einzelnen historischen Systeme besitzen daneben noch weitere Ziele, die sie verfolgen: z. B. die kapitalistische Unternehmung die größte Rentabilität (den größtmöglichen Reingewinn). Wenn auch ein Reingewinn ohne Wirtschaftlichkeit sehr wohl erzielt werden kann, so doch der *größtmögliche* Reingewinn ohne Wirtschaftlichkeit sicherlich nicht. Die Gemeinwirtschaft hat zum Ziele die beste Bedarfsdeckung, ohne daß sie an größten Gewinn denkt oder wenigstens denken sollte; aber auch bei ihr ist beste Bedarfsdeckung ohne Wirtschaftlichkeit nicht zu erreichen.

Bei den einzelnen historischen Wirtschaftssystemen ist in der Technik des Betriebes kein Unterschied vorhanden, nur in der Wirtschaft. Betrieb und Unternehmung unterscheiden sich dadurch, daß die Unternehmung eine historische Form des Betriebes ist, ebenso wie es die Eigen- und Zunftwirtschaft waren, die Genossenschafts- und öffentliche Wirtschaft sind. Die Unterscheidungen treffen ohnehin nur die Sphäre der Wirtschaft, nicht die der betrieblichen Technik.

2. Begriff und Methode der Betriebswirtschaftslehre.

a) Begriff.

Alle Wirtschaft geht im Betriebe vor sich. Die Wirtschaft des Betriebes, in welcher Form dieser auch bewirtschaftet, in welchem Geist er auch immer geführt werden möge, steht im Mittelpunkte der Betriebswirtschaftslehre. *Objekt* dieser Disziplin ist daher der *wirtschaftende Betrieb*, und zwar seine beiden Sphären, die Technik und die Wirtschaft. Die *Betriebswirtschaftslehre* ist daher die Lehre vom wirtschaftenden Betrieb, aber vom Standpunkt der Einzelwirtschaft aus[1]). Darum ist die Bezeichnung dieser Disziplin mit „Betriebswirtschaftslehre" richtig. Nicht richtig wäre die Bezeichnung „Betriebslehre", weil dann die Gefahr einer reinen Technik, einer reinen Rechnungswissenschaft nahe läge. Die Wirtschaft käme unter Umständen zu kurz. Ebensowenig trifft die Bezeichnung „Betriebswissenschaft" zu, weil auch hier die Wirtschaft nicht genügend berücksichtigt wird. Betriebswissenschaft hat die Bedeutung von „wissenschaftlicher Betriebsführung", „Taylorismus" im weiteren Sinne. Wissenschaftliche Betriebsführung aber ist nur ein kleiner Teil der Betriebswirtschaftslehre. Auch die älteren Bezeichnungen: Privatwirtschafts-, Einzelwirtschaftslehre treffen den Kern dieser Disziplin nicht so gut. Die Betriebswirtschaftslehre befaßt sich nicht nur mit Privatwirtschaften, sondern ebenso mit genossenschaftlichen und öffentlichen Betrieben. Wenn wir bisher fast nur die Unternehmung betriebswirtschaftlich erfaßt haben, so zeigt das nur den unvollkommenen Stand der Forschung, der in der Jugend der Disziplin begründet ist.

Die Bezeichnung „Einzelwirtschaftslehre" wäre nicht falsch, wäre vielleicht sogar am wenigsten mißverständlich, aber sie drückt das Spezifische dieser Disziplin, bei der es um vernunftgemäße *Betriebsführung* geht, nicht so klar aus.

---

[1]) Das ergibt keinen Gegensatz zur *Volkswirtschaftslehre*, da die Grundsätze beider Teildisziplinen dieselben sind. Zwischen beiden besteht nur das Verhältnis der *Arbeitsteilung*.

Noch aus einem anderen Grunde ist die Bezeichnung „Betriebswirtschaftslehre“ glücklich: sie ist systembildend. Vom Betriebe läßt sich ungezwungen ein System der Betriebswirtschaftslehre aufbauen. Die systembildende Idee ist die des Betriebes als Organismus.

Der Betrieb ist ein Organismus und enthält alles, was man zu einer Systembildung braucht. Er zeigt den Untersuchungsgegenstand in aller wünschenswerten Exaktheit und Konkretheit; er ist eine empirische Realität.

Die rationale Gestaltung des Wirtschaftens im Betriebe, das ist der Sinn der Betriebswirtschaftslehre. Sie untersucht die Vorgänge im Betriebe, das Gesamtleben der Betriebswirtschaft und alles, wovon dieses Leben abhängt. Ihr Ziel ist, dem Betrieb die Wege zur größten Wirtschaftlichkeit zu zeigen. In den historischen Formen der Betriebswirtschaft kommen noch zeitbedingte Sonderziele, z. B. in der kapitalistischen Unternehmung höchste Rentabilität, in der Gemeinwirtschaft beste Bedarfsdeckung vor.

b) Methode.

Die Vorgänge im Betriebe sind etwas Reales; deshalb ist zunächst das Tatsächliche, das Seiende zu erfassen. Die Betriebswirtschaftslehre ist eine Beobachtungs-, eine Erfahrungs-Wissenschaft. Darum sind die realen Vorgänge der Ausgangspunkt der Betrachtung.

Die Forschungsmethode, die sich hieraus ergibt, ist die systematische Beobachtung, Sammlung von Betriebsmaterial, Betriebszahlen, Betriebsstatistiken, Betriebsergebnissen, Betriebsweisen.

Die Darstellungsform des Tatsächlichen ist die Beschreibung: einer Organisation, einer Buchhaltung, einer Kalkulation. Solange man nur bei der Beschreibung verbleibt, bewegt man sich auf dem Gebiete der Vorwissenschaft.

Zur Sammlung des Betriebsmaterials kommt die Verwertung nach der kausaltheoretischen Forschungsmethode hinzu. Denn die Betriebswirtschaftslehre hat nicht nur Betriebsweisen in ihrer Existenz und in ihrem Ablauf darzustellen. Sie hat sie auch in ihrem Zusammenhang und ihrer Abhängigkeit zu erkennen, in ihrer Gesetzmäßigkeit, in Ursache und Wirkung. Das Ziel ist die Erkenntnis, wie bei jeder Wissenschaft. Hierin ist die Betriebswirtschaftslehre zunächst reine Wissenschaft, Theorie, aber stets fußend auf Betriebstatsachen und Beobachtungen des Betriebes. In der Erkenntnis dieser Gesetzmäßigkeiten kommen vor allem die naturwissenschaftlichen Elemente der Betriebswirtschaft zum Ausdruck.

Die betriebswirtschaftlichen Gesetzmäßigkeiten sind jedoch nur Regelmäßigkeiten. Sie setzen sich nicht wie ein Naturgesetz durch.

Zur Erkenntnis der Gesetzmäßigkeiten kommt die betriebswirtschaftliche Theorie durch die Induktion in ihren drei Formen: durch Abstraktion, durch die Statistik und die Analyse. Durch die isolierende Methode werden die Erscheinungen von allen komplizierenden Elementen, die die konstante Tendenz verbergen, bereinigt und in Tendenzen zum Ausdruck gebracht.

Die Induktion muß, selbst bei einer so stark empirisch fundierten Wissenschaft, wie es die Betriebswirtschaftslehre ist, durch die Deduktion ergänzt werden. Durch Induktion allein kommt die Betriebswirtschaftslehre nicht zum System. Nach einem gewissen Zeitraum, bei einem gewissen Stand der Einzelforschung, muß die Deduktion hinzutreten, wenn man aus der Summe zu einem System, aus den Teilen zum Ganzen kommen will.

Das aber charakterisiert die Wissenschaft: der systematische Aufbau und die Bildung von Begriffen. Begriffsbildung und Systematisierung ist auch das, was man von der Betriebswirtschaftslehre erwarten muß. Das Seiende wird erst durch den Begriff zum Gewußten. Denn erst wenn man das Wesentliche erfaßt hat, hat man die Wirklichkeit erfaßt. Wie sich die

Wissenschaft auf dem Gebiete der Begriffe bewegt, so die Vorwissenschaft auf dem Gebiete der Begriffslosigkeit. Zur Vorwissenschaft gehören konkrete Vorstellungen, also Beschreibung statt Erklärung, Summe statt System.

In der Untersuchung der Gesetzmäßigkeiten der Wirtschaft im Betriebe ist die Betriebswirtschaftslehre Theorie. Das Wesen einer jeden Theorie ist die Erklärung und Begründung von Tatsachen; das Wesen der Wirtschaftstheorie die Erklärung und Begründung von wirtschaftlichen Erscheinungen. Eine Theorie ist so gut und so schlecht, wie sie die Erscheinungen zu erklären vermag. Darum muß eine Theorie 1. wahr sein, d. h. den Tatsachen entsprechen; 2. logisch richtig, d. h. folgerichtig abgeleitet sein. Ein Unterschied zwischen einer so fundierten Theorie und der Praxis kann nicht bestehen, wenn die Betriebstatsachen wirklich, richtig beobachtet und die Folgerungen logisch sind. Wenn man einen Unterschied zwischen Theorie und Praxis feststellen sollte, so ist entweder die Theorie falsch oder die Praxis faul.

Zur kausaltheoretischen Forschungsmethode tritt die teleologische, die das Verhältnis von Zweck und Mittel untersucht. Hier wird die Betriebswirtschaftslehre zur Lehre von der Mittelwahl, und als solche ist sie besonders wichtig, da der Betrieb immer danach streben muß, das Prinzip des kleinsten Mittels zu verwirklichen. Die betriebswirtschaftliche Forschung hat z. B. Zahlen des Wirkungsgrades aufzustellen, um Vergleichsmaßstäbe zu liefern.

Die Untersuchung der Betriebsvorgänge geschieht nicht nur um der reinen Erkenntnis willen, sondern auch zu dem Zweck der Anwendung in der Betriebsführung. So tritt zur theoretischen Betriebswirtschaftslehre die angewandte. Sie entwickelt aus den erkannten, wirtschaftlichen Zusammenhängen die Grundsätze der Betriebsführung. Die Betriebswirtschaftslehre ist deshalb auch eine Zweckwissenschaft.

Aus dem Wesen der Betriebswirtschaftslehre als Erfahrungs-

und Zweckwissenschaft, als theoretische und angewandte Wissenschaft, ergeben sich die zwei Seiten der Untersuchung der Betriebsvorgänge: die Wesensseite und die Verfahrensseite. Sie ist darum Strukturlehre und Methodenlehre. Die Betriebswirtschaftslehre ist daher die Lehre von der reinen und angewandten (oder praktischen) Betriebsökonomie. Ihre Hauptproblemkreise sind drei: Finanzierung, Organisation und Rechnungswesen. Ihre technischen Hilfswissenschaften sind folgende fünf: Buchhaltung und Bilanz, Kalkulationstechnik, Wirtschaftsmathematik, Betriebsstatistik und Organisationstechnik.

Der Betrieb und seine Wirtschaft sind aber nicht autonom und autark. Die Betriebswirtschaft ist, wie jede Wirtschaft, von fremden Bedürfnissen abhängig. Sie strebt daher zu andern Betrieben, zu fremden Wirtschafts- und Haushaltsbetrieben. Von entscheidender Bedeutung ist darum für sie Bedürfnis und Nachfrage. So tritt neben die wirtschaftliche Betriebslehre die betriebswirtschaftliche Verkehrslehre: die Betrachtung des Marktes, des Zahlungs-, Kredit- und Effektenverkehrs. Zu den innerbetrieblichen Fragen treten so die zwischenbetrieblichen. Inner- und zwischenbetriebliche Dinge gehören zu den Problemkreisen der Betriebswirtschaftslehre, die überbetrieblichen zur Sozialökonomik. Überbetriebliche Probleme sind z. B. die Bevölkerungstheorie, die Geldtheorie. Die zwischen- und überbetrieblichen Probleme stellen bereits eine Abstraktion dar; konkret ist nur der Betrieb und das Leben in ihm.

3. Die Gliederung der Betriebswirtschaftslehre.

Die Betriebswirtschaftslehre ist eine theoretische und eine angewandte, die theoretische eine allgemeine und eine besondere. Die allgemeine Betriebswirtschaftslehre behandelt das allen Wirtschaftsbetrieben Gemeinsame. Auch die betriebswirtschaftliche Verkehrslehre besitzt eine Theorie und ihre Anwendung. Die in den Betrieben angewandte Technik bildet den

Gegenstand der technischen Hilfswissenschaften. Vereinfacht ergibt sich folgende Gliederung der Betriebswirtschaftslehre:

A. Wirtschaftliche Betriebslehre.
   I. Allgemeine Betriebswirtschaftslehre.
      (Theorie und Prinzipienlehre des Betriebes.)
   II. Besondere Betriebswirtschaftslehre.
      (Theorie und Prinzipienlehre der einzelnen Betriebszweige.)
      1. Land- und Forstwirtschaft.
      2. Industrie (und Versorgungsbetriebe).
      3. Verkehrsbetriebe:
         a) Transport- (Güter-, Personen-, Nachrichtenverkehr),
         b) Unterbringungsbetriebe.
      4. Handel.
      5. Banken.
      6. Versicherungsbetriebe.

B. Betriebswirtschaftliche Verkehrslehre.
   I. Allgemeine Verkehrslehre.
      (Theorie und Prinzipienlehre des betrieblichen Verkehrs.)
   II. Besondere Verkehrslehre:
   (Theorie und Prinzipienlehre der einzelnen Verkehrsorganisationen.)
      1. Kredit- und Zahlungsverkehr.
      2. Markt- und Börsenverkehr.
      3. Güter-, Personen- und Nachrichtenverkehr.

C. Betriebswirtschaftliche Technik:
      1. Buchhaltung und Bilanz.
      2. Wirtschaftsmathematik.
      3. Kalkulationstechnik.
      4. Statistik.
      5. Organisationstechnik.

II. Wirtschaftsformen.

1. Betriebswirtschaft und Wirtschaftsordnung. [1])

Die Wirtschaft als Bedarfsdeckungsorganisation verlangt eine verschiedene Gestaltung, eine größere Freiheit oder eine stärkere Bindung, je nach den Vorbedingungen der Produktion und der

[1]) Vergl. Böhm, Franz, Ordnung der Wirtschaft als rechtsschöpferische Leistung und geschichtliche Aufgabe. Stuttgart 1937.
Mitsch, a. a. O.

Verteilung. Wirtschaftsorganisation ist eine Frage der Zweckmäßigkeit.

Nach dem Grade der Bindung können die Wirtschaften freie oder gebundene (gelenkte, gesteuerte) sein.

Freie Wirtschaft ist eine (abgesehen von der stets notwendigen Gewerbeordnung und den allgemeinen Wettbewerbsgesetzen) vom Staate unbeeinflußte Wirtschaft. Unter neuzeitlichen Verhältnissen kann sie freilich niemals eine völlig freie sein. Sie wird vor allem charakterisiert:

1. durch freien Zugang zum Gewerbe,
2. freie Kombinationsmöglichkeit der Produktionsmittel,
3. freie Bestimmung der Art und des Umfanges der Produktion,
4. freie Preisbildung.

Zur Voraussetzung hat freie Wirtschaft mit ihrer freien Dispositionsmöglichkeit des Unternehmers vor allem zweierlei:

1. kleingewerblichen Betrieb (mit wenig Anlagen) und
2. vollständigen Wettbewerb.

Mit der Zunahme der Betriebsgröße und der dauernd gesteigerten Verwendung von maschinellen Anlagen gingen die Voraussetzungen für die freie Wirtschaft in zunehmendem Maße verloren, wenn auch in verschiedenem Grade in den einzelnen Wirtschaftszweigen und Wirtschaftsstufen (von der Urproduktion bis zum Einzelhandel). Mit dem Verlust der nötigen Voraussetzungen führte die freie Wirtschaft zur Unordnung; an ihr ging die liberal-kapitalistische Wirtschaft zugrunde. Denn Ordnung ist in der Wirtschaft Voraussetzung für die gedeihliche Entwicklung sowohl der Einzel- als auch der Volkswirtschaft.

Zur Sicherung der Ordnung erfordern neuzeitliche Produktionsbedingungen eine Lenkung der Wirtschaft, wenngleich der Grad der Lenkung entsprechend den jeweiligen Bedingungen ein durchaus verschiedener sein kann. Daher wurde die freie durch die gelenkte Wirtschaft abgelöst.

Gelenkte Wirtschaft ist eine durch den Staat und seine Organe gesteuerte Wirtschaft. Die Steuerung hat dabei die Erfüllung der wirtschaftspolitischen Ziele des Staates zu gewährleisten.

Die Mittel der Steuerung sind überaus mannigfaltig, je nach der Art des erstrebten Zieles: Genehmigungszwang, Preisbildung und Preisüberwachung, Kontingentierung der Rohstoffe, Bestimmung der Art und des Umfanges der Produktion, Zwangsorganisationen (Zwangskartelle, gewerblicher Aufbau der Wirtschaft u. v. a.). Die weitestgehende Form der Wirtschaftslenkung ist staatlicher Eigenbetrieb.

Durch die Lenkung der Wirtschaft soll die im freien Spiel der Kräfte verlorengegangene Ordnung wiederhergestellt werden. Wirtschaftsordnung ist die innere Gestaltung des Wirtschaftsablaufes zur zwangsläufigen Erreichung des gewünschten Zustandes. Ordnung ist stets etwas Innerliches und Zwangsläufiges. Regelung dagegen ist mehr äußerliches Lenken. Die Ordnung muß sich aus der zu ordnenden Materie organisch ergeben; dagegen ist die Regelung etwas Mechanisches und kann deshalb nur eine vorübergehende Lösung darstellen.

Das Mittel der Verwirklichung der Wirtschaftsordnung ist das Wirtschaftsrecht. Dieses führt zu einer Wirtschaftsverfassung. Unter Wirtschaftsverfassung sind die Normen wirtschaftlichen Verhaltens zu verstehen. Sie umfaßt sowohl gesetztes als auch ungeschriebenes Recht. Sie setzt immer eine bewußte Entscheidung für ein bestimmtes wirtschaftspolitisches System voraus. Die Wirtschaftsverfassung entscheidet zunächst über die Organisation der Wirtschaft: ob Verteilungswirtschaft oder Marktwirtschaft.

In der Verteilungswirtschaft werden Erzeugung und Verbrauch unmittelbar vom Staate gelenkt. Das vorwiegende Mittel der Wirtschaftsführung ist die Anordnung und die unmittelbare Steuerung.

Der Verteilungswirtschaft fehlt es zumeist an der inneren Ordnung. Mit den Methoden äußerlicher, mechanischer Lenkung läßt sich das moderne dynamische Wirtschaftsleben nicht optimal gestalten. Darum beruhen die Wirtschaftsverfassungen der arbeitsteiligen Verkehrswirtschaften fast ausnahmslos auf dem

Marktprinzip: Produktion für den Markt, als dem Inbegriff aller Tauschmöglichkeiten.

Von dem Zustand der einzelnen Teilmärkte, der Marktform, hängt es ab, von welchem Lenkungsmittel der Staat zur Ordnung des Marktes Gebrauch macht. Marktform und Marktverfassung müssen aufeinander abgestimmt sein.

Immer stehen beim Ordnen des Marktes drei Prinzipien im Vordergrunde: das Prinzip des Vorranges des Gemeinnutzes vor dem Eigennutz, das Prinzip der Leistung und das der Ordnung.

Die Erfüllung des Prinzipes des Gemeinnutzes ist zu allererst sicherzustellen. Die Erfüllung des Leistungsprinzipes erfolgt im Bereich der gewerblichen Wirtschaft am zweckmäßigsten unter möglichster Entfaltung privater Initiative. Diese garantiert am besten den vollen Einsatz der wirtschaftenden Persönlichkeit.

Das Ordnungsprinzip ist Voraussetzung zur erfolgreichen Durchführung des Leistungsprinzipes. Aus den Prinzipien der Leistung und der Ordnung ergibt sich das Prinzip echten Leistungswettbewerbes, ein Wettbewerb durch die Güte der Leistung, niedrige Kosten und damit auch niedrige Preise. Dem echten Leistungswettbewerb steht der Kapitalwettbewerb und der unlautere, rechtswidrige Wettbewerb gegenüber, die beide die Ordnung der Wirtschaft zerstören.

Nach dem Umfange des Wettbewerbes unterscheiden wir:

1. Märkte mit vollständiger Konkurrenz,
2. Märkte mit unvollständiger Konkurrenz,
3. Märkte mit fehlender (ausgeschalteter) Konkurrenz.

Vollständige Konkurrenz ist dann gegeben, wenn eine Vielzahl von Erzeugern einer Vielzahl von Verbrauchern so isoliert gegenübersteht, daß der einzelne die Höhe des Preises nicht beeinflussen kann. Marktwirksam wird bei vollständiger Konkurrenz nur die Güte der

Leistung, die in der Qualität des Erzeugnisses und in der Höhe der Preisforderung zum Ausdruck kommt. Bei vollständiger Konkurrenz ist der Wettbewerb zwangsläufig ein reiner Leistungswettbewerb. Methoden des Nichtleistungswettbewerbs (z. B. Preisschleuderei durch Verkauf unter Selbstkosten) bleiben, wenigstens auf die Dauer, unwirksam, weil die Einzelnachfrage oder das Einzelangebot die allgemeine Markttendenz nicht zu beeinflussen vermögen.

Bei unvollständiger Konkurrenz (Beschränkung durch private Bindung — Kartelle — oder durch überwiegenden Anteil am Angebotsmarkt — möglich bei Großunternehmungen der verschiedensten Art) ist die Unbeeinflußbarkeit von Angebot oder Nachfrage durch den einzelnen soweit aufgehoben, daß eine der Marktparteien das Marktgeschehen, insbesondere die Preisbildung, bewußt beeinflussen kann. Damit ist die Ohnmacht gegenüber dem Markt, die den wirkungsvollsten Schutz des Leistungswettbewerbes bildet, aufgehoben, und Methoden des Nicht-Leistungswettbewerbes können mit Erfolg zur Anwendung gebracht werden. Die hinter den marktbeherrschenden Gruppen stehende Kapitalmacht verleiht ihren Maßnahmen eine nachhaltige Wirkung. Durch Kapitalwettbewerb und unter Einsatz wirtschaftlicher Macht wird der Markt nach den Wünschen der herrschenden Gruppe geregelt. Bei unvollständiger Konkurrenz besteht kein reiner Leistungswettbewerb mehr.

Was von der unvollständigen Konkurrenz gesagt wurde, gilt in der Marktwirtschaft in erhöhtem Maße von der Marktform der fehlenden Konkurrenz, dem Monopol. Es kann als besonders extremer Fall der unvollständigen Konkurrenz angesehen werden, bei der die Herrschaft der einen Marktpartei soweit geht, daß sie den Markt autoritär gestalten und den Preis nach eigenem Ermessen festsetzen kann. Der Wettbewerb kommt deshalb hier als Mittel der Marktordnung nicht in Betracht: die Wettbewerbsverfassung ist für monopolisierte Märkte unanwendbar. Sie muß durch eine andere Verfassungsform, am besten die unmittelbare staatliche Lenkung, ersetzt werden.

Den drei Konkurrenzformen entsprechen wirtschaftsorganisatorisch am besten drei durchaus verschiedene Wettbewerbsordnungen:

der vollständigen Konkurrenz	der freie Wettbewerb,
der unvollständigen Konkurrenz	der gebundene Wettbewerb,
der fehlenden Konkurrenz	die autoritäre Lenkung.

Die Regelung des Wettbewerbes und seine Anpassung an die herrschenden Marktverhältnisse ist Aufgabe des Wettbewerbsrechtes. Das Wettbewerbsrecht ist ein wesentlicher Bestandteil der Wirtschaftsverfassung.

Der freie Wettbewerb vollzieht sich nach bestimmten Spielregeln, die Gegenstand des allgemeinen Wettbewerbsrechtes, das die Normen des Leistungswettbewerbes enthält, sind. Von ihrer Einhaltung ist das Funktionieren des Ordnungssystemes abhängig. Bei freiem Wettbewerb soll sich auf der Grundlage des Leistungswettbewerbes die Ordnung von selbst einstellen. Darum ist der freie Wettbewerb an das Vorhandensein vollständiger Konkurrenz gebunden. Nur wenn das Leistungsprinzip in der Marktform eine Stütze findet, genügt das allgemeine Wettbewerbsrecht, um den Leistungswettbewerb aufrecht zu erhalten.

Bei unvollständiger Konkurrenz muß die Marktverfassung einige Gebiete besonders regeln. Die Regelung, die allein vom Staate ausgehen sollte, kann bestehen:

1. in der Beseitigung der Konkurrenzbeschränkungen zur Wiederherstellung des freien Wettbewerbes oder
2. im Übergang zum gebundenen Wettbewerb.

In beiden Fällen ist eine Einengung der Wettbewerbsfreiheit, ein höheres Maß von Bindungen notwendig, denn auch die Wiederherstellung der vollständigen Konkurrenz ist nur durch gewisse Freiheitsbeschränkungen (z. B. Antitrust-Gesetze, Kartellgenehmigungszwang usw.) möglich. Der Verfassung des freien Wettbewerbes ist solange der Vorzug zu geben, wie die Wiederherstellung der vollständigen Konkurrenz möglich ist, denn er „verbindet mit einem Minimum an Verwaltungsaufwand ein Maximum an Leistungsfähigkeit, Elastizität und Fortschritt" (Miksch). Im Gegensatz zum Wirtschaftsliberalismus des 19. Jahrhunderts hat man gelernt, laisser faire von Wettbewerb zu unterscheiden und die Grenzen der Anwendbarkeit des freien Wettbewerbes zu sehen. Es gibt Märkte, wo der freie Wettbewerb versagen muß, weil die Gleichgewichtstendenzen nicht genügend wirksam sind. Diese Märkte müssen in die Form des gebundenen Wettbewerbes überführt werden.

Welche Maßnahmen dabei im einzelnen ergriffen werden, ist eine Frage der Wirtschaftspolitik. Stets müssen aber die Bedingungen des Wettbewerbskampfes so eng gefaßt werden, daß den einzelnen Unternehmern kein anderes Verhalten als eine echte Leistungskonkurrenz übrigbleibt.

Die Regelung des Wettbewerbes auf den einzelnen Märkten ist Gegenstand des speziellen Wettbewerbsrechtes. Das Kennzeichen des gebundenen Wettbewerbes ist die Ergänzung des allgemeinen durch ein spezielles Wettbewerbsrecht, das häufig die Form der Marktordnung annimmt.

Die Marktordnung enthält Sonderregeln für das Wettbewerbsverhalten auf einem bestimmten Markt. Sie enthält demnach ein wettbewerbliches Sonderrecht, das den besonderen Voraussetzungen des einzelnen Marktes angepaßt ist. Inhaltlich muß die Marktordnung mit den Grundnormen der Wirtschaftsverfassung und des allgemeinen Wettbewerbsrechtes in Einklang stehen.

Marktordnungen können unmittelbar vom Staat erlassen werden (z. B. Ordnung des Reichsnährstandes). Sie können aber auch unter Aufsicht des Staates von der Wirtschaft selbst aufgestellt werden (z. B. graphisches Gewerbe, Automobilwirtschaft).

Auf Märkten mit fehlender (ausgeschalteter) Konkurrenz kann die Ordnung nur durch autoritäre Lenkung oder Eigenwirtschaft des Staates herbeigeführt werden. Der Weg zur Freiheit führt über die Bindung. Nur der Zwang zu systemgerechtem Marktverhalten gewährleistet die freie Entfaltung der wirtschaftlichen Kräfte, die wahre Ordnung und damit die wahre Freiheit.

In diese Ordnung der Wirtschaft ist der einzelne Betrieb gestellt. In ihr hat er seine Aufgabe zu erfüllen: einen produktiven Beitrag zu leisten zur besten Gesamtbedarfsdeckung.

2. Betriebsformen.

a) Grundformen.

Der verschiedene Geist, der die Wirtschaft beherrscht, bestimmt die verschiedenen Betriebsformen: die unternehmungsweise, genossenschaftliche und gemeinwirtschaftliche. Unternehmungen und Genossenschaften sind privatwirtschaftliche, die Gemeinwirtschaften öffentliche Betriebe.

Die Unternehmung kann nun eine doppelte sein: eine kapitalistische oder eine sozialistische, je nach der Wirtschaftsgesinnung und dem Verhältnis von Kapital und Arbeit im Betriebe.

In der kapitalistischen Unternehmung herrscht das Kapital und beherrscht die Arbeit. Die kapitalistische Unternehmung wird durch Rentabilitätsstreben und Rechenhaftigkeit gekennzeichnet. Nicht nur die einzelne Erwerbswirtschaft, auch das gesamte System erwerbsweisen Wirtschaftens findet im Reinertrag und in der Erzielungsmöglichkeit eines Reinertrages seinen Regulator und dadurch seine Organisation.

In der sozialistischen Unternehmung ist das Ziel nicht höchster Reinertrag, sondern beste Bedarfsdeckung, höchster produktiver Beitrag des Einzelbetriebes zur Gesamtbedarfsdeckung. Im Mittelpunkte und an erster Stelle steht die Arbeit, das Kapital dient; es ist nur Mittel zum Zweck.

Von der Gemeinwirtschaft unterscheidet sich die sozialistische Unternehmung nur durch die Organisation der Wirtschaft: ob sie in privaten oder öffentlichen Betrieben vor sich geht. Je nach der Auffassung vom Sozialismus, die ideenmäßig und nach den einzelnen Ländern durchaus verschieden ist, erhält auch die Organisation der Wirtschaft ihr Gepräge: sie ist eine privatwirtschaftliche mit sozialistischer Grundtendenz oder eine staatliche. Sie führt zu einem verschiedenen Verhältnis von Freiheit und Bindung, von Persönlichkeit und Gemeinschaft; von Einzel- und kollektivistischer Wirtschaft, von Privat- und Staatseigentum.

Das deutsche nationalsozialistische Wirtschaftssystem behält die Einzelwirtschaft bei, stellt sie aber unter eine höhere Idee: die Idee der Volksgemeinschaft und des Vorranges der staatlichen Belange vor denen der Einzelwirtschaften; denn vor jedem Betrieb steht der Staat und das Wohl des Ganzen. Diese Wirtschaftsweise ist vom extremen Individualismus und völligem Kollektivismus gleichweit entfernt, ebenso von schrankenlos freier Wirtschaft wie von völliger Planwirtschaft; sie leugnet nicht den menschlichen Eigennutz, aber sie betont den Primat des Gemeinnutzes. Sie ist daher eine Synthese von Gemeinnutz und Eigennutz, von wirtschaftlicher Freiheit und sozialer Bindung; sie ist ein wirtschaftliches Handeln nach Normen, die aus dem Wesen und den Belangen der Gemeinschaft hervorgehen. Darum erhält bei ihr die Politik den Vorrang vor der Wirtschaft, die erstere die herrschende, die letztere die dienende Stellung, ebenso wie die Arbeit vor dem Kapital steht.

Steht im Mittelpunkte nationalsozialistischer Wirtschaftsweise die Arbeit, nicht das Kapital, ist der deutsche nationale Sozialismus ein Sozialismus der Menschen und nicht der Sachen, so ist auch die Organisationsform der Wirtschaft, ob private oder öffentliche, eine Frage der Zweckmäßigkeit des einzelnen Falles. Es kommt stets nur auf die Wirkung der einzelnen Formen an; auf ihre Leistungsfähigkeit für die Befriedigung des Gesamtbedarfes und den nationalen Wohlstand. Aus diesem Grunde muß die Wirtschaft eine planmäßige sein, die einen optimalen Wirkungsgrad für die Gemeinschaft durch stärksten Einsatz der gemeinschaftsgebundenen Persönlichkeit garantiert. Die Form, ob privat oder öffentlich, ist nicht entscheidend, obschon im Normalfalle der Staat nicht die Aufgabe hat, selbst zu wirtschaften, sondern der Wirtschaft Aufgaben zu stellen.

In die Gruppe der privatwirtschaftlichen Betriebe gehören außer den Unternehmungen die genossenschaftlichen Betriebe.

Genossenschaften sind Personalgesellschaften mit nicht geschlossener Mitgliederzahl, deren gleichberechtigte und gleichverpflichtete Mitglieder durch die Führung eines Betriebes vollen Erwerb durch gemeinsame Arbeit (Produktionsgenossenschaften) oder Förderung ihres Erwerbs oder ihrer Hauswirtschaft bezwecken (Verteilungs- oder Verbrauchergenossenschaften). Ihre Wirtschaftsgesinnung ist die des Solidarismus. Sie stellen sich die Aufgabe, ihre Betriebsleistungen ihren Mitgliedern so billig wie möglich zu überlassen. Sie sind primär wirtschaftsfördernde Betriebe.

Die öffentlichen Betriebe sind, der Idee nach, Gemeinwirtschaften. Diese sind Betriebe staatlicher, kommunaler oder ständischer Art mit dem Ziele der besten Deckung vorhandenen Bedarfes. Ihre Wirtschaftsgesinnung ist gemeinnützig.

Genossenschaftliche und öffentliche Betriebe bilden zur Zeit die Minderheit.

Von den Wirtschaftsbetrieben ist die öffentliche Verwaltung zu trennen, die als (Verwaltungs-)Betrieb auch den Prinzipien der technischen Organisation folgt.

Die Formen der Erwerbswirtschaften ergeben sich aus ihren Rechtsformen. Von diesen zu unterscheiden sind ihre

Konzentrationsformen, die in ihren Rechtsformen denen der Ursprungsformen der Unternehmung gleichen, in ihrem Aufbau sich aber durch Zusammenschluß und Verschmelzung von diesen graduell unterscheiden. In ihrer Art sind sie meist Unternehmungswirtschaften.

Auch die genossenschaftlichen und gemeinwirtschaftlichen Betriebe besitzen ihre Rechtsformen.

Die Rechtsformen der Unternehmungswirtschaften sind folgende:

I. Einzelfirmen.

II. Gesellschaftsfirmen.

A. Personalgesellschaften:
- a) Offene Handelsgesellschaft,
- b) Kommanditgesellschaft,
- c) Stille Gesellschaft.

B. Kapitalgesellschaften:
- a) A.-G.,
- b) Kommandit-A.-G.,
- c) G. m. b. H.,
- d) Gewerkschaft,
- e) Reederei,
- f) Kolonialgesellschaft,
- g) Bohrgesellschaft.

Die Genossenschaften sind ihrer Rechtsform nach entweder Genossenschaften mit beschränkter Haftpflicht (G. m. b. H.) oder Genossenschaften mit unbeschränkter Haftpflicht (G. m. u. H.).

Die öffentlichen Betriebe sind ihrer Rechtsform nach juristische Personen des öffentlichen Rechtes (z. B. Staatsbanken), des privaten Rechtes: A.-G. oder G. m. b. H. (z. B. einzelne Kommunalbanken) oder ohne juristische Persönlichkeit, als Anstalten ihrer Träger (z. B. Wasserwerke, Schlachthäuser). Daneben gibt es noch gemischtwirtschaftliche Betriebe: privatwirtschaftliche Betriebe mit öffentlicher Beteiligung, die dann meist die Mehrheit des Kapitals darstellt.

Bei den Unternehmungen ist die rechtlich wesentliche Eigenschaft der einzelnen Rechtsformen die Haftung. Die wesentliche wirtschaftliche Eigenart ist:

1. die Art der Ausübung der Unternehmerfunktionen,
2. die Art der Ertragsverteilung,
3. die Art der Finanzierung.

Teilung des Risikos und der Finanzierungsaufgaben muß naturgemäß auch Teilung des Ertrages bedeuten. Die Wahl einer Rechtsform für eine zu gründende oder umzuwandelnde Unternehmung wird demnach danach getroffen werden müssen, wie der zwangsläufig gegebene Inhalt der einzelnen Formen der zu lösenden Aufgabe gerecht wird.

Die rechtliche Haftung ist wie folgt geregelt:

Einzelfirma, Gesellschafter der O. H. und Komplementäre der Kommanditgesellschaft haften unbeschränkt (mit dem Gesellschafts- und dem Privatvermögen), Kommanditisten und stille Gesellschafter beschränkt mit ihrer Einlage.

Aktionäre und Gesellschafter der G. m. b. H. und Gewerken der Gewerkschaften haften beschränkt mit ihrem Anteil; Komplementäre der Kommandit-A.-G. dagegen unbeschränkt. Ferner besteht die Möglichkeit der Nachschußpflicht bei der G. m. b. H. mit unbeschränkter Nachschußpflicht und der Zwang der Zubußepflicht bei der Gewerkschaft. Bei letzterer und der G. m. b. H. m. u. N. ist aber ein Abandonrecht (Zurverfügungsstellung des Kuxes, bezw. des G. m. b. H.-Anteils zur Verwertung) vorhanden.

Als Gegengewicht für die beschränkte Haftung besteht für Aktiengesellschaften eine verstärkte Kontrollnotwendigkeit durch Gläubiger, Aktionäre und die Öffentlichkeit, daher die erhöhte Publizitätspflicht (nach außen) und der Ausbau des Rechnungswesens (nach innen).

Die geschäftliche Leitung liegt in der Einzelfirma beim Inhaber, in der O. H. bei den Gesellschaftern, bei jedem allein oder im Verein mit einem oder mehreren anderen, in der Kommanditgesellschaft bei den Komplementären. Die Kapitalgesellschaften werden durch bestellte Direktoren oder durch die Komplementäre bei der Kommandit-A.-G., in der G. m. b. H. durch die Gesellschafter als Geschäftsführer allein oder im Verein mit bestellten Direktoren geleitet.

Der Gewinn wird bei den einzelnen Unternehmungsformen wie folgt verteilt: In der Einzelfirma gehört der Gewinn dem Inhaber allein. In der offenen Handelsgesellschaft wird er nach dem Vertrag, sonst wird nach 4% Verzinsung der Kapitalanteile der Rest nach Köpfen verteilt; bei der Kommanditgesellschaft herrschen für die Komplementäre die gleichen Verhältnisse wie bei der O. H.; Kommanditisten erhalten eine angemessene Verzinsung. Bei den Kapitalgesellschaften wird der Gewinn nach den Anteilen, unter Umständen bei verschiedenen Anteilarten einer Gesellschaft verschieden, verteilt.

Ein wirtschaftlich sehr wichtiges Unterscheidungs- und Wesensmerkmal der einzelnen Unternehmungsformen ist ihre Finanzierungsbasis. Finanzierung bedeutet die Beschaffung sowohl von Eigen- als auch von Fremdkapital, schließt also auch die Kreditbasis der einzelnen Formen in sich. Bei Personalgesellschaften ist das Eigenkapital naturgemäß beschränkt durch das Vermögen der Gesellschafter. Das Kapital der Aktien-Gesellschaft ist durch die Möglichkeit der Beteiligung einer unendlichen Zahl von Anteilseignern unbegrenzt. Das gilt, wenn auch in geringerem Maße, auch von der G. m. b. H. und der Gewerkschaft und sonstigen Kapitalgesellschaften. Keine besitzt aber jene fast unbegrenzte Finanzierungsmöglichkeit wie die A.-G., vor allem durch ihren Anschluß an den Kapitalmarkt. Durch die leichte Übertragungsmöglichkeit der Aktien, durch die Atomisierung des Risikos, durch die Eigenschaften ihrer Anteilspapiere als fungibles Gut höchsten Grades, gibt die Form der Aktiengesellschaft die beste Kapitalbeschaffungsmöglichkeit und ist hierin allen anderen Unternehmungsformen weit überlegen.

Dies gilt zunächst für die Gründung, gilt aber auch für Erweiterung, Kapitalerhöhung und nicht zuletzt für Konzentration, die geradezu auf dem Effektenprinzip beruht und in ihm ihre größten Möglichkeiten besitzt.

Das Mindestkapital der Aktiengesellschaft (Mindestmitglieder 5 Aktionäre) beträgt 500000 RM., der Mindestnennbetrag einer Aktie (für nach dem 1. Oktober 1937 gegründete Aktiengesellschaften) 1000 RM. Durch die Höhe dieser Beträge wird die Form der Aktiengesellschaften Großunternehmungen vorbehalten.

Bei der G. m. b. H. beträgt das Mindestkapital 20000 RM., die Mindeststammeinlage 500 RM. Sie ist die charakteristische Unternehmungsform für Mittel- und Kleingesellschaften, die ihr Risiko auf die Kapitaleinlage beschränken wollen, in erster Linie für Familien- und Versuchsgesellschaften.

Der Kux, der Anteil einer Gewerkschaft, lautet nicht auf einen Nennbetrag, sondern auf einen Anteil am Bergwerksvermögen. Die alten Kuxe, die durch Teilung entstanden sind, verbriefen 2, 4, 8, 16, 32, 64, 128 usw., die neuen hundert, tausend oder, mit Genehmigung des Oberbergamtes, zehntausend Anteile.

Die G. m. b. H.-Anteile haben vor allem den Nachteil, daß ihnen der Kapitalmarkt verschlossen ist. Kuxe werden zwar börsenmäßig gehandelt (in Deutschland besonders in Düsseldorf und Essen), besitzen aber nicht jene leichte Handelbarkeit der Aktien. Durch die Möglichkeit der Zubußen kann die Gewerkschaft den Interessen der Unternehmung mehr entgegenkommen als die Aktiengesellschaft, die Zuzahlungen direkt nicht verlangen kann. Trotzdem ist ihre Finanzierungsbasis geringer. Die Bedeutung der Gewerkschaft ist nicht groß und geht ständig zurück.

Die Kommanditgesellschaft auf Aktien vereinigt die Vorteile der Personal- und der Kapitalgesellschaft. Sie steht wegen der persönlichen, unbeschränkten Haftung der Komplementäre gleichsam in der Mitte zwischen beiden Gesellschaftsarten. Sie ist eine vorzügliche Form für Umwandlungsgründungen, wenn der alte Inhaber sich seinen Einfluß sichern will. Trotz ihrer betriebswirtschaftlich hervorragenden Eigenschaften hat sie größere Verbreitung nicht gefunden.

Die Aktien-Gesellschaft und die Kommandit-A.-G. besitzen nicht nur in der Beschaffung des Eigenkapitals ein großes Übergewicht über alle anderen Gesellschaftsformen. Dies gilt in gleichem Maße von der Beschaffung von Fremdkapital, für ihre Kreditbasis. Auch dies rührt von ihrem Verhältnis zur Börse her. Diejenigen Kapitalgesellschaften, die keine Beziehung zur Börse haben (G. m. b. H.), sind in dieser Beziehung sogar nur der Personalgesellschaft gleichzustellen, und da sie nur beschränkt haften, oft nicht einmal dieser.

Kreditbasis sind zunächst stets das vorhandene eigene Kapital und sonstige Sicherheitsgrundlagen. Bei der Einzelfirma sind die handelsgerichtliche Eintragung und die Güterrechtsverhältnisse wesentlich, weil sonst nur das Privatvermögen des Mannes und das Gesamtgut haften. Für die Einzelfirma spricht das größere Interesse des Inhabers an der Arbeit. Das Kapital tritt dort, wo es nur gering ist, hinter den persönlichen Eigenschaften zurück. Für die Kreditbasis ist die Möglichkeit der Entnahmen und die direkte Verbindung mit dem Haushalt nachteilig. So sind die Möglichkeiten, Kredite zu erhalten, gering. Sie bestehen meist nur für Unternehmungen mit hoher Rentabilität. Ganz besonders schwierig ist die Beschaffung von langfristigem Kapital, daher bestehen nur geringe Erweiterungsmöglichkeiten.

Entscheidend für die Einzelfirma als Unternehmungsform ist ihre Gründung auf eine einzelne Person und ihr Schicksal.

Bei der Offenen Handelsgesellschaft bilden das Vermögen der Gesellschafter und ihre Fähigkeiten die Kreditbasis. Sie ist kreditwirtschaftlich als Zusammenfassung einer oder mehrerer Einzelunternehmungen zu betrachten. Im Vermögen ist sie abhängig von der Kapitalkraft der Inhaber, der Möglichkeit ihres Ausscheidens und der Verjährung der Haftung in 5 Jahren. Banken errichten daher beim Ausscheiden eines Gesellschafters ein besonderes Konto für den Sollsaldo, von dem nur die Rückzahlungen abgebucht werden, um den ausscheidenden Gesellschafter in Anspruch nehmen zu können. Die Kreditbasis ist daher beschränkt, vor allem für langfristige Kredite; sie ist aber wegen der Risikoteilung breiter als bei der Einzelfirma.

Die Kommanditgesellschaft hat eine größere Kreditbasis durch das Hinzukommen der Haftung der Kommandit-Einlage. Hier erhöht ein Kapitalgeber, dessen Haftung beschränkt ist, die Kapital- und damit die Kreditbasis der Personalgesellschaft. Dabei ist die Zahl der Kommanditisten unbeschränkt. Der Kommanditist ist oft auch selbst Kreditquelle.

Die Stille Gesellschaft vermehrt die Kreditbasis, da sie nach außen nicht auftritt, nicht. Die stille Gesellschaft hat als solche überhaupt keinen Kredit. Im Konkurs hat der „Stille Gesellschafter" für den Teil seiner Einlage, die seinen Verlustanteil übersteigt, eine Konkursforderung. Die stille Gesellschaft ist eine Einlagegesellschaft mit zeitlicher Begrenzung der Einlagedauer. Verpfändung oder Abtretung der Geschäftseinlage an die kreditgewährende Bank kann den Mangel der Kapitaleinlage des stillen Gesellschafters als Kreditbasis beheben.

Die Aktien-Gesellschaft ist charakterisiert: 1. durch beschränkte Haftung, 2. durch das Fehlen einer direkten Haftung der Aktionäre gegenüber den Gläubigern, 3. durch Beschränkung der Einzahlungsverpflichtung auf das Aktienkapital, 4. leichte Übertragbarkeit der Anteile, 5. Anschluß an den Kapitalmarkt. Beeinträchtigt die beschränkte Haftung die Kreditwürdigkeit? Nein, denn die Vermögensmasse haftet unbeschränkt; hierin besteht kein Unterschied zur Personalgesellschaft. Sie besitzt sogar größere Sicherheit, weil weder Privatentnahmen noch (gewöhnlich) Kapitalrückzahlungen möglich sind. (Prinzip der Bindung des Grundkapitals). Hierzu treten Rücklagen, teils gesetzliche, und verstärken die Kreditbasis. Vertreter der Finanzierungsgesellschaft (Bank) sitzen im Aufsichtsrat. Publizität, gesetzliche scharfe Bewertungsvorschriften, darüber hinausgehende Wertungsgrundsätze der Praxis verstärken die Sicherheit und verbreitern die Kreditbasis. Besondere Aufmerksamkeit verdienen die Tochtergesellschaften wegen der Benutzung zu riskanteren Geschäften.

Wesentlich für die Kreditbasis der A.-G. ist die Möglichkeit, Bankkredite durch die Ausgabe von jungen Aktien und Obligationen zu mobilisieren, eine Möglichkeit, die keine andere Gesellschaftsform besitzt, so daß man in bezug auf die Finanzierungsmöglichkeit die Unternehmungsformen geradezu in Aktien- und Nicht-Aktiengesellschaften teilen muß (Prion).

Die G. m. b. H. hat eine sehr kleine Kreditbasis. Sie wird z. T. sogar für kreditunwürdig gehalten. Wirtschaftlich ist sie eine sehr schmiegsame Form, die sich besonders zu spekulativen Geschäften eignet: Terrain-Gesellschaften, Versuchs-, Patentgesellschaften, Gläubigergesellschaften (um ein überschuldetes Unternehmen zu übernehmen), für Idealgesellschaften. Doch finden wir diese Form auch bei sehr soliden und kreditwürdigen Unternehmungen. Sie zeigt Ähnlichkeiten mit der A.-G., (beschränkte Haftung) und mit der offenen Handelsgesellschaft (geringes Kapital, meist Vereinigung von Kapitalbesitz und Leitung). Sie eignet sich wegen der beschränkten Teilnehmerzahl, keiner Prüfung des Gründungsherganges bei Sacheinlagen, keines Zwanges zur Veröffentlichung der Bilanz- und Erfolgsrechnung (außer bei Bankgeschäften) und fakultativer Nachschußpflicht für kleinere und mittlere Betriebe vor der A.-G., wegen der beschränkten Haftung für diese Zwecke vor der O. H. Für die Gläubiger allerdings ist die G. m. b. H. wegen der meist großen Undurchsichtigkeit der Verhältnisse eine Unternehmungsform, bei der eine noch größere Vorsicht am Platze ist als bei anderen Unternehmungsformen. Die Übernahme der persönlichen Haftung durch die Gesellschafter kann die Kreditbasis wesentlich erweitern.

Die G. m. b. H. und Co., eine durch das Reichsgericht anerkannte Rechtsform, die freilich nur eine sehr geringe Verbreitung gefunden hat, ist dadurch charakterisiert, daß bei dieser Kommanditgesellschaft der Komplementär eine (nur beschränkt haftende) G. m. b. H. ist. Ihre Kreditbasis ist nicht breiter als die der G. m. b. H.

Die Gewerkschaft ist die bevorzugte Unternehmungsform der großen Bergwerksunternehmungen, die durch den großen Kapitalbedarf charakterisiert sind. Zu unterscheiden ist in bezug auf die Kreditbasis die Gewerkschaft, die im Entstehen ist, deren Entwicklung und Rentabilität man noch nicht absehen kann, und die bereits bestehende. Trotz der Zubußepflicht kann in schwierigen Fällen wegen des Abandonrechtes das Rückgriffsrecht illusorisch werden. Auch die geringe Publizitätspflicht und die Bewertungsmöglichkeit nach § 40 HGB mindern die Kreditbasis.

Die Kreditwürdigkeit der öffentlichen Betriebe ist wegen der Haftung des Staates, (der Kommunalverbände), mit der Steuerkraft aller Bürger unbeschränkt groß, sobald sie als juristische Personen des öffentlichen Rechts oder ohne juristische Person als Anstalten ihrer Träger bestehen. Als juristische Personen des privaten Rechtes haften sie natürlich nur beschränkt mit dem Gesellschaftsvermögen.

Die Genossenschaft ist die einzige Rechtsform, bei der die Haftung zu einer Kreditgrundlage wird, beim Haftsummenkredit. Hier bildet die über das Genossenschaftsvermögen (Geschäftsguthaben + Reserven) hinausgehende, persönliche unbeschränkte oder auf einen oder mehrere Haftungsanteile beschränkte Haftung eine neue Kreditbasis, auf deren Grundlage die Genossenschaft in einem bestimmten Verhältnis zur Haftsumme von der Deutschen Zentralgenossenschaftskasse Kredit erhält. Reichsbank und auch die privaten Kreditbanken sehen in der Haftung keine geeignete Kreditbasis.

Eine Stufung der Kreditbasis ergibt folgende Reihenfolge (bei der nur allgemein die Form, nicht aber die besonderen Verhältnisse der einzelnen Gesellschaften gemeint sein können): K. a. Aktien, A.-G., Gewerkschaft (im Betrieb), Genossenschaft, O. H., Kommandit-Ges., G. m. b. H., Einzelfirma, die beiden letzteren etwa gleich (Nachteile des Zweiaugensystems bei der Einzelfirma, größere Unsicherheit bei der G. m. b. H.). Jedoch ist die Form als solche noch nicht entscheidend, wie das Kleid mit der Person nicht verwechselt werden sollte.

Von verschiedenen Seiten wird ferner die steuerwirtschaftliche Seite als ausschlaggebend bei der Wahl der Rechtsform angegeben. Es ist selbstverständlich, daß die Besteuerung nicht dazu führen darf, daß die Wirtschaft ihre Rechtsformen nicht nach wirtschaftlichen, sondern nach steuerlichen Gesichtspunkten wählt.

Zuletzt kommen noch die Verwaltungs- und Gründungskosten für die Wahl einer Unternehmungsform in Frage. Nicht zu Unrecht weist man z. B. bei der A.-G. auf die sehr teuren Verwaltungs- und die sehr hohen Repräsentationsausgaben hin.

b) Konzentrationsformen.

Konzentrationsformen entstehen aus Zusammenschlüssen von Einzelunternehmungen zu größeren Wirtschaftseinheiten. Ihre Bildung erklärt sich aus der Tendenz zum Großbetrieb. Konzentrationsformen gibt es sowohl in der gelenkten wie in der ungelenkten Wirtschaft. Auch in ihren Formen herrscht in beiden Wirtschaftssystemen weitgehende Übereinstimmung. In ihrem Geist besteht dagegen ein starker Unterschied. Die wesentlichen Konzentrationsformen sind: Kartelle, Interessengemeinschaften, Konzerne und Trusts. Ihr Hauptunterschied liegt in ihrer Zielsetzung, in der Art und in dem Grad ihrer Bindung.

Kartelle sind vertragsmäßige Zusammenschlüsse unter Erhaltung der rechtlichen und betriebswirtschaftlichen Selbständigkeit der Unternehmungen zur Regulierung des Marktes. Sie können nationale und internationale Kartelle sein (international z. B. die internationale Rohstahlgemeinschaft, die internationalen Exportkartelle für Schienen, Röhren und Draht. das internationale Spiegelglaskartell).

In der ungelenkten Wirtschaft sind Kartelle im allgemeinen Kinder der Not, wenngleich auch sonstige Gründe (z. B. in Deutschland während des Weltkrieges), ja sogar Hausse im Markt, zu ihrer Gründung führen können. Die Tendenz der modernen ungelenkten Wirtschaft zur dauernden Steigerung des Anlagekapitals und dauernd vollen Ausnutzung der Betriebsapparatur führt zur Überproduktion, damit aber zur Überfüllung des Marktes, mit allen Folgen auf Preise und Reinertrag. Diese Tendenzen mindern die Existenzfähigkeit der Betriebe. Das müßte zum Ausscheiden der Unternehmen mit den höchsten Selbstkosten und geringster Rentabilität führen, wenn das Vorhandensein großer Massen von Anlagekapital diesen Reinigungsprozeß nicht sehr lange aufhalten würde. Das dadurch entstehende Problem der Marktregulierung (Verminderung der Konkurrenz) führt zu neuen Organisationsformen, insbesondere zu Kartellabreden, zuerst in der Industrie (in Deutschland: Eisen-, Stahl-, Kohle-, chemische, elektrotechnische, Textil-, Zement-, Glas-Industrie), dann aber auch im Waren- und Geldhandel.

Die auf Grund dieser Bedingungen und Motive gebildeten Kartelle haben die Tendenz zur Erhaltung aller vorhandenen Betriebe (Kalkulation auf der Grundlage der Selbstkosten des teuersten Betriebes) und zur Verhinderung der Entstehung neuer Betriebe (Kampf gegen Außenseiter).

Der Kampf gegen Außenseiter wird mit folgenden Mitteln geführt: Umsatzprämien, Treurabatt, Liefersperre, Exklusivverträge; im internationalen Handel: Exportprämien und Exportvergütungen.

Aus dem Ziel und der hieraus hervorgehenden Politik der Kartelle, den Markt monopolistisch zu beherrschen, können in der ungelenkten Wirtschaft neben der guten Wirkung der

Organisation des Marktes auch schlechte Wirkungen auf die Preisentwicklung und den freien Wettbewerb entstehen, die in vielen Staaten zu gesetzgeberischen Eingriffen geführt haben: 1890 in Nordamerika durch die Sherman Act und in der Folge durch weitere Kartellgesetze mit der Wirkung des Verbots inländischer Kartellorganisation (aber Duldung und damit Förderung der Konzerne und Trusts). In England hat der Board of Trade zugleich die Aufgabe der Kartellbeobachtung; in Deutschland: 1903—6 Kartell-Enquete; am 2. 11. 23 die Verordnung gegen Mißbrauch wirtschaftlicher Machtstellung, insbes. §§ 1, 4, 8, 10. Sie richtet sich vor allem gegen Kartelle, weit weniger gegen Dachgesellschaften, Konzerne und Trusts.

In der gelenkten Wirtschaft sind Kartelle Instrumente der Wirtschaftsführung. Sie dienen dem Staat als marktregelnde Verbände zur Durchsetzung seiner wirtschaftspolitischen Ziele.

Gegenüber den Kartellen in der ungelenkten Wirtschaft hat sich somit ein grundlegender Wandel vollzogen. An die Stelle rein privatwirtschaftlicher Zielsetzungen ist der Dienst im Interesse der Gemeinschaft getreten. Das schließt nicht aus, daß zugleich auch berechtigte privatwirtschaftliche Belange weiterverfolgt werden. Voraussetzung hierfür ist jedoch, daß diese nicht gegen das Interesse der Gemeinschaft verstoßen.

Der Einsatz der Kartelle in der gelenkten Wirtschaft richtet sich nach Art und Grad der notwendigen Marktregelung. In Befolgung des Grundsatzes, der Wirtschaft so wenig Bindungen wie möglich aufzuerlegen, wird der Weg der Kartellierung durch den Staat nur dort beschritten, wo auf Grund der besonderen Marktvoraussetzungen eine so weitgehende Regelung notwendig wird. Die Mittel staatlicher Kartellpolitik sind dreierlei Art:

1. Kartellaufsicht,
2. Kartellauflösung,
3. Kartellbildung.

Die staatliche Kartellaufsicht erstreckt sich auf die gesamte Wirtschaftsführung der Kartelle sowie freiwillige Neubildungen, insbesondere auf Quotenabmachungen und Preisbindungen. Die Träger der Aufsicht sind Reichswirtschaftsminister, Reichswirtschaftsgericht und Preiskommissar. Namentlich der letzte führt eine straffe Kontrolle der Kartellpreise durch nach den allgemein geltenden Preisbildungs- und -überwachungsprinzipien.

Die staatliche Kartellaufsicht wird wirksam unterstützt durch die Gruppen der gewerblichen Wirtschaft. Diese bilden die Aufsichtsinstanz über die Kartelle (Marktordnungserlaß vom 12. 11. 36). Sie haben vor allem darüber zu wachen, daß sich die Kartelle im Rahmen ihrer wirtschaftspolitischen Zielsetzungen halten und nicht in den alten liberalistischen Geist zurückfallen (Hilfsmittel: Führen eines Kartellverzeichnisses, Unterrichtung über geplante marktregelnde Maßnahmen, Einspruch beim Reichswirtschaftsminister gegen Kartellbeschlüsse, die trotz Widerspruch erfolgt sind).

Zur reibungslosen Zusammenarbeit zwischen Gruppen und Kartellen ist eine klare Aufgabenabgrenzung zwischen beiden erforderlich. Diese ist in der Weise geregelt, daß

den Wirtschaftsgruppen die Herbeiführung größtmöglicher Wirtschaftlichkeit und höchster Leistung der Betriebe auf technischem und betriebswirtschaftlichem Gebiet (Erziehung und Beratung in Arbeits-, Rohstoff- und Rechnungsfragen) zur Aufgabe gemacht,

den Kartellen dagegen die Marktregelung, also jegliche Einflußnahme auf Angebotsmenge und -preis übertragen worden ist.

Durch diese Regelung des Verhältnisses zwischen Wirtschaftsgruppen und Kartellen ist einerseits die Gefahr einer völligen Durchkartellierung der Wirtschaft vermieden, anderseits die Garantie der Kartellführung in dem richtigen Wirtschaftsgeist gegeben.

Die Auflösung von Kartellen vollzieht sich auf Grund der Kartellverordnung (vom 2. 11. 23) und der Kartellnotverordnung (vom 26. 7. 30) (Eingriffsbefugnis bei Gefährdung der Gemeinwirtschaft oder des Gemeinwohles). Sie geschieht dort, wo Kartellbindungen zur Wahrung von Gemeinschaftsbelangen nicht oder nicht mehr notwendig sind. Letzteres ist vor allem dadurch der Fall, daß wichtige Marktordnungsaufgaben den Gruppen der gewerblichen Wirtschaft übertragen worden sind (Marktordnungserlaß vom 12. 11. 36, s. weiter oben).

Die Kartellbildung durch den Staat geschieht in zwei Formen: als Zwangszusammenschluß bei noch nicht bestehenden und als Zwangsanschluß von Außenseitern bei bereits bestehenden freiwilligen Kartellen (Zwangskartellgesetz vom 15. 7. 33). Außerdem besteht die Möglichkeit von Errichtungs- und Erweiterungsverboten (§ 5 ZwangsKG.), um auch auf die Weiterentwicklung geschaffener oder bereits bestehender Kartelle Einfluß nehmen zu können.

Im Interesse der Erhaltung privater Initiative und persönlicher Unternehmerverantwortung wurden bisher nur wenige Zwangskartelle gebildet, die zum Teil schon wieder aufgelöst worden sind. Im Falle notwendiger Marktregelung wird stets zuerst der Weg freiwilliger Kartellvereinbarung zu gehen versucht. Erst wenn dieser nicht zum Ziel führt, werden Zwangskartelle gebildet, die aber immer auf eine bestimmte Zeit befristet sind.

Der Wandel in Funktion und Bedeutung der Kartelle hat auch die technischen Voraussetzungen der Kartellbildung wesentlich gewandelt. In der ungelenkten Wirtschaft hatten Kartelle zur Voraussetzung:

1. eine kartellfähige Ware (Gleichmäßigkeit und sichere Unterscheidbarkeit; daher in Roh- und Halbstoffen leichter als in der Fertigfabrikation; in Deutschland in der Eisenindustrie, zuerst in A-Produkten — schwere Walzfabrikate, wie Blöcke, Knüppel, Eisenbahnoberbaumaterial, Formeisen; später erst

und unter schwierigen Umständen in B-Produkten — leichte Walzfabrikate, wie Stab-, Bandeisen, Draht, Bleche, Röhren, Guß- und Schmiedestücke);

2. die Erfassungsmöglichkeit einer möglichst großen Anzahl der in Frage kommenden Betriebe (75—80% genügen zur Beherrschung des Marktes);

3. die Möglichkeit, die Interessengegensätze zwischen Groß- und Kleinbetrieben und zwischen gut und schlecht rentierenden Betrieben und dem damit zusammenhängenden Interesse an hohem Umsatz oder aber hohen Preisen, der vorhandenen sozialen Differenzierung, des Standortes — ob mitten im unbestrittenen Gebiet oder hart an der Grenze —, durch Verschaffung ins Gewicht fallender Vorteile auszugleichen und durch eine entsprechende Kontroll-Organisation kartellwidriges Verhalten zu unterbinden.

In der gelenkten Wirtschaft sind diese Voraussetzungen mehr oder weniger fortgefallen. Die Zwangskartellierung und die ständige Verfeinerung der Kartelltechnik geben die Möglichkeit, alle Schwierigkeiten der Kartellbildung verhältnismäßig leicht zu überwinden.

Dagegen sind die *Kartellformen* in der gelenkten Wirtschaft weitgehend die gleichen wie in der ungelenkten geblieben.

Je nach der Entwicklung, nach der Art der *Kartellbindung*, unterscheidet man Kartelle höherer und niederer Ordnung. Niedere Kartelle sind

a) *Konditionenkartelle* (Regelung der Zahlungs- und Lieferungsbedingungen, dadurch Regulierung der Kapitalbeanspruchung).

b) *Kalkulationskartelle* (einheitliches Kalkulationssystem für alle Anbieter; keine feste Preisbindung, höchstens Richtpreise).

c) *Preiskartelle* (Einheits-[Mindest-]preise für das gesamte Kartellgebiet und damit auch in weiterem Verfolg Einheitskonditionen).

Zur notwendigen Kontrolle der Einhaltung der Kartellbestimmungen führt die Entwicklung zur höheren Stufe der Kartelle:

d) **Kontingentierungskartelle** (Bestimmung und Regelung der Angebotsmenge (Produktionsquoten), auch Gebietskartelle);

e) **Verkaufskartelle** (Syndikate: Verkauf allein durch eine besondere Organisation, das Verkaufskontor, a) als einzigem Vermittler; b) als Selbstkäufer). Damit ist auch die Produktionsmenge bestimmt;

f) **Produktionskartelle** (hier wird nicht nur die Menge, sondern auch die Art und Technik der Produktion geregelt: Normung, Typung, Bestimmung der im einzelnen Falle produzierenden Betriebe). Das Produktionskartell nähert sich schon sehr stark Organisationsformen, die über die Marktregulierung hinaus eine Betriebsregulierung bezwecken.

Neben den freien Kartellen gibt es **Zwangskartelle**[1]).

[1]) Aus der **Verwaltung** der Kartellverbände soll hier beim Syndikat die Abrechnung zwischen Syndikat und Mitgliedsfirmen betrachtet werden. Sie bezieht sich auf die Mengen- und Preisverrechnung unter Benutzung gemeinsamer Frachtbasen. Die Lieferaufträge gehen beim Syndikat ein oder sind an dieses weiterzuleiten, das die Aufträge an die einzelnen Mitgliedsfirmen unter Berücksichtigung der Quote und der Qualität der bestellten Waren und des Standortes weitergibt. Die Lieferung wird unter Schätzung des voraussichtlichen Gesamtabsatzes, z. B. gegen Ende des Monats für den nächsten Monat, bestimmt und eine Soll- und Istrechnung aufgemacht. Es wurde z. B. für den Monat ein Gesamtabsatz von 500 000 dz geschätzt. Ein Werk mit einer Quote von 4‰ hat demnach ein Liefersoll von 2000 dz, mit dem Rückstand von 75 dz aus dem vorigen Monat, 2075 dz. Im Verlaufe des Monats ergab sich ein Gesamtabsatz von 600 000 dz; dies macht für das Werk ein Mehr von 400 dz.

Datum	gelieferte Menge	noch zu liefern
1. Dezember		2075 dz
5. "	Inland 450	1625 "
8. "	U. S. A. 900	725 "
10. "	Italien 300	425 "
		+ 400
		825
22. "	Inland 600	225
30. "	" 200	25

Von den Kartellformen entspricht den Zielen der gelenkten Wirtschaft das Kalkulationskartell besonders gut. Die nur lose Bindung vereinigt sich hier mit der Erziehung zu richtiger Kalkulation und Preisbildung (z. B. Ordnung für das graphische Gewerbe, Rundfunk-Marktordnung). Ferner findet das Zwangskartell eine viel weitergehende Anwendung (vor 1933 nur 12 Zwangszusammenschlüsse in Deutschland).

Im Kartell, vor allem im Syndikat, führen — in hierfür günstigen Fällen, vor allem, wenn ein großes Anlagekapital mitspricht — in der ungelenkten Wirtschaft drei Umstände die Entwicklung weiter: der Kampf um die Erweiterung der Quote, die besondere Behandlung des Selbstverbrauchs und der Aufstieg in nicht mehr kartellierte Produktionsstufen. Die Entwicklung führt dann nicht mehr zur Interessenvertretung mit rechtlich und betrieblich selbständigen Unternehmungen, sondern zu einem Unternehmungs-Komplex mit einer betriebswirtschaftlich immer geringer werdenden Selbständigkeit, bis sie in völliger Verschmelzung endet. Dies ist nicht in jedem Falle möglich, oft wird der Endpunkt nicht erreicht, oft aber schon ohne die Zwischenstufen. Das Charakteristische hierbei ist eine Konzentration mit einem andern Ziele als der Marktregulierung, die aber auch daneben verfolgt werden kann und die dann zu Kartellen und bes. Syndikaten dieser Konzentrationsformen führen kann.

Diese Bestrebungen führen zur Konzentration mit dem Ziele der Senkung der Selbstkosten (und damit Verbesserung der Wettbewerbsfähigkeit) auf einem doppelten Wege: a) Aufnahme des Großbetriebes zur Anwendung des „Gesetzes der Massenproduktion" (Aggregation); b) Ausnutzung der Nebenergebnisse der vertikalen Kombination (Nebenerzeugnisse, Betriebskraft).

Diese Organisationsformen gehen in der Richtung der horizontalen (Konsolidation, Zusammenschluß von Unternehmungen gleicher Produktionsstufe und gleicher oder ähnlicher Produkte) und vertikalen Konzentration (Integration, Zusammenschluß von Unternehmungen verschiedener Produktionsstufen: z. B. Bergwerke, Hochöfen, Walzwerke, Maschinenfabriken, Transportunternehmungen). Die vertikale Konzentration kann eine reine Integration sein (Produktion nur für die eigenen, zusammengeschlossenen Betriebe, nicht für den Markt). Die Entwicklung (Ausnutzung der Produktionskapazität) führt zur weiteren Produktion über den Bedarf der eigenen Betriebe hinaus, zur Produktion auch für den Markt. Die vertikale Konzentration, vor allem die über die „reine" Integration hinausgehende, hat neben der betriebswirtschaftlichen Wirkung jeder Konzentration (Massenerzeugung und dadurch Ausnutzung des Anlagekapitals) noch folgende Wirkung: größere Sicherung in dreifacher Richtung: a) des Rohstoffbezugs, b) angemessener Beschaffungspreise, c) des Absatzes der Zwischenprodukte. Die weitergehende Integration hat so die Verbreiterung der Marktbasis (Endprodukte und Verkauf der Zwischenprodukte) zur Folge. Sie kann auch zur Verbreiterung der Produktionsbasis führen: Herstellung mehrerer, möglichst ähnlicher oder zusammenhängender Marktprodukte, um die gleiche Betriebsapparatur und die gleichen Arbeiter verwenden zu können. Dies bedeutet für den Betrieb Nachteil und Vorteil: Nachteil durch die Kostenerhöhung (verschiedene Produkte), Vorteil durch Minderung des Absatzrisikos (verschiedene Nachfragekreise). Welcher Weg der wirtschaftlichere ist, ist nach der Marktlage verschieden. Der Weg der Spezialisierung (und Massenerzeugung) wird in großen und kaufkräftigen Ländern (USA.), bei einer Bevölkerung mit psychischer Neigung zu Uniformität, Gefühl für Standardisierung eher möglich sein, als in kleinen (Staaten Europas), bei einer Bevölkerung mit Tradition und individuellem Geschmack.

Die Formen der horizontalen und vertikalen Konzentration sind: Interessengemeinschaft, Konzern und Trust.

Hierbei sind Interessengemeinschaften und Konzerne sehr nahe verwandt[1]). Interessengemeinschaften und Konzerne unterscheiden sich dadurch vom Trust, daß dieser die rechtliche Selbständigkeit der einzelnen Unternehmungen aufhebt und zu einer einzigen großen Unternehmung, also zur Verschmelzung führt. Das Mittel hierzu ist die Fusion. Interessengemeinschaft und Konzern sind oft die Vorstufe zum Trust. Doch sind diese Vorstufen nicht notwendig.

Die Gründe dieser Formen der Konzentration sind nicht (zunächst) marktwirtschaftliche, sondern betriebstechnische, sind produktionswirtschaftlicher Natur. Doch wird der preisbeeinflussende Erfolg entweder durch die Größe der Produktion ohnehin gegeben sein oder in einem zweiten Schritt durch Syndizierung der Konzerne und Trusts erstrebt.

Die Interessengemeinschaft ist eine Zusammenfassung von Unternehmungen, die rechtlich selbständig bleiben, deren wirtschaftliche Selbständigkeit aber in verschiedenem Grade von der bloßen Gewinngemeinschaft bis hart an die Grenze der Aufgabe der Selbständigkeit gemindert werden kann.

Sie unterscheidet sich vom Kartell durch den engeren Zusammenschluß, den größeren innerbetrieblichen Einfluß, vor allem auf den verfügbaren Reingewinn. Dieser wird auf die in Interessengemeinschaft stehenden Unternehmungen nach verschiedenen Schlüsseln — Kapital, Umsatz — verteilt. Das Kartell dagegen hat vor allem Verkaufsaufgaben zu erfüllen. Vom Konzern unterscheidet sich die Interessengemeinschaft dadurch, daß der Konzern nie nur auf eine Gewinngemeinschaft hinzielt, sondern vor allem auch zur Verwaltungs- und Vermögensgemeinschaft führt. Er strebt nach einer größeren Einheitlichkeit, vor allem in der Leitung.

---

[1]) Konzern ist nicht mit dem englischen „concern", Unternehmung, zu verwechseln.

Der Konzern ist ein Zusammenschluß von Unternehmungen, die rechtlich selbständig bleiben, betriebswirtschaftlich aber eine Betriebsgemeinschaft mit einer einheitlichen Leitung bilden.

Die Gründe für die Konzentration in Interessengemeinschaften und Konzernen sind: Ertragsausgleich, Konkurrenzminderung, Rationalisierung im Betriebe: Typung, Arbeitsteilung, Massenerzeugung, Betriebsvergrößerung, gemeinsame Reklame und gemeinsamer Vertrieb. Die Zusammenschlußbewegung geht zwar in der Richtung der Kompensationsbetriebe; oft sind Konzerne aber auch völlig anorganisch zusammengesetzt. Neben den Sach-Konzernen gibt es Finanzkonzerne, neben Industrie- auch Bank-, Warenhaus-, Verkehrs- und andere Konzerne.

Der Trust ist ein derartiger Zusammenschluß von Unternehmungen, daß die rechtliche und wirtschaftliche Selbständigkeit der Unternehmungen aufgehoben wird und eine einzige Unternehmung entsteht. In dieser Organisationsform ist der höchste Grad der Rationalität möglich, vor allem auch die Stillegung unrentabel arbeitender Betriebe. Seine höchste Entwicklung findet der Trust im Vertikal-Horizontal-Trust.

Die Zusammenschlüsse der Unternehmungen erstreben direkt oder indirekt eine monopolistische Beherrschung des Marktes. Ein **Monopol** ist die vollständige oder überwiegende Beherrschung des Gesamtangebotes eines Gutes oder der Gesamtnachfrage nach ihm durch eine Person oder eine zusammengeschlossene Personengruppe. Die Wirkung eines jeden Monopols zeigt sich im Monopolpreis. Doch ist in der ungelenkten Wirtschaft der erste Zweck eines Monopols nicht die Erzielung eines möglichst hohen Preises, vielmehr sind die monopolistischen Bestrebungen gerichtet auf:

1. Beseitigung der Kapitalvernichtung bzw. Sicherung gegen das Kapitalrisiko und (damit zusammenhängend)
2. Sicherung der Rentabilität.

Naturgemäß sind diese Ziele nur über einen hohen Preis zu erreichen, und das Streben nach hohen Preisen, nach Beseitigung der Konkurrenz, nach Beschränkung der Produktion sind nur Mittel zur Erreichung dieses Zieles. Je stärker die Kapitalintensität, desto intensiver ist das Streben nach Abwendung der Kapitalvernichtung und damit die monopolistische Tendenz. Monopolstreben gehört daher zum Wesen der kapitalintensiven Betriebe. Für kapitalextensive Betriebe und solche mit beweglichem Anlagevermögen besteht die Notwendigkeit zum Monopol nicht.

Die Gründe, die zur immer stärkeren Monopolbildung drängen bezw. die Monopolbildung erfordern, sind:

1. die immer mehr zunehmende Kapitalintensität mit der Folgeerscheinung eines ständig wachsenden Kapitalrisikos,
2. die Schwierigkeit der Entstehung von Konkurrenzunternehmungen wegen der zunehmenden Größe des erforderlichen Kapitals,
3. die Kampfpreispolitik der bestehenden Monopolbetriebe, die auch aus diesem Grunde das Entstehen von Konkurrenzunternehmungen verhindert,
4. unter Umständen gesetzgeberische, zoll- und steuerpolitische Maßnahmen des Staates.

In der gelenkten Wirtschaft ist es Aufgabe der Wirtschaftsführung, alle Monopoltendenzen laufend zu überwachen, damit gemeinschaftsschädliche Wirkungen, von denen die ungelenkte Wirtschaft genügend Beispiele geliefert hat, von vornherein im Keime erstickt werden.

Zur Zeit bestehen absolute Monopole fast nicht. Straffe Syndikate internationaler Art mit 100% Beherrschung des Weltmarktes gibt es folgende drei:

1. das Syndikat der deutschen und französischen Kali-Industrie,
2. das Kupfer-,
3. das Diamantensyndikat.

Eine beherrschende Monopolstellung nehmen ein:

in Europa: das Schienen- und Röhrenkartell, die Drahtkonvention und das Glühlampenkartell;

in Deutschland: das Kalisyndikat (Zwangskartell), die Vereinigten Stahlwerke, die J. G. Farben-Industrie für Anilinprodukte, Scheidemandel für Leim;

in England: die Zementföderation, der Industrie-Spiritus-Trust, der Tapetentrust, die North Western Salt Company, der Sunlight-Seifen-Konzern;

in den Vereinigten Staaten von Nordamerika: die Aluminiumkompanie, der Schuhmaschinentrust; die großen Trusts, wie der Stahl- und Petroleum-Trust, besitzen kein Monopol.

Eine weitere Entwicklungstendenz wird in der Entstehung der Großunternehmung gesehen. Ihr Wesen besteht in der Zusammenfassung vieler Werkbetriebe in einer Unternehmung, die regional sehr weit auseinanderliegen, auch produktionstechnisch verschieden sein können, um möglichst alle Vorteile des Standortes erfassen zu können. Es ergibt sich so ein System von Fabrikfilialen.

Zu den Konzentrationsformen gehören auch die Organisationsformen des Finanzkapitals. Sie beruhen auf dem Prinzip der Effektensubstitution: sie emittieren Passiveffekten (eigene Aktien und eigene Obligationen) und erwerben für den Erlös Aktiveffekten (Aktien und Obligationen anderer Unternehmungen und auch öffentlicher Körperschaften). Ihre Bilanz zeigt folgende Struktur:

Aktiva	Passiva
(Fremde) Aktien	(Eigene) Aktien
(2.) (Fremde) Obligationen	(Eigene) Obligationen (1.)

Die Organisationsformen des Finanzkapitals können sein:

1. Beteiligungsgesellschaften:

a) Kapitalanlagegesellschaften: sie erwerben aus dem Erlös eigener Aktien- und Obligationenemissionen fremde Effekten, die durch Mischung eine Risikoverteilung erreichen und dadurch zur Kapitalanlage besonders geeignet werden.

b) **Kontrollgesellschaften**: auch diese erwerben aus dem Erlös eigener Emissionen fremde Aktien, aber zum Zwecke der **Beherrschung** fremder Unternehmungen.

Für die Beherrschung genügt der Besitz eines Teiles des Aktienkapitals des fremden Unternehmens: 50, praktisch meist 40%; wenn stimmrechtslose Aktien ausgegeben sind, kann der Anteil noch geringer sein. Unter minimaler Kapitalaufwendung kann so ein Höchstmaß an Beherrschung erreicht werden.

Es soll z. B. die eigene Beteiligung an einer Kontrollgesellschaft A von 10 Mill. Kapital 4 Mill. betragen, die zur Beherrschung genügt. Mit den 10 Mill. Kapital der Kontrollgesellschaft werden (mit 40% Beteiligung) beherrscht:

Gesellschaft B	von 8 Mill.	Akt.Kapital	mit 3,2 Mill.
„ C	von 10 „	„	mit 4,0 „
„ D	von 7 „	„	mit 2,8 „
	25 Mill.	„	mit 10,0 Mill.,

von denen nur 4 Mill. eigene Beteiligung sind.

2. **Finanzierungsgesellschaften**: diese gründen und erweitern Unternehmungen und nehmen dann die Effektensubstitution vor.

Aus diesen Arten der Organisationsformen des Finanzkapitals besteht die **Effektenhaltegesellschaft** (Holding Company). Ihr Ursprung sind die amerikanischen Trusts, die Trustzertifikate ausgaben, dafür Aktien anderer Unternehmungen erwarben, um sie zu beherrschen, und zwar unter Einsatz von möglichst wenig eigenem Kapital.

Effektenhaltegesellschaften können daher sein:

1. Kapitalanlagegesellschaften,
2. Kontrollgesellschaften,
3. Finanzierungsgesellschaften.

Sie sind meist **reine** Kontrollgesellschaften, häufig auch gemischt: Kontroll- und Finanzierungsgesellschaften, manchmal auch zugleich **Betriebsgesellschaften**.

Übernimmt die Holding-Gesellschaft die Führung der finanziellen Geschäfte aller von ihr kontrollierten Unternehmungen und faßt sie zu diesem Zweck zu einer besonderen

Gesellschaft zusammen, so wird die Holding-Gesellschaft zu einer Dachgesellschaft.

In Deutschland kommen Holding-Gesellschaften nur selten vor, da hier die Formen der Kartelle und Interessengemeinschaften hoch entwickelt sind und vorherrschen. Dagegen spielen diese Arten der Finanzierungsgesellschaften in USA., Frankreich, Belgien und der Schweiz eine große Rolle. Es sind von diesen Holding-Gesellschaften die Holding-Gesellschaft als Kapitalanlage-Gesellschaften (Investment Trusts) scharf zu scheiden und auch wirtschaftspolitisch verschieden zu beurteilen.

Das Konzernkapital ist in seinem Anteil am gesamten Kapital in stetem Vordringen begriffen. In Deutschland unterliegen auch die Konzerne und alle übrigen Konzentrationsformen einer ständigen Kontrolle durch die Wirtschaftsführung, um schädigende Tendenzen unmöglich zu machen.

Die Rechtsformen der Konzentrationsformen sind außerordentlich verschieden: vom einfachen Vertrag, der Gesellschaft des bürgerlichen Rechts bis zur G. m. b. H. und A.-G., wobei die letzten beiden bei weitem überwiegen.

Bei all diesen Formen der Konzentration bekommt die Organisation und die rechnerische Erfassung aller Vorgänge und Erfolge eine erhöhte Bedeutung. Mit dem Grade der Betriebsgröße und Komplizierung der Vorgänge wächst die Aufgabe und Bedeutung der betriebswirtschaftlichen Durchdringung.

III. Der Betriebsablauf.

1. Der betriebliche Kreislauf.

Die Wirtschaft geht in Betrieben vor sich. Das Leben in diesen Betrieben ist ein ständiger Wechsel von Ausgaben und Einnahmen. Das ist wenigstens der Anfang und das Ende der betrieblichen Vorgänge.

Ausgabe und Einnahme aber sind nur eine Seite der betrieblichen Tätigkeit: die Zahlungsseite, der Außenbereich. Ihr gegenüber steht die Leistungsseite des Betriebes, der Innenbereich. Im Betriebe besteht so eine ständige Bewegung von der Ausgabe über die Leistung zur Einnahme. Sie vollzieht sich in einem stetigen Kreislauf, weshalb man vom betrieblichen Kreislauf spricht. Dieser bewegt sich innerhalb des volkswirtschaftlichen Kreislaufes der Gütererzeugung und -verteilung.

Der betriebliche Kreislauf ist im Außenbereich, in den Zahlungsvorgängen, bei den Betrieben aller Wirtschaftszweige der gleiche, bedingt durch die für alle Betriebe mehr oder weniger gleichen Formen des Zahlungs- und Kreditverkehrs.

Die innerbetrieblichen Vorgänge sind dagegen verschiedene, je nach der vom Betriebe vollbrachten Leistung:

Gütererzeugung in der Industrie,
Transportleistung (Personen-, Güter- und Nachrichtentransport) in Verkehrsbetrieben,
Güterbereitstellung für den Konsum in Handelsbetrieben,
Kreditbereitstellung in Bankbetrieben,
Risikoübernahme in Versicherungsbetrieben.

Besonders klar ist der betriebliche Kreislauf beim Handelsbetrieb, sowohl auf der Zahlungs-, als auch auf der Leistungsseite: Ausgabe — Beschaffung — Verkauf — Einnahme.

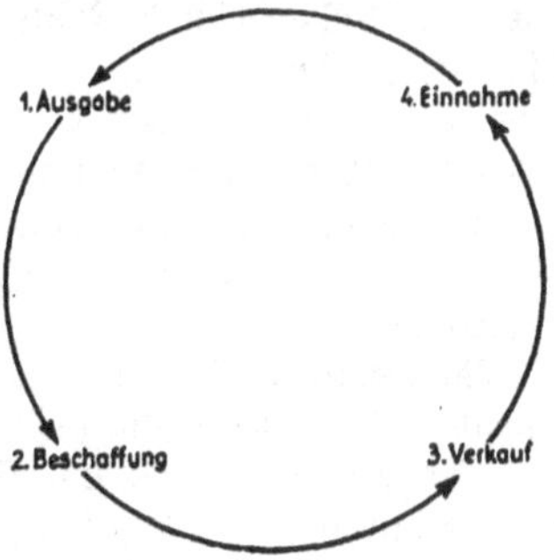

Fig. 1.

Bei den übrigen Betrieben, insbesondere in der Industrie, ist die Leistungsseite viel mannigfaltiger. In der Industrie tritt zu den vier Stufen der Handelsbetriebe: Ausgabe — Beschaffung — Verkauf — Einnahme, zwischen Beschaffung und Verkauf eine fünfte: die Erzeugung. Diese kann sein: eine Gewinnung, eine Veredelung, eine Verarbeitung.

Der Kreislauf der Industrie sieht also folgendermaßen aus:

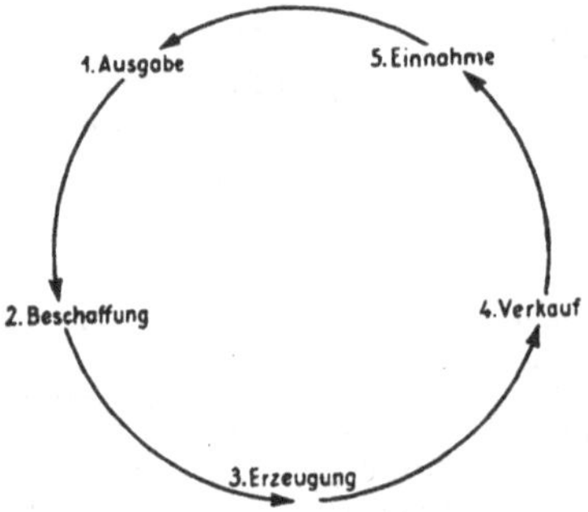

Fig. 2.

Zwischen Beschaffung und Verkauf spielt sich die Erzeugung ab: durch Einsatz von Anlagen und Material erzeugt der schaffende Mensch verkaufsfähige Ware. Die Gütererzeugung, also die innerbetriebliche Sphäre, macht den Kern des industriellen Betriebes aus. Die Darstellung des Kreislaufes in Industriebetrieben hat daher den Innenbereich, die Leistungsseite, besonders hervorzuheben: den Verbrauch an Gütern zur Herstellung von Fertigwaren, das sind die Kostenarten; die Orte, an denen der Verbrauch vor sich geht, das sind die Kostenstellen: insbesondere die Leitung, die plant, disponiert und anordnet; die Beschaffung der Güter und ihre Verwaltung: Materialstellen; die eigentliche Erzeugung: die Fertigungs- und Fertigungshilfsstellen und den Vertrieb, der die verkaufsfähigen Waren absetzt. Die hergestellten Güter sind die betrieblichen Leistungen; sie sind die Kostenträger.

Neben den Leistungen für den Absatzmarkt stellt die Erzeugung auch innerbetriebliche Leistungen her:

1. Waren, sonst für den Verkauf bestimmt, für eigene Verwendung (z. B. Maschinenfabrik eine Bohrmaschine, eine Treibriemenfabrik Treibriemen für den eigenen Betrieb),
2. Anlagenaufträge (eigene Herstellung von Anlagen) und
3. Gemeinkostenaufträge (Leistung für die Kostenstellen: Reparaturen, Fertigteile).

Kostenarten, Kostenstellen und Kostenträger, d. h. der Verbrauch, die Orte des Verbrauches und die halb- und ganzfertigen Waren sind die wichtigen Punkte der Leistungsseite im Kreislauf des Industriebetriebes. Eine etwas genauere Darstellung dieser Vorgänge zeigt das Bild Nr. 3.

Im Industriebetriebe kommt der Wesensunterschied der beiden Seiten des Kreislaufes besonders scharf zum Ausdruck: die Zahlungsseite bildet die Finanz- oder Geschäftssphäre, die Leistungsseite die Produktions- oder Betriebssphäre.

Auf den Verbrauch bei der Leistungserstellung und seine genaue Erfassung kommt es in allen Betrieben, vor allem aber im industriellen Betriebe, besonders an. Dem Güterkreislauf, den Vorgängen in den Beschaffungs-, Erzeugungs-, Vertriebs- und Finanzabteilungen, folgt daher ein Ziffernkreislauf, der alle Vorgänge zahlenmäßig erfaßt: in den Ziffern der Buchhaltung, der Selbstkostenrechnung, der Statistik.

So wesensverschieden die Vorgänge in der Geschäfts- und in der Produktions-, der Betriebssphäre sind, so scharf getrennt und so verschiedenartig müssen auch die zahlenmäßigen Erfassungen in der Buchhaltung sein: die Buchhaltung muß in eine Geschäftsbuchhaltung, die eine Finanz- und Kapitalrechnung ist, und eine Betriebsrechnung (Betriebsbuchhaltung und Selbstkostenrechnung), die eine innenbetriebliche Verbrauchs- und Leistungsabrechnung ist, geschieden werden.

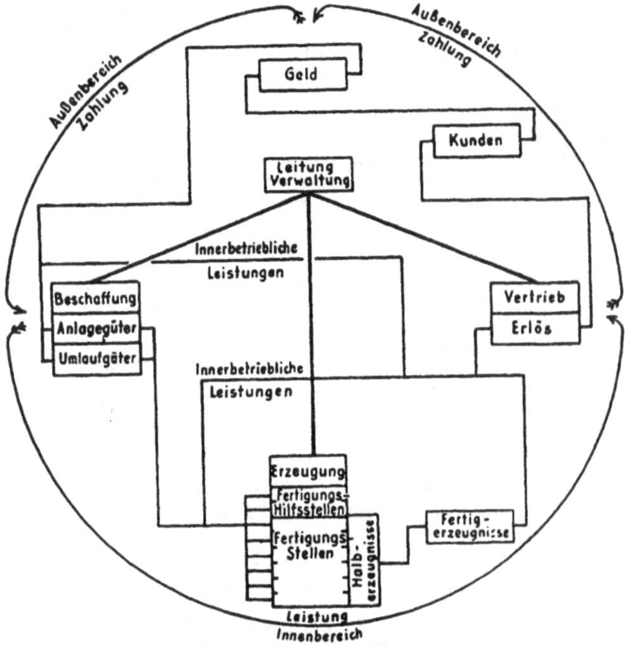

Fig. 3. Betrieblicher Ablauf.

Der Güterkreislauf findet in diesen Rechnungen seinen zahlenmäßigen Niederschlag: der vorhandene Bestand aus den Anschaffungen und der Erzeugung, aus den Geld-, Forderungs- und Schuldverhältnissen kommt in der Bilanz zahlenmäßig zum Ausdruck. Sie stellt in einem Momentbild den jeweiligen Zustand: die noch nicht ausgelösten Reste des Kreislaufes und zugleich das Kräftereservoir für die Fortsetzung des Kreislaufes in der nächsten Betriebsperiode dar; den Verbrauch und die erzielten Erträge während der letzten Betriebsperiode erfaßt dagegen die Verbrauchs- und Leistungsrechnung (die Gewinn- und Verlustrechnung).

2. Das Prinzip der Produktionsgestaltung.

Der Betrieb in seinem Kreislauf ist aber weder ein perpetuum mobile, noch ein Gebilde des Zufalls, der Willkür oder des Automatismus. Vielmehr bildet der Betrieb, der ein Glied eines größeren Ganzen: der Volkswirtschaft ist, einen Organismus, ein lebendiges Ganzes, überaus fern von allem Zufälligen. Nach welchen Prinzipien wird nun der Güterkreislauf im Betriebe gestaltet?

In der freien Wirtschaft lenkt der Reinertrag, und zwar der maximale Reinertrag, die Produktion. Der Betrieb produziert die Güter, die einen Reinertrag erbringen, und nur solange, wie ein Reinertrag erzielt werden kann. Die automatische Steuerung der Betriebe durch den Reinertrag hat sich aber unter neuzeitlichen Produktionsverhältnissen (mit viel Anlagekapital und hohen festen Kosten) als ungeeignet erwiesen, eine optimale Bedarfsdeckung zu erzielen, was zur Änderung des Wirtschaftssystemes, zur gelenkten Wirtschaft führen mußte. Außerdem liegt die Steuerung des Betriebes durch den Reinertrag nur solange im Interesse der Gemeinschaft, als Voraussetzung des Ertrages die Leistung, nicht etwa die Kapitalmacht ist, das Streben nach Ertrag also zugleich das Streben nach höchster Leistung und damit nach bester Gemeinschaftsversorgung in sich schließt. Sind diese Voraussetzungen jedoch nicht mehr gegeben, ist der Ertrag nicht mehr unbedingtes Kriterium der Leistung, so kann er auch seine regulierende Funktion nicht mehr ausfüllen. An seine Stelle muß eine übergeordnete, planvolle Produktionslenkung treten, wie sie der gelenkten Wirtschaft eigen ist.

Welches sind nun die Prinzipien der Produktionsgestaltung in der gelenkten Wirtschaft?

In der gelenkten Wirtschaft dient der Betrieb einem ganz bestimmten gemeinwirtschaftlichen Zweck, und von diesem geht die Kraft aus, die den betrieblichen Kreislauf im Gange hält, solange er überhaupt im Gange zu halten ist.

Die Kraft, die die Bewegung auslöst und sie im Gange erhält, ist das Motiv, die wirtschaftliche Kraft an sich. Das Motiv aber ist offenkundig: Bedarfsdeckung und Schaffung von Arbeitsplätzen. Hierin sieht der Betrieb seine Aufgabe und in der Erfüllung dieser Aufgabe seine Existenzberechtigung. Das ist das gemeinwirtschaftliche Motiv der Betriebsführung, das den Vorrang vor allen übrigen besitzt.

Dieses Motiv leitet als oberstes Prinzip die betriebliche Produktion. Wie gestaltet sich aber seine praktische Ausführung, um das gesteckte Ziel optimal zu erreichen: dem Volke die besten Lebensbedingungen zu schaffen, den Staat wirtschaftlich zu sichern und dabei dem Betrieb die Existenz auf die Dauer zu gewährleisten? Voraussetzung und Grundlage hierzu sind vernunftgemäße Gründungs- und Produktionsplanung und wirtschaftlichste Leistungserstellung. Hierbei kann sich der Betrieb in der gelenkten Wirtschaft nur innerhalb des ihm durch die staatliche Wirtschaftsführung gezogenen Rahmens bewegen.

Welches Prinzip beherrscht dabei die Entschlüsse des Unternehmers? Es ist das Prinzip der Kostendeckung und Betriebssicherung. Dieses Prinzip ist in der gelenkten, nach gemeinwirtschaftlichen Grundsätzen geführten Wirtschaft das Prinzip der Produktionsregelung. Der Güterkreislauf ist ja anders gar nicht aufrecht zu erhalten. Kann der Betrieb seine Kosten nicht decken, stirbt er an Auszehrung; seine Gütererzeugung hört auf und die Gefolgschaft verliert ihre Arbeitsplätze. Nur in Betrieben mit besonderer politischer oder sozialpolitischer Zielsetzung kommt es auf eine Kostendeckung nicht an. Der sich ergebende Verlust muß, damit er nicht zur Schließung des Betriebes führt, durch öffentliche Zuwendungen ausgeglichen werden.

Neben der Kostendeckung muß der Ertrag zugleich die Sicherung des Dauerbestandes des Betriebes ermöglichen: durch Rücklagen und Rückstellungen. Der Ertrag muß dem

Betriebe auch das Wachstum sichern, denn was organisch ist, muß wachsen. Stillstand ist Rückschritt, vor allem im Betriebe.

Dem guten Betriebe wird innerhalb des aus Betrieben verschiedenster Güte bestehenden Wirtschaftszweiges auch noch ein weiterer Überschuß bleiben, die „Differentialrente", als Anreiz zu weiterem Wagen und Unternehmen und als Belohnung besonders guter Leistungen.

Das ist das Grundprinzip betrieblichen Gestaltens beim Produzenten. Es gibt dem Einzelbetrieb den Antrieb zur Gründung des Betriebes, Beschaffung der Mittel, Wahl der Produktionsart, -stätte, -größe, -methode, ferner aber den Anreiz zu Erweiterung, Einengung, Abbau und Auflösung des Betriebes. Der Gegenstand der Erwägungen im Betriebe ist nur noch das „Wie" der Ausführung, um das Kosten-Ertragsverhältnis möglichst günstig zu gestalten.

Das Erwägen des „Was" und „Wie" ist ein Wahlvorgang, ist eine Zweck- und eine Mittelwahl. Die Wahlvorgänge bedürfen zur vernünftigen Entscheidung Vergleichsgrundlagen: bezifferter Quantitäten und objektiver Maßstäbe. Erst dieser Vergleich ermöglicht die Beurteilung der Differenz von Kosten und Ertrag. Die Erzielung eines Ertrages, und zwar als Gesamtertrag, lenkt die Produktion, Ertrag hierbei als Kostendeckung und Betriebssicherung gesehen.

Der Betriebswirt denkt dabei zunächst in Einzelvorgängen und Einzelerträgen (eines Erzeugungs- und eines Verkaufsvorganges), dann aber — und dies ist entscheidend — in Gesamterträgen und bezogen auf den Gesamtbetrieb. Der Gesamtertrag während einer Periode lenkt das betriebliche Wirtschaften. „Gesamt" will auf den Ausgleich in einer Periode (meist 1 Jahr) und im gesamten Produktionsprozeß (bezogen auf die einzelnen hergestellten bzw. vertriebenen Artikel mit ihren unterschiedlichen Reinerträgen) hinweisen.

So wichtig das Prinzip des angemessenen Gesamtreinertrages als Organisationsprinzip der Einzelwirtschaft ist, so stellt es doch nicht die letzte Erkenntnis dar, weil entscheidend immer das ist, was die Veränderung im Betriebe hervorbringt, was den Betrieb veranlaßt, die Produktion auszudehnen, einzuschränken oder einzustellen, andere Produktionsarten aufzunehmen, die Zahl der Typen zu vermindern, überhaupt eine Veränderung oder andere Schichtung vorzunehmen. Die letzte Schicht der bisherigen Produktion und die neu zu disponierende und kalkulierende, die also ein Gleichbleiben, Vermehren oder Vermindern der Produktion bedeutet, sind die entscheidenden Schichten. Sie bedeuten die Änderung in der Menge und Art der Produktion. Die Kosten der letzten Schicht (auf die Produktionseinheit bezogen) sind die Grenzkosten, der Reinertrag der letzten Schicht ist der Grenzertrag. Der Grenzertrag stellt zunächst einen Ertrag der letzten Produktionsschicht des Gesamtbetriebes dar, dann aber auch der einzelnen Artikel und der einzelnen Abteilungen. Der Betrieb dehnt die Produktion solange aus, bis der Grenzertrag negativ wird und den Gesamtertrag mindert. Der Grenzertrag entscheidet daher über Betriebsausdehnung oder Betriebsabbau, immer innerhalb der dem Betriebe von der Wirtschaftslenkung gezogenen Grenzen.

Auch zwischenbetrieblich wirkt sich das Prinzip der Produktionsgestaltung aus. Denn der Ertrag zieht die Grenzen zwischen den einzelnen existenzberechtigten Betrieben und bestimmt die Ausdehnung bzw. Einschränkung der Produktion. Auch innerhalb eines Wirtschaftszweiges gibt es einen Grenzertrag, das ist der Ertrag, der es dem Betriebe möglich macht, im Produktionsprozeß zu bleiben. Es ist der Ertrag des Grenzbetriebes, des letzten zur Bedarfsdeckung noch nötigen Betriebes. Er erhält vom Markt nur Kostendeckung (landesübliche Zinsen für Eigenkapital als Kostenteil gesehen) und eine Risikoprämie, dagegen keinen Gewinn. Innerhalb eines Wirtschaftszweiges ist der zwischenbetriebliche Grenzertrag, innerhalb der gesetzlichen Bestimmungen, Richtschnur der Produktion.

Um den betrieblichen und gesamtwirtschaftlichen Kreislauf zu begründen, ist noch nötig, neben dem Produzenten auch den Konsumenten, der die Ursache der Produktion ist, in seinem Verhalten zu erkennen.

Der Konsument stellt dem zu erwartenden Nutzen seine Aufwendungen gegenüber, d. h. er teilt seine Kaufkraft auf die einzelnen Bedürfnisse auf, und zwar nach der Dringlichkeit des Bedürfnisses. Die Differenz zwischen Nutzen und Kaufkraftaufwendung gibt bei ihm immer einen Überschuß, einen Reinertrag. Je größer der Reinertrag, desto eher wird dieses Bedürfnis befriedigt und jedes Bedürfnis so lange, bis der Ertrag so klein wird, daß der Ertrag einer anderen Bedürfnisbefriedigung größer ist. Die letzte Menge zur Befriedigung eines Bedürfnisses ergibt einen Grenzertrag. Das Prinzip des Grenzertrages leitet den Konsumenten bei der Aufteilung seines Einkommens.

Zweifellos ist diese Darstellung der Wahlvorgänge beim Konsumenten rationalisiert und konstruiert, da solch rationale Entscheidungen nicht getroffen werden. Das Prinzip ist aber richtig. In der Praxis ist der Vorgang viel einfacher, da die große Masse der Entscheidungen nicht an Hand solcher Kalkulationen erfolgt, sondern nach der Erfahrung. Die wichtigsten Bedürfnisse und die Aufwendungen zu ihrer Befriedigung sind bekannt, nur die letzten Bedürfnisse, die „Ränder der Bedarfsbefriedigung", werden tatsächlich besonders erwogen und nach dem Grenzprinzip entschieden, z. B. die Wahl zwischen einem Radiokauf und einer Reise.

* * *

Die Vermittlung der Erkenntnis der wirtschaftlichen Kräfte, ihrer Zusammenhänge und Abhängigkeiten, im Betriebe und im Markt, ist Aufgabe und Inhalt der Theorie des Betriebes. Sie beantwortet die Frage: Wie vollzieht sich in rationaler Weise der Kreislauf im Betriebe und wie auf dem Markt, dem Inbegriff zwischenbetrieblichen Geschehens?

Die neuzeitliche Wirtschaft ist in hohem Maße dynamisch. Die neuzeitliche Betriebswirtschaftslehre muß deshalb eine dynamische Betriebstheorie sein. Sie hat eine doppelte Aufgabe:

1. zu zeigen, welches die gestaltenden wirtschaftlichen Kräfte sind, welches ihr Zusammenhang und ihr Zusammenspiel ist, alles in der Entwicklung und unter Berücksichtigung des Zeitmomentes (der kurzen, mittleren und langen Periode) betrachtet. Sie hat die Erklärung für das betriebliche und zwischenbetriebliche Geschehen zu geben vom Standpunkte des Betriebes aus;
2. hat sie auf Grund der durch Kausalanalyse erzielten Durchleuchtung des gesamten betrieblichen Geschehens eine Theorie der betrieblichen Funktionen aufzustellen: der Finanzierung, der Erzeugung, des Vertriebes und der Organisation. Die Erkenntnis des Allgemeingültigen allein kann die Grundlage rationalen betrieblichen Verhaltens sein.

3. Die drei Faktoren der Produktionsgestaltung: Kosten, Wert, Preis.

a) Kosten [1]).

α) Wesen und Arten.

Die Unternehmung findet in ihrem Bestreben, Betriebsleistungen zu erstellen, zwei Grenzen: Kosten und Preise. In der Differenz beider liegt ihre Gewinn- und Existenzmöglichkeit. Beide Grenzen sind in gewissem Grade beeinflußbar, der Preis in geringem, die Kosten in höherem Maße. Die gesamte Betriebsgebarung beruht auf einem dauernden Vergleich beider

[1]) s. Mellerowicz, Kosten und Kostenrechnung, Bd. I u. II.

Größen: Kosten und Preise, Kosten und Nutzen. Dieses Vergleichen, an Hand exakter Zahlen, nicht aus einem Gefühl und nicht nur aus der (der Vergangenheit angehörenden) Erfahrung heraus, nennen wir Wertung im weiteren Sinne. Die Lehre von der Wertung umfaßt die Theorie der Kosten, des Wertes und der Preisbildung und die Prinzipienlehre der Wertung. Sie muß die Erkenntnis der ursächlichen Zusammenhänge zwischen diesen drei betriebswirtschaftlichen Kategorien vermitteln, damit die Betriebsanordnungen mit Bewußtsein getroffen werden und der Betrieb vernunftgemäß geführt wird.

Findet die Unternehmung im Markt gegebene Preise, was meist zutrifft, so geht ihr Bestreben dahin, die Spanne zwischen erzielbaren Preisen und Kosten durch Minderung der Kosten zu vergrößern. Hier liegt das eigentliche betriebswirtschaftliche Betätigungsgebiet, ja es ist geradezu der Sinn der Betriebswirtschaft, in dieser Richtung das Verhältnis zwischen Kosten und Wert zu beeinflussen.

Kosten sind, wir schließen uns Schmalenbach an, nicht das, was das im Betriebe Verwendete gekostet hat. Betriebskosten haben mit Geldausgaben direkt nichts zu tun:

a) aus Wertungsgründen, weil die Wertung der verbrauchten Güter je nach den mit der Kostenrechnung verfolgten Zwecken eine verschiedene ist, Geldausgaben aber feststehende, nicht wandelbare Ziffern sind,

b) aus Gründen der Zeitabgrenzung, weil Ausgaben und Kosten zeitlich auseinanderfallen können;

c) endlich, weil nicht alle Geldausgaben Kosten sind. Kosten wollen im Preise rückvergütet werden; aber der Markt vergütet nur notwendige, nicht wirklich entstandene Kosten, aus welchem Grunde auch immer die wirklichen Geldausgaben von den notwendigen Kosten abweichen mögen.

Kosten sind ein Begriff der Kostenrechnung, der entsprechende Begriff in der Buchhaltung heißt Aufwand. Es empfiehlt sich, beide zu trennen, weil sie zwar nicht immer, aber doch oft auseinandergehen. Kosten sind Gutsverbrauch[1]) zur Erstellung von Betriebsleistungen. Aufwand ist Kapitalgüterverbrauch während einer Periode. Kosten entstehen also da, wo Gutsverbrauch zur Erstellung von Leistungen stattfindet und erst in dem Augenblick, wo der Verbrauch geschieht.

Kosten sind zunächst Grundkosten. Daneben entstehen noch Zusatzkosten. Diese sind nicht Gegenstand der Buchhaltung, weil sie etwa buchhalterisch als Ertragsteile behandelt werden, z. B. Unternehmerlohn, Kapitalzins; ferner Kosten, die nicht Aufwand sind, weil sie Geldausgaben nicht verursacht haben oder nicht im vollen Wertbetrage als Aufwand verrechnet werden, z. B. Selbstverbrauch an Kohle, ferner Abschreibungen mit dem angemessenen Satz, falls die Abschreibungen als Aufwand mit einem geringeren Anteil verbucht werden.

Der Aufwand ist zunächst Zweckaufwand; dieser ist durch den Betriebszweck verursacht; dann neutraler Aufwand, aus anderen Gründen entstanden (z. B. übermäßige Abschreibung, weil der Jahresgewinn es möglich machte; Beiträge für kirchliche und politische Zwecke).

Kosten und Aufwand unterscheiden sich 1. durch das Gebiet ihrer Anwendung, 2. durch den Umfang, 3. durch die Art ihrer Wertung. Zur Wertung der Kosten kann man allgemein sagen, daß der Wert der Kosten gleich ist ihrem Wert in der letzten noch wirklich werdenden Verwendungsart (relative Kosten). Die Wertung der Kosten ist ein außerordentlich schwieriges Problem, vor allem wegen der Zweckbedingtheit. Der Aufwand sucht seine Wertung in der Beziehung zu einem eingesetzten Nominalkapital, zur Ertragsrechnung und zum Ertrage.

Die Kostenrechnung ist endlich eine Gegenwarts-, die Buch-

[1]) Der Gutsbegriff ist hier im weitesten Sinne zu nehmen. Er umfaßt nicht nur materielle, sondern auch immaterielle Güter, nicht nur Material, sondern auch Kapital und Arbeit, kurz alles, was zur Betriebsleistung verbraucht wird und in Geld gewertet werden kann: Waren und Dienstleistungen.

haltung eine Vergangenheits-, diese eine kontinuierliche, jene eine nichtkontinuierliche Rechnung.

Im Betriebe entstehen mannigfaltige Kosten. Sie lassen sich auf vier Hauptkostenarten zurückführen: Kapital-, Arbeits-, Material- und Fremdleistungskosten. Sie können nach den betrieblichen Bedürfnissen weiter unterteilt werden, z. B. in folgender Weise:

I. Kapitalkosten.
  1. Zinsen:
    a) Eigen-,
    b) Fremdkapitalszinsen (effektiv, mit Provisionen).
  2. Abschreibungen.
  3. Risiko.

II. Arbeitskosten:
  4. Löhne und Lohnnebenkosten,
  5. Gehälter und Gehaltsnebenkosten,
  6. Personalversicherung,
  7. Unternehmerlohn,
  8. Sonstige Personalkosten.

II. Materialkosten:
  9. Roh-, Hilfs-, Betriebsstoffe, Fertigteile,
  10. Büromaterial.

V. Fremdleistungen:
  a) Des Staates und sonstiger öffentlicher und privater Körperschaften:
    11. Steuern,
    12. Gebühren, Zölle, sonstige Abgaben und Beiträge.
  b) Der Transportbetriebe:
    13. Güterbeförderungskosten,
    14. Nachrichtenbeförderungskosten.
  c) Sonstige Sach- und Dienstleistungen:
    15. Miete und sonstige Gebäudekosten,
    16. Elektrizitäts-, Gaslieferungskosten,
    17. Werbekosten (soweit nicht Betriebsleistungen, die in I—III enthalten sind),
    18. Patente und Lizenzgebühren,
    19. Anwalts-, Sachberatungs-, Organisations-, Revisionskosten usw.,
    20. Versicherungskosten (für versicherbare Risiken).

Nach den betrieblichen Grundfunktionen ergeben sich die funktionellen Kosten: Beschaffungs-, Erzeugungs-, Vertriebskosten.

Nach anderen Gesichtspunkten ergeben sich andere Gliederungen der Kostenarten: z. B. nach ihrer Gewichtigkeit: Haupt- und Nebenkosten (Fakturenbetrag — Hauptkosten, Kosten für Ab- und Anfuhr, Qualitätskontrolle — Nebenkosten; Zinsen — Hauptkosten; Provision (Überziehungs-, Bereitstellungs-) — Nebenkosten; oder nach der Häufigkeit ihrer Entstehung: einmalige und laufende Kosten.

Zwei Einteilungen sind aber für die Gliederung der Kosten am wesentlichsten: 1 nach der Art ihrer Verrechnung, 2. nach ihrem Verhalten bei schwankendem Beschäftigungsgrade.

β) Kosten unter dem Gesichtspunkt der Verrechnung.

αα) Kostenarten, Kostenstellen, Kostenträger.

Die Gliederung der Kosten nach der Verrechnungsart geschieht zu Zwecken der Selbstkostenrechnung, einer der Hauptgrundlagen der Betriebsführung. Die Selbstkostenrechnung sieht ihre Aufgabe in der genauen Ermittlung der Kosten einer Leistungseinheit.

Die wichtigsten Zwecke der Kostenrechnung sind:

I. Preisstellung:
   a) Angebotspreis,
   b) Preisuntergrenze,
   c) Nachfragepreis, retrograd auf Grund des erzielbaren Preises:
      α) des Lieferpreises (vom Händler aus),
      β) der aufwendbaren Preise für die einzelnen Kostenelemente (vom Produzenten aus).

II. Rationale Betriebsführung:
   a) Betriebskontrolle zum Zwecke der Messung der Wirtschaftlichkeit,
   b) Betriebspolitik zum Zwecke vernünftiger Betriebsdispositionen.

III. Sonderzwecke:
a) Verfahrensvergleiche,
b) Feststellung von Inventur-, Versicherungs- und Taxationswerten,
c) Kalkulation von Verrechnungspreisen, Standardkosten,
d) Sonderkalkulationen zu gelegentlichen Kostenvergleichen, z. B. von Teilbetrieben, Teilfunktionen, Teilprodukten.

Zum Zwecke der Verrechnung werden die Kosten in Einzel- (Maß-, direkte, unmittelbare, produktive) Kosten und in Gemein-(Zuschlags-, indirekte, mittelbare, unproduktive, Un-) Kosten eingeteilt. Diese Einteilung hat das innere Wesen der Kostenelemente zunächst nicht im Auge, sondern gruppiert sie danach, wie sie sich verrechnen lassen: ob sie dem zu fertigenden Produkt direkt zugerechnet werden können oder ob sie mehr oder minder willkürlich nach irgend einem Schlüssel auf die einzelnen Produkte verteilt werden müssen.

Einzelkosten sind solche Kosten, die einem Produkt direkt zugerechnet werden können. Eine Selbstkostenrechnung ist um so genauer, je genauer sie die Kosten, die ein Produkt verursacht, zu erfassen in der Lage ist. Mit Rücksicht auf die Güte der Kostenrechnung müssen daher so weit wie möglich die Kosten direkt, wenn unvermeidlich, als Gemeinkosten verrechnet werden.

Der Art nach sind Einzelkosten 1. Einzelmaterial (Material, das für einen bestimmten Auftrag als verbraucht feststellbar ist), dazu Bezugskosten (Fracht, Zoll usw.), Abfall wird hiervon abgerechnet; 2. Einzellöhne; 3. Sondereinzelkosten, a) des Betriebes (Konstruktions-, Modell- u. a. Kosten), b) des Vertriebes (Kosten für den Absatz eines besonderen Artikels: Provision, Lizenzen, Umsatzsteuer u. a.).

Gemeinkosten sind solche Kosten, die sich nicht oder nur auf unökonomische Weise auf das Produkt verrechnen lassen. Sie werden ohne direkte Beziehung zu dem einzelnen Produkt für den ganzen Betrieb oder einzelne Abteilungen aufgewandt. Die so entstandenen Kosten, die freilich auch das einzelne Produkt tragen muß, können diesem daher nur durch indirekte Verrechnung zugerechnet werden. Die wichtigsten Gemeinkosten sind: 1. Abschreibungen, 2. Zinsen, 3. Hilfsmaterialien, 4. Hilfslöhne und Gehälter, 5. Personalversicherung, 6. Sachversicherung, 7. Werbekosten, 8. Steuern und Abgaben.

Wichtig ist die Unterscheidung in echte und unechte Gemeinkosten. Da die Frage der Behandlung als Gemeinkosten nicht nur eine Frage des Wesens der einzelnen Kostenarten, sondern auch eine Frage der Organisation der Verrechnung ist, so können Kosten entstehen, die wohl für ein Produkt aufgewandt, ihm aber nicht unmittelbar zugerechnet werden. Das sind unechte Gemeinkosten. Echte Gemeinkosten sind solche, die sich selbst dann einem Produkt nicht zurechnen lassen, wenn man die Kosten der unmittelbaren Erfassung nicht scheuen würde.

In der Verrechnung der entstandenen Gemeinkosten liegt eine der Schwierigkeiten der Selbstkostenrechnung. Dies gilt insbesondere für die Zuschlagskalkulation (notwendig bei Erzeugung von mehreren ungleichartigen Produkten), weniger für die Divisionskalkulation (anwendbar bei Erzeugung möglichst nur eines gleichmäßigen Produktes: Brauerei, Ziegelei, Zementfabrik, Wasserwerk, Elektrizitätswerk).

Zum Zweck der Verrechnung werden die Kosten nach Arten gegliedert und dann auf die einzelnen Kostenstellen, zuletzt auf die Kostenträger verteilt. Kostenträger sind die letzten Betriebsleistungseinheiten, die schließlich die Kosten tragen müssen: die Fertigfabrikate, die Absatzgüter. Kostenstellen sind verrechnungsorganisatorische Einrichtungen, auf die die Gemeinkosten zunächst verrechnet werden, um dann durch Zuschläge dem Kostenträger zugerechnet zu werden. Kostenstellen sind die einzelnen Betriebsabteilungen, aber nicht nur Räume, auch Arbeitsplätze, ja einzelne Verrichtungen. Je weitergehend die Gliederung in Kostenstellen, desto genauer die Erfassung der Gemeinkosten.

Die Gemeinkosten können Stellen- oder Schlüsselkosten sein.

Die ersteren können zwar nicht dem Produkt, aber doch der Stelle direkt zugerechnet werden; letztere können nur auf Grund von Schlüsseln auf die Kostenstellen und Kostenträger verteilt werden. Da infolge der Tendenz zur größeren Kapitalintensität der Betriebe der Prozentsatz der Gemeinkosten immer größer wird, muß schon aus diesem Grunde eine möglichst genaue Kostenrechnung angestrebt werden. Es kann daher auch nicht ein einheitlicher Verteilungsschlüssel gewählt werden, z. B. nicht die Einzellöhne, weil die Gemeinkosten zu den Löhnen in keinem direkten Verhältnis stehen, die Löhne bei den einzelnen Abteilungen eine durchaus verschieden anteilige Größe haben. Abschreibungen spielen z. B. in Abteilungen mit viel Maschinen eine viel größere Rolle als in Abteilungen mit vorwiegender Handarbeit. Je mehr Abteilungen ein Produkt durchläuft, desto komplizierter wird die Verteilung der Gemeinkosten. Darum ist die zweckmäßige Wahl der Verteilungsschlüssel von großer Bedeutung. Der Vergleichbarkeit wegen darf der Schlüssel nicht oft geändert werden.

Als Bezugsgrößen kommen in Frage:

Kraftkosten nach dem berechneten Kraftverbrauch,

Beleuchtungskosten nach der Zahl der Flammen unter Berücksichtigung der Kerzenstärke und Brenndauer,

Miete und Lagerraum nach dem Rauminhalt,

gemeinsame Arbeitsmaschinen nach der Stundenzahl der Beanspruchung,

Fuhrwerkskosten nach tkm,

Ausgaben für Wohlfahrt nach der Kopfzahl der Arbeiter oder Angestellten,

das Gehalt eines in mehreren Abteilungen tätigen Aufsehers nach dem Verhältnis des Zeitverbrauchs in den einzelnen Abteilungen oder auch nach der Zahl der Arbeiter oder der Zahl der aufgestellten Arbeitsmaschinen,

Heizung nach der Raumgröße oder nach Zahl oder Größe der in einem Raum befindlichen Heizkörper,

Unterhaltung der Fabrikgebäude nach dem Volumen des benutzten Raumes,

Unterhaltung der Grundstücke nach der benutzten Fläche.

ββ) Bewertung[1]).

Die Bewertung der Kosten im Rechnungswesen geschieht innerhalb der gesetzlichen Bestimmungen zweckgerecht, insbesondere zu

Anschaffungskosten,	Verrechnungspreisen oder
Tagespreisen,	Standard-(Plan-)kosten.

Das moderne Rechnungswesen tendiert in Betriebsbuchhaltung und Kalkulation zur Benutzung von Standardkosten, die mit den in Deutschland benutzten Verrechnungspreisen (in der Form des festen Betriebspreises) verwandt sind. Verrechnungspreise tragen ihre Bezeichnung nach ihrer Funktion; sie heißen so, weil sie zur Verrechnung benutzt werden. Sie sind ihrer Natur nach Binnenpreise und finden ihr Anwendungsgebiet vor allem dort, wo Leistungen an rechnungsmäßig selbständige Betriebs- oder Unternehmungsteile gemacht werden, insbesondere bei:

1. Leistungen vom Hilfsbetrieb an Haupt- oder Gesamtbetrieb,
2. Leistungen von Teil- zu Teilbetrieb,
3. Leistungen von einem Konzernbetrieb an einen anderen,
4. Verrechnung von Kosten an Kostenstellen in der laufenden Betriebsrechnung,
5. bei Syndikatsabrechnungen,
6. zur Verrechnung von Nebenprodukten bei verbundenen Gütern.

Der Verrechnungspreis kann seiner Bezifferung nach sein:

1. Ein fester Betriebspreis,
2. der Produktionskostenpreis: a) zum Kostenwert (zum wirklichen, durchschnittlichen oder letzten), b) zum Tageswert,
3. der Marktpreis,
4. der Proportionalpreis (Summe aller veränderlichen Kosten),
5. die Standardkosten.

Nach dieser Aufzählung wären die Standardkosten Verrechnungspreise. Mit demselben Recht — weil die innere Verwandtschaft nur sehr gering ist — kann man in ihnen einen selbständigen Problemkomplex sehen.

Standardkosten sind für eine längere Zeit vorher-

[1]) s. Mellerowicz, a. a. O., Bd. II, 1 S. 184ff.

bestimmte, auf analytischer Grundlage beruhende Normkosten.

Standardkosten beruhen auf Betriebs- und Kostenanalysen, auf Zeit- und Bewegungsstudien. Die direkten Standardkosten (Material, Lohn und Sondereinzelkosten) sind auf diese Weise genau festzustellen. Standardgemeinkosten beruhen zum guten Teil auf vergangenen Ziffern. Sie sind budgetierte Kosten, während die direkten Standardkosten analytische Kosten sind, die freilich nachher auch budgetiert werden. Standardkosten sind auch ohne Budget — ohne betriebliche Haushaltrechnung — möglich, wenngleich das beste Ergebnis erzielt wird, wenn Standardkosten und Budget zusammenwirken.

Standardkosten in Verkehrsbetrieben tragen denselben Charakter wie in Industriebetrieben, im Handel und in Banken dagegen kennt man eigentlich nur budgetierte Standardkosten, besser nur Budgetkosten oder das Kostenbudget. Standardkosten, in welcher Form auch immer, sind der beste Maßstab der Wirtschaftlichkeit; die Abweichung von Standard zeigt deutlich die Güte der Leistung.

γγ) Selbstkostenrechnung.

Die industrielle Kostenrechnung verwendet folgende Methoden:

1. Divisionskalkulation:
   a) einfache Divisionskalkulation,
   b) Äquivalenzkalkulation:
      α) zur Verrechnung der Gesamtkosten,
      β) zur Verrechnung einzelner Kostenarten.
2. Zuschlagskalkulation:
   a) Summarische — Summe sämtlicher Einzelkosten + summarischem Zuschlag aller Gemeinkosten, nach einer einheitlichen Beziehungsgröße in einem Zuschlagssatz.
   b) Differenzierende:
      α) einfach differenzierende: Bildung von Gemeinkostengruppen nach einheitlichen Gruppenzuschlagssätzen (lohn-, material-, kapitalabhängige Zuschläge).

β) Kostenstellenrechnung:
αα) Abteilungsrechnung,
ββ) Platzkostenrechnung.

Kalkulationsbeispiele:

1. Divisionskalkulation:

Elektrizitätserzeugung — 1 Mill. kWh.

			je KWh.
1. Material		23 800 RM.	0.0238 RM.
2. Löhne u. Gehälter		30 400 „	0.0304 „
3. Kapitaldienst			
Abschreibungen	17 270		
Zinsen	14 130	31 400 „	0.0314 „
4. Steuern		14 400 „	0.0144 „
		100 000 RM. : 1 Mill. = RM. 0.10	

2. Äquivalenzkalkulation[1]):
(Zur Umlage der Gesamtkosten).

Erzeugnisse	Leistungseinh. je 1000 Stck.	Äquiv.-Ziffer	Rechnungseinheiten	Gesamtproduktionskost.	Kosten je Leistungseinheit
Backsteine	8.000	1	8.000	344.629	43.08
Tonröhren, Φ 100 mm	800	2.2	1.760	75.818	94.78
Pfannen	6.000	1.5	9.000	387.708	94.62
Falzziegel	1.500	2.5	3.750	161.545	107.70
			22.510	969.700	

969.700 : 22.510 = 43.08

3. Zuschlagskalkulation:

a) Summarisch:

Kalkulation eines Schrankes[2]).

Holzverbrauch lt. Liste	60.— RM.
Verschnitt 25%	15.— „
Kleinmaterial	7.50 „
Löhne für Handarbeit	35.— „
Löhne für Maschinenarbeit	28.— „
	RM. 145.50
+ Zuschlagskosten 40% „	58.20
	RM. 203.70

[1]) Grundplan der Selbstkostenrechnung.
[2]) Beispiel nach Geldmacher.

b) Einfach differenzierend [1]):

Kalkulation dess. Schrankes.

Holzverbrauch lt. Liste	60.— RM.	
Verschnitt 25%	15.— „	
Kleinmaterial	7.50 „	
Löhne für Handarbeit	35.— „	
Löhne für Maschinenarbeit	28.— „	RM. 145.50
+ Zuschlag auf Material 12%	RM. 9.90	
+ Zuschlag auf Handarbeit 55%	„ 19.25	
+ Zuschlag auf Maschinenarbeit 80%	„ 22.40	RM. 51.55
		RM. 197.05

c) Kostenstellenrechnung:

I. Materialkosten

Fertigungsmaterial	
100 Einheiten (RM. 1.50 pro Einheit)	RM. 150.—
Materialbehandlungskosten 3%	RM. 4.50
Materialkosten....	RM. 154.50

II. Fertigungskosten	Fert.löhne	Fert.gem.kosten	
Fertigungsstelle A			
6 Std. × RM. 1.30	RM. 7.80		
+ Fertigungszuschlag 200% (Lohnzuschlag)		RM. 15.60	
Fertigungsstelle C			
12 Std. × RM. 1.20	RM. 14.40		
+ Fertigungszuschlag 60% (Lohnzuschlag)		RM. 8.64	
Fertigungsstelle E			
5 Std. × RM. 1.20	RM. 6.—		
+ Fertigungszuschlag 120% (Lohnzuschlag)		RM. 7.20	
	RM. 28.20	RM. 31.44	RM. 59.64
III. Herstellkosten			RM. 214.14

[1]) Beispiel nach Geldmacher.

IV.	**Verwaltungs- und Vertriebskosten**	
	Verwaltungskosten 5,6% auf III (Herstellkosten) .	RM. 12.—
	Vertriebskosten 7% auf III (Herstellkosten)	RM. 15.—
V.	**Selbstkosten**	RM. 241.14
VI.	**Gewinn- und Risiko-Zuschlag** = 10% von V. (Selbstkosten)	RM. 24.11
VII.	**Kalkulierter Preis** (**Reinerlös**)	RM. 265.25
VIII.	**Sondereinzelkosten des Vertriebes** (Verpackung, Ausgangsfracht, Provision, Umsatzsteuer)	RM. 37.95
IX.	**Angebotspreis** (Gesamterlös, Rechnungsbetrag)	RM. 303.20

Die Zuschläge ergeben sich aus dem Betriebsabrechnungsbogen.

Die Kalkulationen im Warenhandel, in Bank- und **Verkehrsbetrieben** besitzen ihre besonderen Probleme. Aber auch sie benutzen die grundlegenden Erkenntnisse der industriellen Kalkulation.

γ) Die Kosten der Betriebsbereitschaft (Kapazitätskosten).

αα) Arten der Kapazitätskosten.

Zu einer anderen Kosteneinteilung kommt man, wenn man die Kosten unter dem Einfluß des schwankenden Beschäftigungsvolumens betrachtet.

Der Beschäftigungsgrad oder der Ausnutzungsgrad ist das Verhältnis der tatsächlichen Leistung eines Betriebes zu seiner Leistungsfähigkeit. Die Leistungsfähigkeit ist die dem Betriebe eigene Produktionskapazität. Sie ergibt sich aus seinen Anlagen, seiner Betriebsapparatur und seiner Organisation. Den Beschäftigungsgrad zu **messen**, ist sehr schwierig. Am besten eignet sich hierzu die Zeit, gemessen in Stunden; oder die Kopfzahl der Beschäftigten oder die Leistungen, gemessen nach Stück.

Das Anlagekapital drängt danach, stets voll, 100prozentig, beschäftigt zu sein und ist gegen Beschäftigungsschwankungen außerordentlich empfindlich, um so mehr, je mehr festes Kapital investiert ist. 100prozentige Beschäftigung wird aber selten erreicht und stellt auch praktisch nicht das Optimum dar. Die praktisch optimale Beschäftigung wird im allgemeinen bei etwa 85prozentiger Ausnutzung liegen. Diese ist darum der optimale Ausnutzungsgrad. Er wird bei manchen Betrieben etwas darüber oder etwas darunter liegen. Der Betrieb strebt nach optimaler Beschäftigung, weil dann seine Betriebsapparatur am besten ausgenutzt ist. In diesem Falle arbeitet der Betrieb mit den geringsten Einheitskosten (Kosten für die Leistungseinheit, Durchschnittskosten).

Bei schwankendem Ausnutzungsgrade verhalten sich die einzelnen Kostenarten verschieden. Einzelne sind vom Beschäftigungsgrad völlig unabhängig, bleiben, auf die Gesamtkosten bezogen, völlig gleich, ob der Betrieb voll oder nur zum Teil beschäftigt ist; andere sind vom Beschäftigungsvolumen völlig abhängig, andere nur bei großen Schwankungen.

Bei der Betrachtung der Kapazitätskosten sieht man als Kriterium am besten die Gesamtkosten. Kosten, die vom Beschäftigungsvolumen abhängig sind, sind veränderliche Kosten. Als Gesamtkosten steigen und fallen sie im Verhältnis zum Beschäftigungsgrade; als Kosten für die Einheit bleiben sie gleich.

Kosten, die als Gesamtkosten unverändert bleiben, sind feste Kosten; in der Einheit ist ihr Anteil ein abnehmender oder zunehmender. Je größer die erzeugte Menge, desto geringer ist der Anteil der festen Kosten an der Einheit. Bei den festen Kosten wird man mehrere Stufen unterscheiden müssen: feste Kosten, die auch bestehen bleiben, wenn der Betrieb stillgelegt ist, eiserne Kosten (Verzinsung des Kapitals, Wertminderung der Anlage, Mindestverwaltung, -bewachung), und feste Kosten, die bei verschiedengradiger Beschäftigung entstehen.

Die veränderlichen Kosten sind in dem Grade der Veränderlichkeit sehr verschieden: einzelne sind vom Beschäftigungsgrade voll abhängig und verändern sich regelmäßig (proportionale Kosten); andere sind nur beschränkt abhängig und verändern sich unregelmäßig (beschränkt veränderliche Kosten). Wir teilen demnach die einzelnen Kosten nach ihrer Elastizität ein in:

1. veränderliche:
   a) proportionale,
   b) beschränkt veränderliche,
2. feste Kosten.

Proportionale Kostenelemente sind: direkte Löhne und Einzelmaterial. Beschränkt veränderliche Kosten sind eine Unmenge von Kosten, wie z. B. Reklame, Gehälter, Steuern, Beleuchtung, Heizung. Sie neigen entweder mehr zu festen oder mehr zu proportionalen Kosten. Feste Kostenelemente sind: Obligationenzinsen, Abschreibungen, Hypothekenzinsen, Vorstandsgehälter.

Bei dieser Einteilung, die den Kostencharakter im Auge hat, ist scharf zu scheiden zwischen Gesamt- und Einheitskosten. Die festen und die proportionalen Kosten verhalten sich gerade umgekehrt: In der Einheit sind die proportionalen Kosten gleich, unveränderlich, vom Beschäftigungsgrad unabhängig. Als Gesamtkosten sind sie veränderlich, und zwar proportional der erzeugten Menge, nach Abzug der festen Kosten. Die festen Kosten sind in der Einheit umgekehrt proportional veränderlich, als Gesamtkosten sind sie fest. Völlig unregelmäßig verlaufen die beschränkt veränderlichen Kosten. Zur praktischen Auswertung zählt man sie daher den proportionalen oder festen Kosten zu und behandelt sie ähnlich wie sie, weshalb es praktisch üblich ist, nur von proportionalen bzw. veränderlichen und festen Kosten zu reden.

ββ) Kapazitätskosten im Verlauf.

Im Verlauf während verschiedener Beschäftigungsgrade können die Gesamtkosten sein: 1. proportional, 2. degressiv, 3. progressiv. Man sagt besser, der Betrieb befindet sich in

Proportionalität, Degression, Progression. Bei normaler Beschäftigung befindet sich der Betrieb in Proportionalität, bei Unterbeschäftigung in Degression, bei Überbeschäftigung in Progression. Aus den Gesamtkosten ist nicht zu ersehen, in welcher Lage sich der Betrieb befindet, erst durch die Errechnung der Einheitskosten und unter Berücksichtigung der Art ihres Verlaufes ist dies möglich.

Wesentlich ist ferner, daß der Kostenverlauf (der Gesamtkosten) selten oder nie ein gleichmäßiger, vielmehr ein sprunghafter ist, eine Veränderung erst bei größeren Schwankungen entsteht. Zu bedenken ist dabei aber, daß die verschiedenen Gliedkosten sich völlig verschieden verhalten und daß darum bei den verschiedenen Beschäftigungsschichten eine ganz verschiedene Mischung entsteht. Regelmäßig verhalten sich nur die festen und proportionalen Kosten. Bei den festen Kosten ist ferner zu bedenken, daß sie sich regelmäßig nur innerhalb der einmal gegebenen Kapazität verhalten; wird die Kapazität erhöht oder erniedrigt, liegen ganz neue Verhältnisse vor, die ganz andere optimale Bedingungen und Lagen haben und völlig neue Berechnungen erfordern (es entstehen Sprungkosten). Graphisch dargestellt sieht der Kostenverlauf folgendermaßen aus:

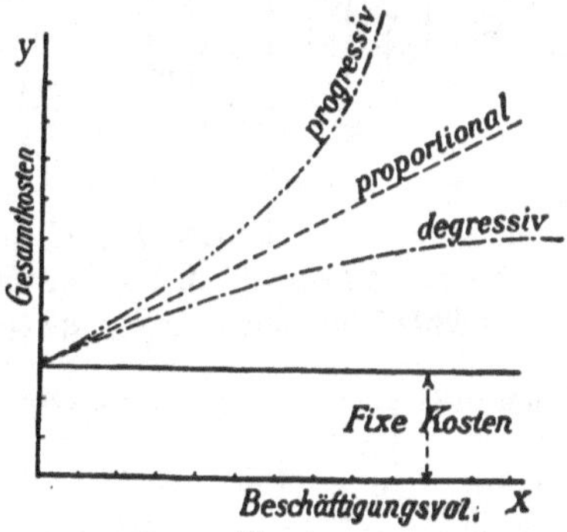

Fig. 4.

Praktisch wird der Verlauf nun so sein, daß ein Betrieb aus der Degression über eine proportionale Zone in die Progression kommt.

Wertetabelle [1])

Mengen. Ausnutz.-grad	Gesamtkosten	Einheitskosten
0	41700	∞
10	54400	5440
20	63500	3175
30	69600	2320
40	73300	1832.50
50	75200	1504.—
60	75900	1265.—
70	76000	1085.71
80	76100	951.25
90	76800	853.33
100	78700	787.—
110	82400	749.09
120	88500	737.50
130	97600	750.77
140	110300	787.86
150	127200	848.—
160	148900	930.63

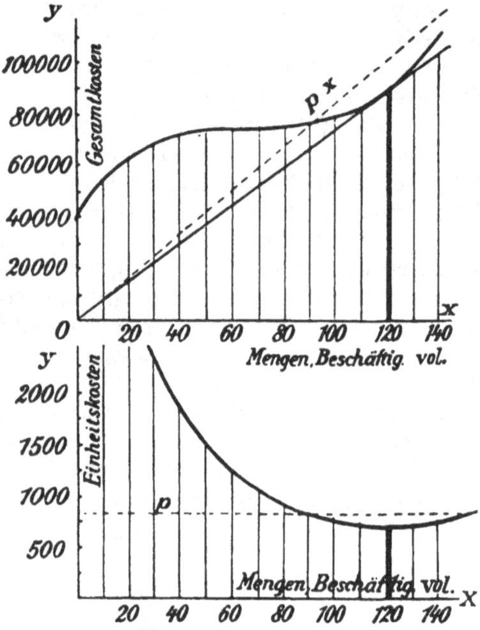

Fig. 5.

In der Degression befindet sich der Betrieb so lange, wie seine Kapazität nicht voll ausgenutzt ist und mit steigender Erzeugungsmenge der Anteil der festen Kosten in der Leistungs-

[1]) Gesamtkosten-Funktion $y = f(x) = \frac{1}{10}(x - 70)^3 + 76000$

$$= \frac{1}{10}x^3 - 21x^2 + 1470x + 41700$$

Einheitskosten-Funktion $\frac{y}{x} = \frac{f(x)}{x} = \frac{1}{10}x^2 - 21x + 1470 + \frac{41700}{x}$

einheit immer kleiner wird. Die proportionale Zone ist nur ein Punkt oder nur eine kurze Strecke. Die Progression bringt keine Verbilligung mehr, vielmehr eine Verteuerung trotz der erhöhten Produktionsmenge, weil jetzt bei gleichem oder noch kleinerem Anteil des Anlagekapitals erhöhte feste, beschränkt veränderliche und zusätzliche proportionale Kosten entstehen, z. B. für Aufsicht, also vor allem Personalausgaben, Überstunden mit Zuschlägen, Minderleistung infolge Übermüdung, größerer Abfall, höhere Abschreibung für zu starke Abnutzung der Maschinen, neue Hilfskräfte, Handbetrieb für die neue Beschäftigungsschicht, während bisher Maschinen verwandt wurden.

Bei rückläufiger Bewegung kommt der Betrieb aus der Progression über die Proportionalität zur Degressionszone. Auch die Progression kann aus rückläufiger Bewegung entstehen, und dann ist sie besonders gefährlich. Die rückläufige Bewegung ist nicht dieselbe wie die vorwärtsschreitende. Die Kostenkurve ist nicht umkehrbar, und zwar wegen der Remanenz der Kosten.

Feste Kosten gibt es als Gesamtkosten nicht, weil es Betriebe mit *nur* festen Kosten nicht gibt, wenngleich es Betriebe mit nahezu festen Kosten gibt.

Den Verlauf der *Gesamtkosten* kann man daher etwa folgendermaßen definieren: *Fester Kostenverlauf* ist ein solcher, bei dem die Gesamtkosten innerhalb derselben Produktionskapazität bei allen Beschäftigungsgraden gleich sind (praktisch nicht vorhanden). Die Einheitskosten sinken, und zwar umgekehrt proportional zu den erzeugten Einheiten.

In *Proportionalität* befindet sich ein Betrieb, wenn die *Gesamtkosten* proportional der erzeugten Menge steigen oder fallen. Die *Einheitskosten* bleiben nach Abzug des festen Kostenteils gleich, ohne Abzug des fixen Kostenanteils fallen sie in der Gesetzmäßigkeit der festen Kosten pro Einheit.

In *Degression* befindet sich ein Betrieb, wenn seine *Gesamtkosten* in geringerem Grade steigen als die erzeugte Menge, und zwar derart, daß der Kostenzuwachs im Verlauf immer geringer wird. Die Einheitskosten werden im Verlauf immer kleiner.

In Progression befindet sich ein Betrieb, wenn die Gesamtkosten schneller steigen als die erzeugte Menge, und zwar derart, daß der Kostenzuwachs im Verlauf immer größer wird. Die Einheitskosten steigen.

Will man die einzelnen Kosten nach ihrem Charakter scheiden und sie in ihrem Verlauf erfassen, so ist dies nur statistisch möglich. Und auch hier ist das Resultat ungenau, weil einzelne Kostenelemente nach Schätzung in proportionale und nichtproportionale geschieden werden müssen, buchtechnisch eine genaue Einzelerfassung der Kosten durch ein praktisch brauchbares Kontierungssystem nicht möglich ist. Immer wird eine Schätzung zu Hilfe genommen werden müssen.

Die Unterscheidung der Kostenelemente nach ihrem Charakter und der Gesamtkosten nach ihrem Verlauf bei schwankendem Ausnutzungsgrad ist für den Betrieb und die Betriebspolitik von sehr großer Bedeutung und von um so größerer, je größer der Anteil des fixen Kapitals im Betriebe ist. Dabei ist praktisch nicht die Proportionalität, auch nicht die Progression, vielmehr die Degression, die Unterbeschäftigung, von größter Wichtigkeit. Alle Maßnahmen gelten im höchsten Maße ihr. Der Betrieb muß auf alle Fälle versuchen, aus der Degression heraus- und zur proportionalen, d. h. optimalen Zone zu kommen.

Bei der Betrachtung der Kapazitätskosten in ihrem Verlauf sind besonders wichtig die Differenzkosten (Schichtenkosten). Differenzkosten sind die Mehrkosten (oder Minderkosten) einer Mehr- (oder Minder-)Produktion, die Kosten einer neuen Beschäftigungsschicht gegenüber einer gegebenen bisherigen. Wichtig für den Charakter der Differenzkosten ist es, ob die neue Beschäftigungsschicht innerhalb der bisherigen Produktionskapazität liegt oder ob Erweiterungen vorgenommen werden müssen. Innerhalb der bisherigen Kapazität ergibt die Mehrproduktion fast nur direkte Kosten; die Differenzkosten sind dann proportionale Kosten. Drängt die neue Beschäftigungsschicht über die vorhandene Fassungskraft hinaus, dann sind die Differenzkosten direkte und indirekte, proportionale und nichtproportionale Kosten.

Ein besonderer Fall der Differenzkosten sind die Differenzkosten, die bei einer Minderproduktion gegenüber der bisherigen Beschäftigungsschicht entstehen würden. Sie ergeben als Gesamtkosten keine Mehrkosten, wohl aber als Einheitskosten, mit allen Wirkungen auf Preisstellung und Absatzmöglichkeit.

Differenzkosten, auf die Einheit umgerechnet, ergeben Differentialkosten. Die Differentialkosten der letzten Schicht sind die Grenzkosten.

Zur Frage der Differenzkosten muß der Unternehmer stets dann Stellung nehmen, wenn sein bisheriger Beschäftigungsgrad erhöht oder vermindert werden soll, wenn es sich darum handelt, ob ein Auftrag und zu welchem Preise angenommen werden kann oder nicht, und stets ist die Frage dann so zu stellen: Welches sind die neuen Kosten, die entstehen, wenn das Geschäft angenommen wird und die nicht entstehen würden, wenn das Geschäft nicht gemacht würde; und wie würde die Kostengestaltung (auf die Einheit) sein, wenn eine Einschränkung der Produktion vorgenommen würde? In der Depression und in der Hochspannung sind das die leitenden Gesichtspunkte für das gesamte betriebliche Verhalten. Stets wird die Politik, die hier zwischen zwei Möglichkeiten die Wahl hat, den Weg der geringsten spezifischen Kosten gehen müssen. Die neuere Kostentheorie orientiert sich vor allem an Differenz- und Grenzkosten (Schichtentheorie).

Neben den Grenzkosten als Differentialkosten der letzten Schicht gibt es noch andere Grenzkosten, und an diese denkt man häufig, wenn man von Grenzkosten spricht. Diese Grenzkosten haben den Sinn der Vergleichskosten der Kosten aller Betriebe einer Branche. Grenzkosten sind die Selbstkosten (Durchschnittskosten) des Grenzbetriebes, also des Betriebes mit vergleichsweise höchsten Selbstkosten, der zur Versorgung gerade noch nötig ist.

Auch im Beschaffungsmarkte, wo der Unternehmer Konsument ist, entstehen bei der Wertung der Güter Grenzkosten, hier also nicht für erzeugte Güter eines Betriebes, sondern für zu beschaffende. In diesem Sinne sind Grenzkosten der Preis, den der Unternehmer für die letzte Einheit eines Gutes noch zu zahlen gewillt ist, weil sie ihm noch einen Nutzen gewähren, entweder einen effektiven Gewinn oder Minderung eines eintretenden Verlustes.

γγ) Betriebspolitische Bedeutung.

Die Betriebspolitik ist bestrebt, Mittel und Wege zu finden, die Schwankungen des Beschäftigungsgrades auszuschalten und das feste Kapital möglichst auszunutzen, d. h. optimal beschäftigt zu sein.

Unter diesem Gesichtspunkt kommt es nicht darauf an, im Preise stets die volle Deckung aller Kosten zu erhalten. Dies gilt für die Depression, in der die Betriebe nie voll beschäftigt sind, weil ihre Kapazität, wenn sie richtig kalkuliert ist, nicht einem Beschäftigungsgrad entspricht, wie er die Folge der Depression ist. Die richtige Kapazität kann auch der Hochkonjunktur nicht angepaßt sein. Diese führt zur Überbeschäftigung. Sie muß vielmehr der Normallage entsprechen. Erweiterungen sind nur im Maße des Normalwachstums (Trend) angebracht. Das Vorhandensein des festen Kapitals zwingt in der Unterbeschäftigung (meist in der Depression) zu einer Kalkulation, die wenigstens einen kleinen Gewinn gegenüber den vermeidbaren Kosten ergibt. Der Preis muß stets mindestens etwas mehr als die proportionalen Kosten einbringen; jedes Mehr als die proportionalen Kosten bedeutet einen Gewinn. Die festen Kosten, die sowieso entstehen, sind zunächst als verloren anzusehen und jedes Geschäft anzunehmen, das diesen Verlust zu mindern in der Lage ist. Gemeinhin wird man zu den proportionalen Kosten noch *die festen Kosten* hinzuschlagen, die bei *normaler Beschäftigung* für die Einheit entstehen würden. Die übrigen, infolge der schlechten Beschäftigung entstehenden anteiligen festen Kosten sind im Angebotspreise nicht zu verlangen. Wenn die Umstände es erzwingen, wird man bis auf die proportionalen Kosten heruntergehen. *Die proportionalen Kosten bilden die absolute Preisuntergrenze.*

Die festen Kosten zwingen nicht nur dazu, die proportionalen Kosten zum Kalkulationswert zu machen, sie führen auch zu Preisdifferenzierungen, wenn der Markt dies zuläßt. Differenzierungskalkulationen kommen oft für den Teil der Erzeugung vor, der im Ausland abgesetzt wird.

Z. B. Eine Fabrik besitzt eine Kapazität von 1000 t täglicher Erzeugung. Hierbei entstehen Normalkosten von 75 RM. pro t, von denen 25 RM. proportionale, 50 RM. feste Kosten sind. Der Marktpreis beträgt im Inlande 100 RM. Es sind im Inlande aber zu diesem Preise nur 750 t täglich abzusetzen. Der höchste Umsatz ist hier mit 900 t bei einem Preise von 80 RM. erzielbar. Eine Steigerung des Absatzes auf die optimale Lage von 1000 t ist nur durch Absatz im Auslande möglich. Um die volle Ausnutzung der Produktionskapazität zu erreichen, wird der Unternehmer eine Preisdifferenzierung zwischen In- und Ausland vornehmen. Er kann hier, nach betriebswirtschaftlichen Grundsätzen, so weit gehen, als die proportionalen Kosten, die hier 25 RM. pro t betragen, es gestatten. Jeder Preis, der höher als 25 RM. ist, wird eine Minderung des festen Kostenanteils bedeuten. Da er im Inlandspreis seine festen Kosten bereits gedeckt hat, wird jeder Mehrabsatz seinen Reinertrag erhöhen.

		Selbstkosten			Preis	Gewinn	
		Gesamt	prop.	fix.		Einheit	Gesamt
1. Normallage:	1000 t	75	25	50	100	25	25 000
2.	750 t	91	25	66	100	9	6 750
3.	900 t	81	25	56	80	÷ 1	÷ 900
4. a)	750 t }	75	25	50	100	25	18 750 }
+ b)	250 t }	75	25	50	25	÷ 50	÷ 12 500 }
							6 250
5. a)	750 t }	75	25	50	100	25	18 750 }
+ b)	250 t }	75	25	50	27	÷ 48	÷ 12 000 }
							6 750

Jeder Preis im Ausland über 27 RM. bringt einen größeren Ertrag als der reine Inlandsabsatz. Diese Preisdifferenzierung, die hier zur Erreichung der optimalen Beschäftigung angewandt wurde — es gibt auch andere Gründe für solches Verhalten, z. B. Eroberung eines Marktes — wird besonders dem Ausland gegenüber angewandt. Dieses Verhalten wird als „Dumping" bezeichnet. Dumping ist ein Angebotspreis im Auslande unter den Selbstkosten, und zwar unter den Gesamtselbstkosten, proportionalen und nichtproportionalen

Der Betriebswirtschafter könnte zu der Meinung kommen, daß er Dumping erst dann treibt, wenn er im Auslande unter den proportionalen Kosten anbietet. Dieser Begriff des Dumping kann nicht aufrechterhalten werden, weil es dann überhaupt kein Dumping gäbe, weil normalerweise kein Unternehmer unter den proportionalen Kosten, die schon die Preisuntergrenze bedeuten, kalkuliert.

Preisdifferenzierungen, die den Zweck verfolgen, die Produktionskapazität auszunutzen und darum ein natürliches Mittel betriebswirtschaftlicher Politik darstellen, kommen häufig vor: z. B. im Reedereigeschäft bei ermäßigten Sätzen für die Rückfracht, in der Elektrizitätsindustrie bei Differenzierung zwischen Kraft und Licht, bei Bezugspreisermäßigung bei Zeitschriften usw.

b) Der Wert.

α) Wesen und Entstehung.

Der Betrieb wendet Kosten auf, um im Erlös diese Kosten mit einem Gewinn zurückvergütet zu erhalten. Er bekommt aber niemals die Kosten, er erhält stets nur den „Wert" vergütet. Das kann mehr oder weniger als die Kosten sein, niemals aber sind es die Kosten! Darum ist es für den Betrieb wie für die Gesamtwirtschaft von entscheidender Bedeutung, einen Einklang zwischen Kosten und Wert zu erzielen.

Weil der Betriebswirt nur „Wert" vergütet erhält, ist der Kern seines betrieblichen Verhaltens ein fortwährendes Werten, um seine Kosten mit dem „Wert" in Einklang zu bringen, ein dauerndes zahlenmäßiges Feststellen des Wertes seiner Produkte, ja aller seiner Vermögensbestände, ein Kalkulieren des Wertes.

Das betriebswirtschaftliche Wertproblem besteht in der Erklärung, in höherem Maße aber in der Messung des Wertes. Die zahlenmäßige Feststellung des Wertes eines Gutes ist Wertung. Durch die Wertung werden die Güter des Betriebes mit Kennziffern versehen und dadurch auf eine vergleichbare Skala gebracht, dem Betriebswirt hierdurch Vergleichsgrößen für seine Entscheidungen an die Hand gegeben: Aufwand und Leistung, Kosten und Nutzen werden zahlenmäßig erkennbar.

Der wirtschaftliche Wert besitzt eine subjektive Grundlage. Es ist die gefühlsbetonte Stellungnahme des Menschen zu einem Gut, das er wegen seiner Fähigkeit, ein Bedürfnis zu befriedigen, schätzt. Aus der gefühlsbetonten Schätzung kann eine Begehrung werden; diese kann zur Nachfrage werden, wenn Kaufwilligkeit und Kauffähigkeit dazu treten. Die Schätzung wird durch das Einkommen beeinflußt und begrenzt.

Schätzung selbst ist aber noch nicht der Wert, nur die Möglichkeit, daß Werte entstehen können. Der Grund der Schätzung ist die Brauchbarkeit, die Eignung eines Gutes, Bedürfnissen zu dienen. Eignung besitzende Gegenstände sind Güter, keine Werte. Die Eignung der Güter ist ihre Substanzenergie, durch die ein Effekt ausgelöst werden kann: der Effekt, zu wärmen, zu sättigen (bei natürlichen Gütern); eine wirtschaftliche Wirkung zu erzielen: eine Schuld zu tilgen, einen Zinsertrag zu erbringen (bei rechtlichen Gütern). Wegen der Möglichkeit, diese Wirkung zu erzielen, werden diese Güter bewirtschaftet. Der Sinn der Produktion besteht geradezu darin, diese Effekterzielungsmöglichkeit zu erhöhen oder umzuwandeln.

Der Eignungswert ist ein technischer, kein wirtschaftlicher Wert. Technisch werten heißt, die Eignung eines Gutes zahlenmäßig zu erfassen. Das Wertungsprinzip ist das Energieprinzip.

Die Eignung des Gutes, sein technischer Wert, ist in seiner

Beziehung zum Menschen ein subjektiver Wert. Als solcher ist er wirtschaftlich nicht meßbar, nicht beim Konsumenten, bei dem er an den unmeßbaren Bedürfnisintensitäten gemessen werden müßte, nicht beim Produzenten, bei dem er an dem Nutzen zu messen wäre. Nutzen bedeutet in der Betriebswirtschaft Ertrag. Den Ertrag eines in die Verbundenheit der Anlage eingetretenen Gutes zu errechnen, ist aber unmöglich. Dieses ist das betriebswirtschaftliche Zurechnungsproblem und so wenig zu lösen, wie das volkswirtschaftliche. Auch die einst gezahlten Kosten sind nicht der wirtschaftliche Maßstab für den Eignungswert eines Gutes, da der Markt schwankt und daher die einst gezahlten Kosten dem jeweiligen Wert nicht zu entsprechen brauchen.

Der Betriebswirt wertet in den weitaus meisten Fällen nicht subjektiv. Sein Ziel ist ein durchaus objektives. Hierin ist der Betrieb völlig an den Markt gebunden. In marktabhängigen Betrieben stehen daher die Wertungen des Marktes im Mittelpunkte. Hier muß der technische Wert dem wirtschaftlichen, dem objektiven Marktwert weichen. Sind auch die Grundlagen des wirtschaftlichen Wertes technische und psychische Größen, der volle Tatbestand des Wertes entsteht erst im Markt und im Tausch. **Der wirtschaftliche Wert ist der Marktwert, und zwar der gegenwärtig gültige, der Marktzeitwert.**

Für den Betriebswirt gilt es, die Ursachen des Wertes, seine Bildung zu erkennen. Die Ursachen zu wissen, ist der erste Schritt, seine Höhe zu errechnen; denn die Ursache des Wertes ist zugleich die Ursache für seine Höhe. Die erste Ursache ist die Eignung, die Wertung des subjektiven Nutzens. Die Eignung ist das erste konstitutive Wertelement. Sie bildet die Nachfrageseite des Marktes. Auf der andern steht das Angebot, das das Seltenheitsmoment darstellt, die Kosten, hervorgehend aus dem den Markt beherrschenden Prinzip der Knappheit.

Für beliebig vermehrbare Güter ist die Seltenheit durch die Kosten bedingt. So stehen sich im Markt

Brauchbarkeit	Seltenheit
Nutzen	Kosten
Nachfrage	Angebot

gegenüber und bilden den Marktwert. Das zweite konstitutive Wertbildungselement bilden also die Kosten. So ist bei jeder Wertbildung eine Pluralität von Wertbildungselementen beteiligt. Keinem von ihnen gebührt der Vorrang. Beide sind gleichrangig: Nutzen und Kosten oder besser: Grenznutzen und Grenzkosten, der Nutzen des letzten zur Bedürfnisbefriedigung verwandten Teilquantums eines Gutes und die Kosten des letzten zur Produktion eines Gutes notwendigen Betriebes.

Denn geht die Wertbildung auch sicherlich durch Schaffung bzw. Erhöhung der Eignung vor sich, so ist dies nicht ohne Aufwand möglich: Aufwand an Stoff und Kraft und menschlicher Arbeit. In welchem Verhältnis steht der Aufwand zum Wert? In welchem Maße erhöhen Aufwendungen den Wert eines Gutes? Gerade dies ist die Frage des Betriebswirtschafters, der Aufwendungen macht, um eine Werterhöhung und einen höheren Erlös zu erreichen.

Die Werterhöhung eines Gutes ist nicht von den aufgewendeten Kosten abhängig, sondern vom Markt und der Einpassung des in Frage stehenden Betriebes in den Markt. Daher geht mit der Aufwendung von Kosten nicht proportional eine Werterhöhung vor sich. Von den Kosten kann auf Erhöhung des Wertes nicht ohne weiteres geschlossen werden. Eignung, die zur Nachfrage führt, und Kosten, die in ein Gut eingehen, stehen in keinem proportionalen Verhältnis zueinander. Sie stehen vielmehr unter dem Gesetz der Disproportionalität. Weder die Eignung noch die Kosten setzen sich im Markt gleich einem Naturgesetz durch.

Denn der Wert eines Gutes ist nicht von den Kosten *eines* Betriebes abhängig, sondern von den Kosten *aller notwendigen Betriebe*, und erst der Markt kann erweisen, ob die aufgewandten Kosten zur Schaffung bzw. zur Erhöhung der Eignung notwendig waren, ob sie im Preis zurückvergütet werden, oder ob der kostenaufwendende Betrieb nicht vielleicht infolge zu großen Angebots die aufgewandten Kosten nicht zurückvergütet erhält, weil er mit seinen Selbstkosten über dem Grenzbetrieb liegt.

Darum ist in der Verkehrswirtschaft für die Entstehung und Bezifferung des Wertes ein Hinausverlegen der Schätzung eines Gegenstandes in die objektive Sphäre des Marktes nötig. Aus dem Verhältnis des wertschätzenden Subjektes zum Objekt muß ein Verhältnis von Objekten werden: das Verhältnis der gegeneinander ausgetauschten Mengen. Hierdurch wird eine vollständige Objektivierung des Wertes erreicht, der Preis wird von den Schätzungen der Einzelnen unabhängig. Käufer und Verkäufer haben sich den Wertungen des Marktes zu fügen, und nur Wertungen des objektiven Marktes sind Maßstäbe für Wertungen des Betriebes. Ist die eine der gegeneinander ausgetauschten Mengen Geld, wird der Tausch zum Kauf. Der in Geld ausgedrückte Tauschwert ist der Preis. Der Marktzeitwert wird in der Geldwirtschaft zum „geltenden, schwebenden" Preis (von Gottl), und die Schätzung des Marktwertes wird zu einer Preisschätzung, zur Schätzung des geltenden, erzielbaren Preises.

β) Arten.

Der volle wirtschaftliche Wert ist der Marktzeitwert. Die Betriebswirtschaft kennt daneben noch viele andere Werte, Ergebnisse zweckorientierter Bezifferungen. Diese sind nur scheinbare Werte: Hilfs- und Sonderwerte; Hilfswerte, wenn sie auf konstitutiven Wertelementen beruhen (Reproduktions- und Ertragswerte); Sonderwerte, wenn sie Bezifferungen sind, die den Marktwert nicht ergeben wollen oder nicht können. Der Marktzeitwert ist der Hauptwert.

Der Kostenwert ist im Augenblick der Entstehung ein wirklicher Wert. Er verliert seine Werteigenschaft in dem Maße, wie die Marktverhältnisse andere werden. Er beruht auf den zum Erwerb eines Gutes aufgewandten Kosten. Er ist ein Anschaffungswert (Rechnungsbetrag + Beschaffungskosten: Fracht, Zoll, Versicherung, Spesen). Er entspricht dem Einstandspreis (Einkaufspreis + Bezugskosten). Der Herstellungswert ist die Summe der zur Produktion aufgewandten Einzel- und Gemeinkosten. Anschaffungs- und Herstellungswert sind Gestehungswerte. Gestehungskosten plus Vertriebskosten geben Selbstkosten.

Kostenwerte sind keine Ausgabenwerte, weil Kosten nicht nur Ausgaben sind und nicht alle Ausgaben Kosten darstellen.

Zeitwerte sind gegenwartsgültige Markt-(Reproduktionskosten-)werte.

Das Handelsrecht kennt Zeit- und Kostenwerte.

Der gemeine Wert ist ein Steuerbegriff. Er ist im § 10 der Reichsabgabenordnung wie folgt definiert: „Der gemeine Wert wird durch den Preis bestimmt, der im gewöhnlichen Geschäftsverkehr nach der Beschaffenheit des Gegenstandes unter Berücksichtigung aller den Preis beeinflussenden Umstände bei einer Veräußerung zu erzielen wäre. Ungewöhnliche oder lediglich persönliche Verhältnisse sind nicht zu berücksichtigen."

Von den Einzelwerten (Werten von Einzelgütern) ist der Wert der Unternehmung als Ganzes zu unterscheiden und immer zu bedenken, daß eine Summation von Einzelwerten nicht den Wert der Wirtschaftseinheit ergibt.

Die Kostenwerte ergeben sich aus der Addition der einzelnen Teilkosten. Die Wertminderung beim Gebrauch wird in der Praxis durch Abschreibung erfaßt.

Die Reproduktionskostenwerte, die Zeitwerte und zugleich stets Hilfswerte sind, ergeben sich durch Übertragung bekannter Zeitwerte, bei Anlagegegenständen minus angemessener Abschreibung, sonst durch Schätzung durch Sachverständige.

Die Schätzung ist ein engerer Begriff als der der Wertung; sie umfaßt nur eine Art der Wertung, nur die Bezifferung

6*

nach Schätzung. Eine Abart der Schätzung ist die Taxation, eine genaue Abschätzung des Wertes eines Einzelgutes oder einer Wirtschaftseinheit durch Inaugenscheinnahme durch Sachverständige. Das Ergebnis der Schätzung sind Schätzungswerte, der Taxation Taxwerte. Sie sind stets nur Näherungswerte.

Der Ertragswert entsteht durch Kapitalisierung des Ertrages. Er ist der Idee nach der Barwert der in Zukunft eingehenden tatsächlichen Erträge, die als Renten aufgefaßt werden. Er wird nach der Formel: $Ew = E \cdot \frac{1 - v^n}{i}$ errechnet. Die Grundlagen des Ertragswertes sind der Ertrag (ein Durchschnittsertrag der Vergangenheit als Maßstab für die zukünftigen Erträge) und der (branchenübliche) Kapitalisierungsfuß (landesüblicher Zinsfuß + brancheüblicher Risikozuschlag).

Der Wert der Unternehmung als Ganzes wird aus den beiden wichtigen Hilfswerten: Reproduktionskostenwert und Ertragswert errechnet. In ihm ist der immaterielle Geschäftswert enthalten, das Mehr an Wert einer Unternehmung über das reine Sachvermögen (Teilproduktionskostenwert). Ziffernmäßig ist er die Differenz zwischen dem Teilreproduktionskostenwert und dem Wert der Unternehmung als Ganzes. Der Wert der Unternehmung als Wirtschaftseinheit besitzt seine natürliche Grundlage im Ertragswert, seine Korrektur im Reproduktionskostenwert. Die Praxis nimmt einen Wert zwischen beiden an, der je nach der Marktlage näher an dem einen oder dem anderen liegen kann.

Der Marktzeitwert als Hauptwert der Betriebswirtschaft herrscht nun nicht unbeschränkt. Im Betriebe gibt es auch Veranlassungen, subjektiv, betriebssubjektiv zu werten. Der Betriebswirt wertet nun nicht in dem Sinne subjektiv, wie der Konsument, dessen subjektive Wertungen keine wirtschaftlichen Zahlen sind. Gemeint sind hier bewußte Abweichungen vom Marktzeitwert, aus Gründen, die in dem einzelnen Betriebe liegen. Dies ist insbesondere der Fall bei innerbetrieblichen

Wertungen, Kalkulationen des Nachfrage- und Angebotspreises, wenn zu einem vorhandenen Gütervorrat — Anlage- und Vorratsgüter — ein Schlußgut gewertet werden muß, ferner bei Erweiterungen, Einschränkungen, Stillegungen des Betriebes. Diese subjektiven Werte sind natürlich Sonderwerte.

Neben der Erkenntnis des Wesens der einzelnen Werte hat die Betriebswirtschaft Verfahrensweisen auszubilden, um den Wert eines Gutes möglichst genau zu erfassen. Neben den Wertermittlungsverfahren hat sie aber ferner zu zeigen, wie bei den einzelnen Veranlassungen zu werten ist, mit welchen Werten (Haupt-, Hilfs- und Sonderwerten) die einzelnen Güter beziffert werden müssen. Entscheidend ist hierbei der verfolgte Zweck. Die wichtigsten Zwecke sind aber folgende vier:

1. Wertung der innerbetrieblichen Vorgänge, das sind a) Wertungen der Kostengüter im Beschaffungsmarkt — die Kalkulation des Nachfragepreises, b) die Wertungen der Güter für den Absatzmarkt — Kalkulation des Angebotspreises; 2. die Wertung ganzer Wirtschaftseinheiten; 3. die Wertung zu Bilanzzwecken a) für Vermögens-, b) für Erfolgsermittelungsbilanzen; 4. die Wertung zu Steuerzwecken a) für Ertrags-, b) für Vermögenssteuern.

c) Der Preis.

α) Bei freier Wirtschaft.

Der betriebswirtschaftliche Hauptwert ist der Marktzeitwert. Er ist zugleich der erzielbare Preis. Die betriebliche Wertung hat daher letzten Endes marktrichtige Preise zu veranschlagen. So wird das Problem der Wertung zu einem Problem der Preisvorbereitung. Die betriebliche Preisvorbereitung ist im Kern das betriebswirtschaftliche Preisproblem.

Der Preis selbst ist im freien Markt ein Marktergebnis. Jede Preisbildung erfolgt im Zustand einer unbegrenzten Nachfrage und einer begrenzten Angebotsmenge, erfolgt also unter dem Prinzip der Knappheit[1]), in dem Angebot und Nachfrage enthalten sind. Ohne Nachfrage keine

[1]) Cassel, Theoretische Sozialökonomie.

Knappheit: eine Knappheit kann erst aus dem Verhältnis einer Angebotsmenge gegenüber der Nachfrage entstehen. Der Preis selbst hat die Funktion, Angebot und Nachfrage in Einklang zu bringen. Bei einer gegebenen Angebotsmenge muß der Preis so hoch sein, daß der Teil der Nachfrage, der mit dem vorhandenen Vorrat nicht befriedigt werden kann, kaufunfähig wird und ausfällt. Hierdurch wird eine Übereinstimmung zwischen Angebot und Nachfrage erreicht. So wird der Preis der Regulator der Gesamtwirtschaft.

Das beste Beispiel für diese Art der Preisbildung stellt der Einheitskurs an der Wertpapierbörse dar.

Bei der Preisbildung ist der Markt mit freier Konkurrenz von dem monopolisierten Markt zu scheiden, demnach die Bildung von Konkurrenz- und Monopolpreisen. Bei freier Konkurrenz findet ein automatisches Angleichen des Angebots an die Nachfrage statt, wenn auch der Ausgleich nicht sofort geschieht. Die Länge der Produktionsperiode der in Frage kommenden Güter und ihrer Produktionsmittel und das investierte Kapital können den Prozeß verlangsamen. Auf die Dauer aber ist eine Diskrepanz zwischen Angebots- und Nachfragemengen, zwischen Grenzproduktionskosten und Preis, nicht möglich. Immer wird es hier eine Schicht von Grenzproduzenten geben, die keine Differentialrente erzielen. Die Produktion dehnt sich automatisch bis zum Grenzertrage aus.

Bei Monopolpreisen liegt das Angebot in einer einzigen Hand oder in den Händen weniger. Diese können auf Grund ihrer besonderen Stellung im Markt die Angebotsmenge regulieren. Dadurch können sie den Ausgleich zwischen Angebot und Nachfrage, die Ausdehnung der Produktion bis zum Grenzertrage, verhindern und jedem der Produzenten eine Differentialrente gewährleisten. Der Monopolist beherrscht durch die von ihm autonom bestimmte Angebotsmenge den Preis. Er kann den Preis auf der vorhandenen Höhe halten, ihn aber durch Beschränkung der Menge in die Höhe treiben. Durch

Manipulierung des Preises kann er andererseits den Absatz einer bestimmten Menge herbeiführen.

Auf der Möglichkeit der Beeinflussung des Preises durch die Regulierung der Angebotsmenge beruht die Preispolitik der Monopolorganisationen: Kartellen und Trusts. Ein monopolisierter Markt liegt vor, wenn ein hinreichender Prozentsatz der Produktion durch einen einheitlichen Willen beherrscht wird. Durch eine Beherrschung von etwa 75% der Angebotsmenge kann eine Monopolisierung erreicht werden.

Je nach dem beherrschten Teil des Gesamtangebots unterscheidet man ein absolutes oder vollständiges (Beherrschung des gesamten Angebots) und ein relatives oder unvollständiges Monopol.

Der Monopolist ist nicht in der Lage, den Preis beliebig hoch festzusetzen. Auch ihm sind Grenzen gezogen, und zwar von außen durch den Markt, von innen durch den Betrieb und seine Kostengesetze. Es sind insbesondere 4 Momente, die für den Monopolisten Grenzen bedeuten: 1. Räumliche Grenzen (nur wenig internationale Monopole). Der Monopolpreis kann nicht höher sein als Auslandspreise, vermehrt um Transportkosten und Zölle (Preispolitik auf umstrittenen Märkten). 2. Substitutionsgüter. 3. Kaufkraft der Konsumenten. 4. Ein innerbetriebliches Moment: das Gesetz der sinkenden Kosten bei Massenproduktion und die Wirkung der fixen Kosten. Es zwingt dem Monopolisten einen Preis auf, der die beste Ausnutzung der Anlagen gestattet. Die Monopolpreispolitik tendiert nicht nach den höchsten, sondern nach den günstigsten Preisen, nach Preisen, die den höchsten Gesamtreinertrag ergeben.

Der freie Markt ermöglicht eine brauchbare Preisbildung lediglich bei vollständiger Konkurrenz, wo niemand, weder von der Seite der Angebots noch der der Nachfrage, Einfluß auf die Gestaltung des Preises nehmen kann. Bei beschränkter Konkurrenz dagegen kann der Preis des freien Marktes ein Preis des Eigennutzes werden: die Anbieter beeinflussen den Preis zu ihren Gunsten. Es ist ja auf dem freien Markt nicht so, daß sich der natürliche Preis wie ein Naturgesetz durchsetzt und die Wirtschaft reguliert. Vielmehr hat der wirtschaftende Mensch durch Einflußnahme auf einen der drei Faktoren: Angebot, Nachfrage und Preis, die Möglichkeit, auf die beiden anderen einzuwirken. Denn die drei Faktoren stehen in Wechselwirkung zueinander: durch Beeinflussung des Angebotes kann man auf Preis und Nachfrage einwirken; durch die Nachfrage auf Preis und Angebot; durch den Preis auf Angebot und Nachfrage. Nur bei vollständiger Konkurrenz gewährleistet der natürliche Preis einen volkswirtschaftlich gerechtfertigten Preis, im anderen Falle dagegen nicht. Die Funktion des Preises aber als Regler von Angebot und Nachfrage kann nicht bestritten werden. Daher benutzt auch die gelenkte Wirtschaft diese Funktion des Preises und sieht daher in der Preisbildung, Preisüberwachung und Preisprüfung eines der wichtigsten Mittel zur Lenkung der Wirtschaft.

β) Bei gelenkter Wirtschaft.

In der gelenkten Wirtschaft ist der Preis ein Hilfsmittel staatlicher Wirtschaftsführung. Er ist nicht mehr Regulator der Wirtschaft, sondern übt seine Funktion nach dem übergeordneten richtungweisenden Willen des Staates aus.

Der Staat kann mit Hilfe des Preises Angebot und Nachfrage beeinflussen. Durch hohe Preise kann er die Erzeugung anregen (in der Landwirtschaft, Leistungssteigerung im Vierjahresplan, Stützung der Verbrauchsgüter-, gegenüber der Investitionsgüterindustrie) und die Nachfrage verringern (Verbrauchslenkung, Verbrauchsdrosselung). Durch niedrige Preise kann er die Produktion zur Rationalisierung oder unwirtschaftliche Betriebe zur Aufgabe zwingen, anderseits den Verbrauch steigern.

Voraussetzung einer zweckmäßigen Handhabung des Preisinstrumentes ist jedoch, daß der Staat die Preiswirkungen auf dem Markte völlig übersieht. Ohne Kenntnis der wirklichen Lage auf der Angebots- und der Nachfrageseite, ohne Berücksichtigung von Angebots- und Nachfrageelastizität und des Allzusammenhanges der Preise ist eine wirkungsvolle Preispolitik nicht möglich.

Die staatliche Preispolitik ist auf die Durchsetzung des volkswirtschaftlich gerechtfertigten Preises gerichtet. Welcher Preis diese Eigenschaft besitzt, ist deswegen so schwer zu bestimmen, weil er im Einzelfall von der jeweiligen politischen und wirtschaftlichen Zielsetzung abhängt. Im allgemeinen ist der volkswirtschaftlich gerechtfertigte Preis ein solcher, der dem Anbietenden Kostendeckung und Betriebssicherung, dem Nachfragenden eine seiner Leistung und Kaufkraft entsprechende Bedarfsdeckung gewährt und dabei den Zielen der Staatsführung entspricht. Der Preis der gelenkten Wirtschaft ist demnach seiner Idee und Bestimmung nach ein Preis der Gemeinschaftsbelange. Der Preis der freien Wirtschaft kann es bei vollständiger Konkurrenz auch sein. Er kann aber ebensogut ein Preis des Eigennutzes werden und muß daher in diesem Falle durch den staatlich geregelten Preis ersetzt werden.

Die Hilfsmittel staatlicher Preispolitik sind:

1. Preisbildung,
2. Preisüberwachung,
3. Preisprüfung.

Preisbildung ist die unmittelbare Festsetzung oder mittelbare Beeinflussung des Entgeltes für ein Gut oder eine Leistung. Die staatlichen Maßnahmen sind also

a) mittelbare,
b) unmittelbare.

Wesentliche mittelbare Maßnahmen staatlicher Preisbildung sind Regelung des Wettbewerbes (Rabattgesetz,

Durchsetzung des Grundsatzes der Preiswahrheit und Preisklarheit, Verbesserung des Rechnungs- und Kalkulationswesens), **Beeinflussung des Angebotes** (Errichtungs- und Erweiterungsverbote, Auftragslenkung), **Beeinflussung der Nachfrage** (Verbrauchslenkung, Verbrauchsdrosselung) u. e. a.

Unmittelbare Preisbildung kann sein:

1. Preisfestsetzung,
2. Vorschriften über die Preisbildung.

Preisfestsetzungen geschehen in der Form von Fest-, **Höchst-, Mindest- oder Richtpreisen**, von **Handelsspannen und Höchstgewinnzuschlägen**. Sie sind das starrste Mittel staatlicher Preispolitik und werden daher nur dort angewandt, wo der besondere Schutz von Anbietern oder Verbrauchern erforderlich ist. Auch die PreisstopVO. vom 29. Oktober 1936 liegt in dieser Richtung. Sie schreibt für alle Preise, mit wenigen Ausnahmen, den Stand vom 17. Oktober 1936 vor (Maßstab ist: 1. der Stichtagpreis oder 2. der Preis des gleichartigen Geschäftes, 3. der Ladenpreis, 4. der konstruierte Preis, 5. der Sonderpreis — bei bestehenden Sonderbestimmungen). Jedoch muß der hierdurch geschaffene Zustand nur als Übergang und als eine Stufe auf dem Wege zu einer organischen, d. h. einer den natürlichen wirtschaftlichen Verhältnissen entsprechenden Preisbildung angesehen werden.

Vorschriften über die Preisbildung sind **Kalkulationsvorschriften**. Sie umfassen entweder nur einzelne Kostenarten oder die Gesamtstückkosten, beziehen sich nur auf die Angabe von Kostenarten oder auch auf ihre Bewertung. Die bisher umfassendste Preisbildungsvorschrift sind die LSÖ. (Leitsätze über die Preisermittlung auf Grund der Selbstkosten bei Leistungen für öffentliche Auftraggeber) vom 15. November 1938, die auch, im Gegensatz zu den Allgemeinen Grundsätzen der Kostenrechnung vom 16. Januar 1939, materielle Vorschriften enthalten.

Der Begriff der **Preisüberwachung** kann verschieden weit gefaßt werden. Preisüberwachung im **engeren** Sinne ist die Kontrolle der Einhaltung von festgesetzten Preisen, Preisspannen und Produktqualitäten. Sie bezieht sich nur auf geregelte Märkte.

Preisüberwachung im **weiteren** Sinne ist darüber hinaus eine Kontrolle der Preise auf ihre gemeinwirtschaftliche Angemessenheit und Zweckmäßigkeit. Sie umfaßt neben den Preisen der geregelten auch die der freien Märkte und sucht vor allem Preiswucher und Preisschleuderei zu verhindern.

Die Preisüberwachung in der gelenkten Wirtschaft umfaßt sowohl die Preisüberwachung im engeren wie im weiteren Sinne. Dem Staat liegt die Sorge für eine volkswirtschaftlich gerechtfertigte Preisbildung ob, und er hat zu diesem Zweck sowohl freie wie geregelte Märkte zu überwachen.

Preisprüfung ist die Kontrolle eines Preises auf **Kostenangemessenheit**, beurteilt nach den **individuellen** Selbstkosten eines Betriebes. Gegenstand der **Preisüberwachung** ist der **Markt**, die **Preisprüfung** dagegen vollzieht sich im **Betriebe**.

Preisüberwachung und **Preisprüfung** sind **unentbehrliche Ergänzungen der staatlichen Preisbildung**. Die Preisüberwachung kontrolliert einerseits die Befolgung bereits erlassener Preisvorschriften, zeigt anderseits neue Gebiete notwendigen Eingreifens. Die Preisprüfung gibt die notwendigen Unterlagen für die Preisbildung, wobei die Initiative hierzu sowohl vom Staate (auf Grund seiner Preisüberwachung) als auch vom Betriebe selbst (z. B. Ausnahmeantrag gem. § 3 PreisstopVO.) ausgehen kann.

Die Grundsätze der Preisbildung, Preisüberwachung und Preisprüfung in der gelenkten Wirtschaft lassen heute bereits den Weg zu organischer und damit beweglicher Preisgestaltung erkennen. Dieser Weg führt zu einem Preis, der — auf lange Sicht — an den **Kosten des mittelguten Betriebes** einer Branche ausgerichtet ist. Ein solcher Preis birgt für den schlechten Betrieb den Zwang zur Rationalisierung und Leistungssteigerung in sich, da dieser andernfalls seine Kosten nicht mehr gedeckt erhält. Er gewährt anderseits dem guten Betriebe eine Differentialrente und übt damit auch auf diesen einen Anreiz zur Leistungssteigerung aus. Ein nach diesen Grundsätzen gebildeter Preis vermeidet demnach die Schwächen des Individualkostenpreises: zu hohe Preise infolge einzelbetrieblicher Unwirtschaftlichkeit und besitzt anderseits die Vorteile des frei sich bildenden Konkurrenzpreises: Ansporn zu dauernder Leistungssteigerung. Er hat daher die Wahrscheinlichkeit des organischen und volkswirtschaftlich gerechtfertigten Preises für sich.

4. Wert- und Preiskalkulationen.

Die innerbetrieblichen Wertungen dienen vor allem der Preisvorbereitung. Darum ist für den Betriebswirt das Wissen um die Zusammenhänge und Abhängigkeiten bei der Bildung des Marktpreises so wichtig. Daneben gibt es innerbetriebliche Wertungen, die mehr auf eine Kontrolle der Betriebsgebarung, Steigerung der Wirtschaftlichkeit des Betriebes hinzielen. Das wenigstens sind die Hauptzwecke der innerbetrieblichen Wertungen. Notwendigerweise sind es aber Wertungen, ziffernmäßiges Erfassen des Wertes, daraus hervorgehend der Wille, den Wert (der Leistung) bzw. die Kosten zu beeinflussen.

a) Kalkulation der Betriebspreise.

Der Kontrolle der Betriebsgebarung dienende Wertungen haben die Messung und die Erzielung der Wirtschaftlichkeit im Betriebe zur Absicht. Kosten und Aufwand werden dann nicht mit historischen Preisgrößen beziffert, sondern gewertet; es werden nicht Kosten, sondern Kalkulationswerte in die einzelnen Rechnungen eingesetzt. Die Wertung der Kostengüter geschieht nach Zweckerwägungen. Bei verschiedenen Zwecken sind die Wertungen verschieden. Es müssen dann soviel Betriebsrechnungen aufgestellt werden, als Zwecke nicht mit einer Rechnung erzielt werden können. Der Betriebswirt werte: daher nicht historisch und nicht mechanisch, sondern zweckbewußt, sogar unter Einsetzung kommender Entwicklungen. Durch Abweichen von den historischen Ziffern, durch zweckorientiertes Beziffern entstehen Verrechnungs- bezw. Betriebspreise[1]).

b) Kalkulation des Nachfragepreises.

Alle innerbetrieblichen Wertungen, die der Preisvorbereitung dienen, haben das Ziel, den voraussichtlichen Marktzeitwert möglichst genau zu veranschlagen. Sie zerfallen in Wertungen für den vorgelagerten und den nachfolgenden Markt, in die Kalkulation der Nachfrage- und der Angebotspreise.

Unter Kalkulation des Nachfragepreises verstehen wir die Errechnung des höchsten, für ein bestimmtes Gut aufwendbaren Preises. Diese Wertung geschieht mehr oder weniger bewußt vor jedem Kauf; doch kann bei den Rechnungen des Konsumenten nur mit großer Einschränkung von einer wirklichen „Kalkulation" der Preisobergrenze gesprochen werden.

Diese findet dagegen zweifellos beim Produzenten statt, weil bei ihm alle Momente, die die Höhe des Nachfragepreises bestimmen, und die beim Konsumenten zum Teil rein gefühlsmäßig veranschlagt werden müßten, in Zahlenform vorliegen.

Die Nachfrage des Produzenten erstreckt sich nur auf Produktionsmittel. Er hat daher stets Nachfragepreise nach Produktionsmitteln zu kalkulieren. Produktionsmittel dienen aber nur indirekt der Bedürfnisbefriedigung. Sie haben deshalb nur eine indirekte, von ihren Produkten abgeleitete Nachfrage, und alle Momente, die die Höhe ihres Nachfragepreises bestimmen,

---

[1]) Vgl. Verrechnungspreise, S. 64. Ferner: Mellerowicz, Kosten und Kostenrechnung, Bd. II, 1, S. 201 ff.

können aus den Preisen der Produkte hergeleitet werden. Der Preis des Produktes bestimmt den Wert des Produktionsmittels; seine Wertung muß also vom Preis des Produktes aus vorgenommen werden.

Die Kalkulation des Nachfragepreises des Produzenten besteht darin, daß er von den voraussichtlich erzielbaren Preisen auf seinem Absatzmarkt rückwärts auf seine Einkaufsmärkte schließt. Der Grenznachfragepreis nach einem Produktivgut ist das Maximum, das bei gegebenem Preis des Produktes für einen bestimmten Produktionsfaktor aufgewandt werden kann. Um ihn errechnen zu können, müssen die Preise aller Produktionsmittel, außer dem zu berechnenden, als bekannt angenommen werden. Der gesuchte Grenznachfragepreis ergibt sich dann als die Differenz zwischen dem erzielbaren Preis des Produktes und der Summe aller anderen zur Herstellung notwendigen Produktionsmittel.

Die Kalkulation des Nachfragepreises nach Produktionsmitteln wird schwieriger, wenn es sich nicht um Einzelgüter, sondern um *komplementäre Güter* handelt. Das sind solche, die in einen Produktionsverband eingehen sollen, deren Nachfrage infolgedessen eine *verbundene* ist. Verbundene Nachfrage entsteht dadurch, daß zur Herstellung eines Produktes die Mitwirkung mehrerer Produktionsmittel notwendig ist, deren Arten und mengenmäßige Zusammensetzung von technischen Faktoren bestimmt sind. Komplementäre Güter sind charakteristisch für den Produktionsbetrieb, im Warenhandel spielen sie nur eine untergeordnete Rolle.

Die Wertung komplementärer Güter geht ebenfalls vom erzielbaren Preis des Produktes aus. Sie unterscheidet sich nicht von der der Einzelgüter, wenn alle Teile, die zu einer komplementären Gruppe gehören, zum *gleichen Zeitpunkt* dem Markt entnommen werden. Der Preis des gemeinsamen Produktes bestimmt die Nachfragepreise aller einzelnen zur Gruppe gehörigen Güter. Die ganze Gruppe kann nicht höher gewertet werden als der erzielbare Preis des Produktes, der normalerweise den Produktionskosten, also den Preisen der Produktionsmittel entspricht.

Häufiger ist aber der Fall, daß die Beschaffung der einzelnen Teile auseinanderfällt, daß zu bereits vorhandenen Produktionsmitteln, meist Anlagen, das Schlußgut hinzugekauft werden muß. Fehlt dieses Schlußgut, so ist die Fortführung der Produktion in der bisherigen Richtung unmöglich. Dies zwingt die Unternehmung, dieses Schlußgut um jeden Preis zu erwerben, da die Überführung der vorhandenen Produktionsmittel in eine andere Verwendungsart meist sehr schwierig, oft nur mit großen Verlusten möglich ist, und außerdem mit der Aufgabe der bisherigen Produktion auch die meisten immateriellen Werte, Organisation, Kundenkreis, guter Ruf, Patente usw. verlorengehen.

Diese innerbetrieblichen Gründe können zu einer Sonderbewertung des Schlußgutes führen. Sein Grenznachfragepreis ergibt sich aus dem Preis des Produktes ·/. dem Wert der vorrätigen Güter in einer anderen Verwendungsart. Letzterer ist oft sehr niedrig, bei Maschinen häufig nur gleich dem Schrottwert.

c) Kalkulation des Angebotspreises.

α) Bei freier Wirtschaft.

αα) Bei Konkurrenzpreisbildung.

Unter ganz anderen Gesichtspunkten werden die Wertungen für den Absatzmarkt vorgenommen. Die Kalkulation der Angebotspreise wird von zwei Prinzipien beherrscht, dem Prinzip der Kapitalerhaltung und dem der Erfolgserzielung. Beiden Prinzipien entsprechen zwei scharf zu unterscheidende Angebotspreise.

Um die Kapitalerhaltung in einer Unternehmung auf die Dauer zu garantieren, müssen im Preis des Produktes mindestens die aufgewendeten Kosten vergütet werden. Die Kosten bilden den untersten, den Grenzangebotspreis. Seiner Errechnung dient die Selbstkostenrechnung. Er baut sich auf den individuellen Selbstkosten des in Frage kommenden Betriebes auf. Die Kalkulation kennt zwei Abarten: a) die Teil-, b) die Vollkostenkalkulation. Die erstere setzt lediglich die durch den Auftrag selbst entstandenen, sonst vermeidbaren, meist nur proportionalen Kosten ein, letztere dagegen sämtliche, die proportionalen und die festen Kosten.

Der Verkauf des Produktes zum Grenzangebotspreise würde der Unternehmung zwar die Kosten ersetzen, ihr aber keinen Ertrag bringen.

Der tatsächliche Angebotspreis, der dem Erfolgsprinzip genügt, muß deshalb um einen Gewinnzuschlag höher sein. Die Höhe dieses Gewinnzuschlages ist nicht willkürlich, sondern vom Markt bestimmt.

Ein prozentualer Aufschlag auf die eigenen Kosten (Handelsspanne, enthaltend Betriebskosten und Gewinn) führt nur im Warenhandel zum Ziel, da hier die Voraussetzung relativ gleichmäßiger Selbstkosten gegeben ist. (Gleichmäßige Einkaufspreise — verhältnismäßig gleichmäßige Vertriebskosten.) Nur im Warenhandel kennt man deshalb den Begriff des brancheüblichen Aufschlages.

ββ) Bei Monopolpreisbildung.

Das Gesagte gilt aber nur für die Kalkulation der Angebotspreise bei freier Konkurrenz.

Anders ist es, wenn ein Monopol vorliegt. Dann handelt es sich bei der Angebotskalkulation nicht mehr allein darum, den voraussichtlich erzielbaren Preis zu errechnen, sondern den günstigsten erzielbaren Preis festzustellen. Der günstigste Preis ist nicht der höchste Preis, sondern der, der bei Berücksichtigung des möglichen Umsatzes die höchsten Gesamterträge ergibt.

Zur Preiskalkulation tritt deshalb noch eine Mengenkalkulation. Die Errechnung des tatsächlichen Angebotspreises be gebundener Preisbildung ist wiederum verschieden, je nachdem, ob es sich um ein vollständiges oder um ein unvollständiges Monopol handelt.

α_1) Bei absolutem Monopol.

Die Angebotskalkulation bei absolutem Monopol geschieht in drei Stufen:

1. Schätzung der zu verschiedenen Preisen voraussichtlich absetzbaren Mengen. Diese sind bei Monopolgütern im allgemeinen statistisch ziemlich genau erfaßbar.
2. Errechnung der Selbstkosten bei den verschieden großen Produktmengen.
3. Errechnung des Preisoptimums, desjenigen Preises, bei dem sich der größte Gesamtgewinn für die Unternehmung ergibt.

Zahlenmäßig würde sich diese Kalkulation wie folgt darstellen:

Preis	voraussichtl. absetzbare Menge	Kosten pro Einheit	Gewinn pro Einheit	Gesamtgewinn
770	800	770	—	—
760	900	750	10	9000
750	1000	700	50	50000
740	1100	650	90	99000
730	1200	635	95	114000
720	1300	620	100	130000
710	1400	608	102	142800
700	1500	605	95	141500

Der tatsächliche Angebotspreis würde sich auf 710 RM. stellen, da bei diesem Preis der Monopolinhaber den größten Gesamtgewinn erreicht. Hier liegt seine Nutzhöhe. Der tote Punkt, bei dem er trotz hohen Angebotspreises keinen Gewinn erzielen kann, liegt bei 770 M., da hier infolge der geringen Produktionsmenge der spezifische Aufwand sehr hoch ist.

α_2) Bei relativem Monopol.

Unter denselben Gesichtspunkten erfolgt auch die Kalkulation des Angebotspreises bei einem unvollständigen Monopol. Hier beherrscht der Monopolinhaber nicht das ganze Angebot, sondern ein Teil der Produktion liegt in den Händen von Außenseitern. Die Produktionskapazität der Außenseiter muß bei der Kalkulation des Angebotspreises mit in Rechnung gestellt werden. Sie muß in voller Höhe von der absetzbaren Menge abgezogen werden, da der Außenseiter den Monopolpreis in der Regel unterbieten kann und infolgedessen seine ganze Produktion absetzen wird. Dabei ergeben sich wieder zwei Möglichkeiten — entweder ist die Produktionsfähigkeit des Außenseiters durch natürliche Faktoren bestimmt, dann ist sie als feste Größe in die Rechnung einzustellen, oder sie ist variabel, dann sind Kalkulationen mit verschiedenen Mengen der Außenseiterproduktion vorzunehmen.

Die Angebotskalkulation bei unvollständigem Monopol ersieht man aus folgendem Beispiel, bei dem angenommen ist, daß der Außenseiter eine festbegrenzte Menge produziert.

Preis	absetzbare Menge	Produktion d. Außenseiters	Kartellabsatz	Gewinn pro Einheit	Gesamtgewinn
40	900	400	500	13	4500
39	1000	400	600	12	7200
38	1100	400	700	11	7700
37	1200	400	800	10	8000
36	1300	400	900	9	8100
35	1400	400	1000	8	8000
34	1500	400	1100	7	7700
33	1600	400	1200	6	7200
32	1700	400	1300	5	6500
31	1800	400	1400	4	5600

Der tatsächliche Angebotspreis, der sich aus dieser Kalkulation (Schema einer Kartellkalkulation) ergibt, ist 36 RM. Hier liegt der günstigste Gesamtertrag. Der Angebotspreis des Monopolisten ist demnach durchaus nicht immer der höchste erzielbare Preis, wie oft angenommen wird. Die Kalkulation des Angebotspreises bei Außenseitern mit wachsender Produktionskapazität geht nach denselben Gesichtspunkten vor sich.

β) Bei gelenkter Wirtschaft.

Hier entscheiden die wirtschaftspolitischen Zwecksetzungen und die sich aus ihnen ergebenden gesetzlichen Bestimmungen. Der Betrieb wird daher hier innerhalb der gesetzlichen Bestimmungen zweckgerecht bewerten.

d) Wertung der Kostengüter bei normalen und gehemmten Beschaffungsverhältnissen.

Die Kalkulation des tatsächlichen Angebotspreises ist eine Wertung der Produkte auf Grund des erzielbaren Preises. Mit welchem Wert müssen die Kostengüter eingesetzt werden: mit dem historischen Beschaffungspreis, dem Tagespreis oder mit einer von anderen Faktoren bestimmten Größe? Eine allgemein gültige Antwort kann auf diese Frage nicht gegeben werden, denn es muß im einzelnen Fall auf die Verhältnisse des Beschaffungsmarktes Rücksicht genommen werden, darauf, ob das Kostengut jederzeit in der notwendigen Menge zur Verfügung steht oder nicht. In der Regel wird dies der Fall sein; es müssen aber auch anormale Verhältnisse berücksichtigt werden.

Unter normalen Verhältnissen sind Kostengüter in unbegrenzter Menge jederzeit zu beschaffen. Grundsätzlich ist deshalb zu sagen, daß in der Selbstkostenrechnung Tageswerte für die Kostengüter eingesetzt werden müssen. Beschaffungspreise und Durchschnittspreise genügen nicht dem Prinzip der Kapitalerhaltung, denn bei einer derartigen Kalkulation wird man aus dem Erlös die verbrauchten Gütermengen nicht immer wieder ersetzen können.

Auch für die Gesamtwirtschaft ist eine andere Kalkulation als zu Tageswerten nicht erwünscht, da jede andere Rechnung ein falsches Bild von den tatsächlich entstandenen Kosten gibt, was zu einer falschen Preisbildung und zu einem Güterverzehr am unrechten Ort führen kann.

Tagespreise müssen aber auch bei gesunkenen Preisen der Kostengüter eingesetzt werden. Dazu wird die Konkurrenz jeden Betrieb von ganz allein zwingen.

Andere Erwägungen beeinflussen dagegen die Wertung der Güter, wenn ihre Beschaffung gehemmt ist, wenn der Vorrat in absehbarer Zeit nicht mehr ergänzt werden kann.

Ist ein Gut aus irgendeinem Grunde im Markte nicht mehr käuflich, so hat es einen Grad der Knappheit erreicht, der eine andere Bewertung dieses Gutes bei der Angebotskalkulation rechtfertigt. Der Tagespreis verliert dann seine Maßstäblichkeit, die er nur dadurch erlangt hat, daß zu diesem Preis das Gut jederzeit erworben werden kann. Es muß eine andere Bewertungsgrundlage gesucht werden, und diese wird im Nutzen gefunden, in dem konstitutiven Wertelement, das dem Unternehmen am sichersten bekannt ist. Infolge der außerordentlichen Knappheit muß das Gut weniger wichtigen Verwendungszwecken entzogen werden, um anderen, nutzenreicheren zugeführt werden zu können. In diesem Falle bestimmt der Wert des Gutes in der letzten noch wirklich werdenden Verwendungsart den Wert des Kostengutes in allen Verwendungen (reale Kosten der Produktion).

Ein weiteres Moment, das bei der Wertung der Kostengüter berücksichtigt werden muß, ist der Beschäftigungsgrad. Es muß also ein solcher Preis kalkuliert werden, daß er bei Unterbeschäftigung zu vergrößerter Nachfrage anreizt, bei Überbeschäftigung durch einen erhöhten Preis die Nachfrage drosselt.

Die Kalkulation der Angebotspreise bekommt hier ein preispolitisches Gesicht.

Wichtig ist für den Betriebswirt endlich die Wertung der verbundenen Güter und der Nebenprodukte[1]).

Faßt man den Wert als marktrichtige wirtschaftliche Zahl auf, die den einzelnen Gütern anhaftet, durch die alle Güter miteinander vergleichbar gemacht werden, dann wird die Bedeutung des Wertes im Betriebsleben völlig klar. Der Wert ermöglicht ein treffsicheres Vergleichen und Entscheiden; er zeigt den besten Weg der Produktion, denn er zeigt die Möglichkeit der Verwendung der eingesetzten Betriebsmittel in der Richtung des größten Wertgefälles. Der Wert ist darum die Richtschnur alles Veranschlagens und Entscheidens. Diese Funktion macht ihn zum wahren Rationalisator

[1]) Vergl. Mellerowicz, Kosten und Kostenrechnung Bd. II, 1, S. 112ff.

der Betriebswirtschaft; denn er zeigt den Weg der Aufwandsminderung. Dadurch aber werden Wert und Wertung (Kosten, Wert, Preis, damit aber auch Rechnungswesen und Betriebsorganisation) die Zentralprobleme der Betriebswirtschaft.

5. Der Ertrag.

a) Begriff, Arten und Funktion des Ertrages.

Der Ertrag ist das Ergebnis des Wirtschaftens. Er kann in Mengen oder Geld gemessen werden. Der Betriebsertrag wird in der Regel in Geld beziffert, da er die verschiedenartigsten Elemente enthält: durch das Beziffern in Geldwerten wird aber alles mit allem verrechenbar und vergleichbar.

Der Ertragsbegriff wird in verschiedenem Umfang gebraucht, entweder in dem Sinne von Bruttoertrag gleich Erlös oder von Netto-(Rein-)ertrag gleich Erlös minus Aufwand. Der eigentliche Erfolgsmaßstab ist der Reinertrag (gleich Gewinn). Der Bruttoertrag ist eine dem Gewinn vorgelagerte Größe.

Den Betrieb interessiert in erster Linie der Ertrag eines Zeitraumes, der periodische Erfolg. Der Erfolg des einzelnen Geschäftes ist von untergeordneter, wenn auch nicht völlig nebensächlicher Bedeutung. Denn die Summe der einzelnen Geschäftserfolge ergibt den Gesamterfolg einer Periode. Jedoch bestehen hier Ausgleichsmöglichkeiten verschiedenster Art (Perioden-, Artikel-, Abteilungsausgleich)).

Der betriebswirtschaftliche Gewinn ist das Mehr an Kapital zwischen zwei Punkten einer Betriebsperiode: Reinvermögen am Ende einer Periode (Kn) minus Reinvermögen am Anfang dieser Periode (Ka) = Gewinn (G)

$$G = Kn - Ka.$$

Die Erfolgsperiode kann das gesamte Leben der Unternehmung umfassen. Da der letzte Erlös ein Gelderlös ist, Neubeschaffungen nicht mehr erfolgen, die eingesetzte Summe auch

Geld war, ist die Differenz zwischen eingesetztem Geldkapital und dem Enderlös der Gewinn der Unternehmung, der Totalgewinn. Totalgewinn = Erlös + Entnahmen ÷ Einlagen. Dieser ist der einzig sichere, völlig richtig zu errechnende Gewinn. Jeder andere Gewinn ist ein relativer Gewinn, verschieden je nach den Zwecken, die man verfolgt, nach den Voraussetzungen, von denen man ausgeht, nach den Verfahrensweisen, die man zu seiner Errechnung benutzt, ja je nach den — sehr weit auseinandergehenden — Ansichten über das Wesen des Gewinnes.

Der steuerliche Reingewinn ist „der Unterschied zwischen dem Betriebsvermögen am Schluß des Wirtschaftsjahres und dem Betriebsvermögen am Schluß des vorangegangenen Wirtschaftsjahres, vermehrt um den Wert der Entnahmen und vermindert um den Wert der Einlagen" (§ 4 Einkommensteuerges.)

G = Kn — Ka + Entnahmen ÷ Einlagen.

Die Ermittlung des Gewinnes geschieht durch die Gegenüberstellung von Aktiva und Passiva:

Gewinn = Aktiva ÷ (Schulden + Kapital).

Der Reingewinn ergibt sich ferner aus dem Überschuß des Erlöses über die Aufwendungen:

Gewinn = Erlös ÷ Aufwand (der Periode).

Erlös bedeutet hierbei den Gelderlös, wie er auf der Ertragsseite des Ertragssammel-Kontos, des Gewinn- und Verlustkontos, zum Ausdruck kommt, den Bruttoertrag. Von diesem müssen die Aufwendungen, die auf der linken Seite des Ertragssammel-Kontos erscheinen, abgezogen werden, worauf sich als Saldo der Reinertrag ergibt.

Genauer ist Gewinn: Ertrag ÷ Aufwand. Ertrag = Erlös ± Bestandsdifferenz. G = Erlös ± Bestandsdifferenz ÷ Aufwand.

Auf dem Ertragssammel-Konto erscheinen aber die heterogensten Ertragsteile: Erträge aus Geschäften, die der Betrieb seiner Bestimmung nach tätigt, organische Geschäfte, demnach organische Gewinne. Ferner Gewinne aus Geschäften, die dem Betrieb nicht natürlicherweise gehören, z. B. Effektengeschäfte in Waren- und Fabrikationsgeschäften, der Gewinn aus gelegentlichen Geschäften, wenn Gelegenheitsgeschäfte nicht betriebseigene Geschäfte sind. Das sind anorganische Erträge. Die wichtigsten anorganischen Erträge sind: Erträge aus Beteiligungen, Zinsen, außerordentliche Erträge und Auflösung von Rückstellungen, Auflösungen von gesetzlichen Rücklagen und außerordentliche Zuwendungen (§ 132, II, 2—6 Akt.-Ges.).

Die Höhe des Reinertrages ist aber nicht nur von den Erlösen abhängig, den wirklich durch Umsatz realisierten Betriebsleistungen, sondern auch von den Beständen: den noch nicht realisierten Betriebsleistungen (Fertigfabrikate), den in Fabrikation befindlichen und den der Bearbeitung harrenden Werkstoffen, ja sogar von den Beständen an Anlage- und sonstigem Betriebskapital. Hier tritt die so wichtige Frage der Wertung der Bestände in Erscheinung, die von entscheidender Bedeutung für die Höhe des Bruttoertrages ist. Je höher die Bestände angesetzt werden, desto höher der Bruttoertrag. Es kommt hierbei auf die Unterscheidung von realisierten und nichtrealisierten Gewinnen an. Es ist Auffassungssache, ob man nichtrealisierte (durch Bewertung entstandene) Gewinne als Gewinne überhaupt ansehen will; ferner ob für alle Teile des aktiven Kapitals die gleiche Bewertung angezeigt erscheint.

Es ist betriebswirtschaftlicher Grundsatz, daß noch nicht realisierte Gewinne nicht verteilt werden dürfen. Eine zweite Frage ist es, ob sie auch nicht ausgewiesen werden sollen. Dies ist eine Frage der Wertung und der Bilanzauffassung. Theoretisch richtig ist ein Gewinn, der allen Mehrwert im Augenblick der Errechnung ausweist, natürlich auch allen Minderwert (Verlust). Der theoretisch richtige Gewinn läßt keine stillen Reserven durch Unterbewertung der Aktiven, auch kein Gewinnverbergen durch Verbuchung unter Passiven zu. Er entspricht dem steuerlichen Gewinn mehr und geht aus der Steuerbilanz weit richtiger hervor als aus der Handelsbilanz. Es gibt freilich Gründe und vor allem Zwecke, vom theoretisch richtigen Gewinn Abstand zu nehmen und einen zwar weniger richtigen, aber dafür praktisch wertvolleren Gewinn zu erstreben. Es ist der bekannte Kompromiß zwischen Ideal und Wirklichkeit, der hier dem Grundsatz kaufmännischer Vorsicht entspringt.

Als Möglichkeiten der Wertung der Bestände ergeben sich folgende vier, die natürlich auch vier verschiedene Gewinnhöhen zur Folge haben:

1. zu Beschaffungspreisen — sie ist praktisch leicht durchführbar und hat den Vorteil der Sicherheit, weil das Prinzip des Beschaffungspreises das Buchhaltungswesen beherrscht. Aber diese Wertung ruht auf der Vergangenheit. Doch hat sie neben dem Vorteil der Sicherheit die beste Verbindung zum eingesetzten Geldkapital und zur Geldausgabe für die Beschaffung der Bestände;

2. zum Zeitwert, zu den Selbstkosten (nicht Verkaufswert) am Bilanztage. Hier treten zwei Schwierigkeiten ein: a) in der Erfassung der Bestände, b) in dem Ausweis nicht realisierter Gewinne. Letzterer kann freilich eliminiert und vor der Ausschüttung bewahrt werden;

3. zum Niederstwert (von den 2 konkurrierenden Werten: Beschaffungs- und Zeitwert, stets den niedersten). Er entspricht dem Prinzip der Vorsicht und dem Handelsrecht § 133 Akt.-Ges.

4. zum Ersatzwert am Tage der Wiederbeschaffungsnotwendigkeit. Hier fehlt die Sicherheit vollends.

Nach welchem dieser Wertungsgrundsätze der Gewinn auch errechnet ist, immer ist noch festzustellen, ob er ein echter Gewinn ist. Seine Quellen sind demnach: 1. Gewinn aus Umsatz (realisierter Gewinn); 2. Gewinn aus der Wertung der Bestände (nichtrealisierter Gewinn; Gewinn aus ruhendem Kapital). Von diesem Gewinn ist der unechte, der Scheingewinn zu unterscheiden. Unecht ist der Gewinn dann, wenn das ausgewiesene Mehr an Kapital, überhaupt das neu errechnete Gesamteigenkapital, gemessen an der Kaufkraft des Wertungsmaßstabes, keinen Zuwachs an Kapital darstellt.

Betrug z. B. das Kapital zu Beginn der Betriebsperiode 100 000 bei einem Index von 100 und das neue Kapital 150 000 bei einem Index von 200, besitzt demnach das neue Kapital nur einen Wert von 75 000, so ist statt eines vermeintlichen Gewinnes von 50 000 ein wirklicher Verlust von 25 000 vorhanden.

Scheingewinn und Scheinverlust sind stets dann vorhanden, wenn Geldwertschwankungen vorkommen. Die Ursachen für diese Schwankungen liegen entweder (wie fast immer) auf der Geldseite (Vermehrung des Geldumlaufes bei nicht entsprechender Zunahme des Güterumlaufes) oder auf der Warenseite (Verknappung oder Vermehrung der Waren bei gleichgebliebener Geldmenge). Beide Ursachen sind die Erzeuger von Scheingewinnen und Scheinverlusten. Für den Betrieb ist die Ursache der Schwankungen gleichgültig, nur die Tatsache der Preisschwankungen ist entscheidend. Der errechnete Gewinn wäre dann durch die Indexmark zu dividieren, um den echten Gewinn zu ergeben.

Sehr scharf faßt Schmidt diesen im Grunde güterorientierten Gewinn, wenn er ihn folgendermaßen formuliert: „Gewinn (Reinerfolg) der Unternehmung ist der Rest, der vom Verkaufserlös der umgesetzten Güter verbleibt, nachdem alle Ersatzkosten für die Einzelkostenteile der Erzeugung gedeckt sind. Von Erfolg kann (im Sinne der organischen Bilanz) nur dann gesprochen werden, wenn die Unternehmung durch den Erlös aus ihren Waren mindestens in der Lage ist, ihre relative Stellung in der Produktion der Gesamtwirtschaft zu behaupten."

In Zeiten großer Wertschwankungen ist das Problem der Scheingewinne und der Indexmarkrechnung von entscheidender Bedeutung. Es nimmt in dem Maße ab, als die Schwankungen geringer werden. Auch unter normalen Verhältnissen behält die Indexmark über große Zeitspannen ihre Bedeutung. Sie verliert sie unter normalen Verhältnissen in demselben Grade, wie die Länge der Perioden abnimmt, unter den heutigen Verhältnissen schon bei der Jahresrechnung.

Neben diesen Gewinnbegriffen ist wegen der Funktion im Betriebe die Unterscheidung in Betriebsgewinn und Marktgewinn wichtig. Der Betriebsgebarung entspricht in demselben Maße der Betriebsgewinn wie der Unternehmung der Marktgewinn. Ersterer ist ein Innen-, letzterer ein Außengewinn.

Er wird auch Unternehmungs- oder Konjunkturgewinn genannt.

Die Bedeutung des Betriebsgewinnes liegt darin, daß er Maßstab der Wirtschaftlichkeit des Betriebes ist, der Marktgewinn dagegen ist der Maßstab für das geschickte oder ungeschickte Operieren im Markt, im Geldkapital- und Gütermarkt.

Der Betriebsgewinn zeigt die Wirtschaftlichkeit, die Güte der Betriebsgebarung, der Organisation, der Verfahrensweisen, die Sparsamkeit an Material, an Lohnstunden, an Kraft und Licht, Hilfsstoffen u. a. Je größer der Ergiebigkeitsgrad der Aufwendungen, desto wirtschaftlicher arbeitet der Betrieb. Solche Betriebsgewinne gibt es nicht nur in Produktions-, sondern in allen Betrieben, auch in Verteilungs- (Waren- und Kreditverteilungs-) Betrieben, überall, wo mit Hilfe einer Technik ein Effekt erzielt wird und diese Technik gut oder schlecht, sparsam oder verschwenderisch geübt wird. Die Betriebsgewinne z. B. in den Banken, die sich aus der Umstellung auf Buchungsmaschinen, verstärkt durch verbesserte Verfahren, verbesserte Arbeitsvorbereitung, ergaben, waren beträchtlich.

Der Unternehmungsgewinn entspringt aus dem vorteilhaften Operieren in Geld- und Warenmarkt, dem guten Einkauf, dem vorteilhaften Verkauf in großen Mengen, zu vorteilhaften Preisen, der Geldaufnahme zu billigen Zinssätzen, den geringen Verlusten an Debitoren. Diese Gewinne können natürlich über die Wirtschaftlichkeit der Unternehmung nichts aussagen; denn sie sind gar nicht innen-, sondern außenbedingt, von der Konjunktur abhängig, von den Verhältnissen im Markt, mit denen sich eben die Unternehmung, nicht der Betrieb auseinanderzusetzen hat. In einer andern Wirtschaftsorganisation, etwa einer Planwirtschaft, wird ein solcher Gewinn gar nicht entstehen können, wohl aber in einer gelenkten Wirtschaft, die noch Möglichkeiten zu einem freien Disponieren auf dem Markte läßt.

Die einzelnen Gewinnarten ergeben folgendes Schema:

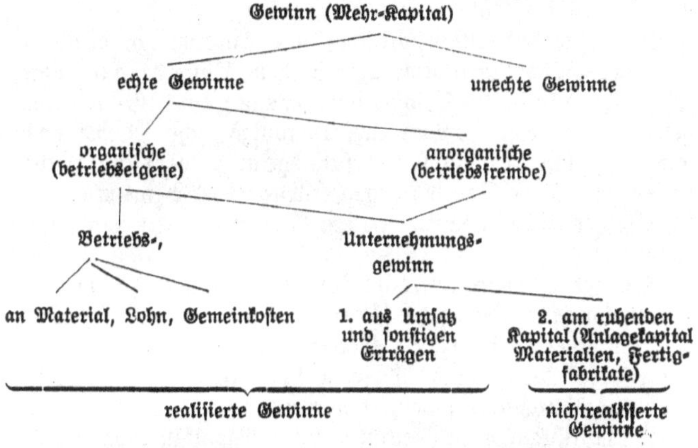

Die Funktion des Ertrages hat sich in der gelenkten Wirtschaft gegenüber der freien grundlegend gewandelt.

In der freien Wirtschaft war der Ertrag der Produktionsregler. Der Ertrag der letzten Schicht bestimmte den Produktionsumfang des einzelnen Betriebes. Der Ertrag des Grenzproduzenten entschied über Zuzug oder Abwanderung von einer Branche. Der Ertrag lenkte also inner- wie zwischenbetrieblich die Erzeugung.

In der gelenkten Wirtschaft hat der Ertrag diese beherrschende Rolle nicht mehr. Doch hat er nach wie vor seine wesentlichen wirtschaftlichen Funktionen.

Diese sind einmal produktionswirtschaftlicher Art und betreffen in erster Linie den einzelnen Betrieb. Der Ertrag hat dem Betriebe Kostendeckung und Betriebssicherung zu gewähren. Kostendeckung bedeutet Ersatz der Aufwendungen auf lange Sicht. Ohne diese ist eine kontinuierliche Produktion unmöglich. Betriebssicherung heißt die Bildung von Rücklagen. Auch ohne Rücklagen ist ein Betrieb auf die Dauer nicht existenzfähig.

Um seine produktionswirtschaftliche Funktion zu erfüllen, muß der Erlös (Bruttoertrag) also dem Betriebe auf lange Sicht die kalkulierten Selbstkosten zuzüglich eines Gewinnes gewähren. Dieser Gewinn darf allerdings nicht beliebig hoch sein, sondern es gibt hierfür gemeinwirtschaftliche Grenzen. Diese Grenzen liegen erstens in der Angemessenheit seiner Höhe, zweitens in der Anständigkeit seiner Erzielung.

Welcher Gewinn angemessen ist, kann nicht allgemein, sondern nur für die einzelne Branche gesagt werden. Je höher das Branchenrisiko (z. B. Modeabhängigkeit), um so höher der erforderliche Gewinn. Dieser Tatsache trägt auch der Preiskommissar Rechnung, indem er den einzelnen Branchen unterschiedliche, ihrem Risiko entsprechende Wagniszuschläge (gem. Ziffer 50 LSÖ.) zubilligt.

Ein Gewinn ist anständig erzielt, wenn er sich nicht auf Kosten der Gefolgschaft oder aus der Ausnutzung einer Not- oder Mangellage der Konsumenten, sondern aus den natürlichen Verhältnissen eines geordneten Marktes ergibt. Ein auf Kosten der Verbraucher oder gar der Gefolgschaft erzielter Gewinn ist gemeinschaftsschädigend und unmoralisch.

Der Ertrag hat neben der produktionswirtschaftlichen eine wesentliche finanzwirtschaftliche Aufgabe: einen Beitrag zur Deckung der Staatsausgaben zu liefern. Der Ertrag ist eine wesentliche öffentliche Einnahmequelle (Körperschafts-, Gewerbe-, Kapitalertragsteuer). Er ist als Steuerbemessungsgrundlage sogar besonders geeignet, und zwar deswegen, weil er den Grundsätzen unmittelbarer und gerechter Besteuerung weitgehend entspricht. Die Erzielung eines Ertrages darf daher nie allein unter einzelwirtschaftlichen, sondern muß immer zugleich unter gesamtwirtschaftlich-steuerlichen Gesichtspunkten gesehen werden.

Schließlich hat der Ertrag noch eine wesentliche volkswirtschaftliche Funktion. Er hat zu einer gerechten Einkommensverteilung beizutragen. Ebenso wie der Arbeiter muß der Unternehmer eine seiner Leistung entsprechende Vergütung erhalten. Die besondere Leistung des Unternehmers liegt in seiner Markt- und Betriebsdisposition, in dem Risiko seines Kapitaleinsatzes, seinem Unternehmerwagnis. Den Entgelt hierfür gibt ihm der Ertrag. Leistung und Entgelt müssen einander entsprechen, das ist beim Unternehmer nicht anders als beim Arbeiter. Auch diese volkswirtschaftliche Funktion kann der Ertrag natürlich nur erfüllen, soweit er anständig erzielt und seine Höhe angemessen ist.

b) Die Ertragsrechnung.

α) Die Ertragsermittlung.

Die Ermittlung des Ertrages geschieht normalerweise am Ende einer Rechnungsperiode durch Abschluß der Buchhaltung und durch Inventur. Das führt im Rahmen der doppelten Buchhaltung zur Aufstellung einer Bilanz und Gewinn- und Verlustrechnung. Beide dienen der Erfolgsermittlung, jedoch auf verschiedenen Wegen und von verschiedenen Größen ausgehend.

Die Gewinn- und Verlustrechnung, als die primäre Erfolgsrechnung, ermittelt den Erfolg aus der Gegenüberstellung von Aufwänden und Erträgen einer Periode. Als Saldo ergibt sich der Reinertrag: auf der Habenseite des Gewinn- und Verlustkontos ein Gewinn, auf der Sollseite ein Verlust. Die Gewinn- und Verlustrechnung läßt die Entstehung des Ertrages aus dem Produktionsprozeß des Betriebes erkennen (Einsatz von Kosten, Ausbringung von Leistungen), gewährt ferner einen Einblick in die Ertragsquellen (organische, anorganische Erträge). Ihre Erkenntniskraft ist von der Untergliederung der einzelnen Aufwands- und Ertragspositionen abhängig. Für Aktiengesellschaften schreibt der § 132 Akt.-Ges. eine Mindestgliederung vor.

Die Bilanz ermittelt den Erfolg aus den Beständen. Sie ist eine Gegenüberstellung von Vor- und Nachleistungen des Betriebes auf Grund von Einnahmen und Ausgaben. Diese sind noch nicht zu Aufwänden bzw. Erträgen geworden, sondern warten noch auf ihre Auslösung durch den Betriebsprozeß. Die Bilanz ist zur Erfolgsermittlung nicht unbedingt notwendig, sie ist lediglich ein wirksames Kontrollmittel der Gewinn- und Verlustrechnung. Notwendig und von Einfluß auf die Erfolgsermittlung ist dagegen die Wertung der Bestände. Diese hat unter dem Gesichtspunkt eines maßstäblichen und vergleichbaren Gewinnes zu geschehen. Oberste Wertungsgrundsätze sind daher die der Vergleichbarkeit (richtige Periodisierung von Aufwänden und Leistungen, kein willkürlicher Wechsel in den Wertungsmethoden) und Kontinuität (fortgesetzte Folge von Bilanzen, aufgestellt nach gleichen formalen und materiellen Grundsätzen), neben denen der Vorsicht (kein Ausweis unrealisierter Gewinne), der Klarheit (ausreichende Gliederung und deutliche Bezeichnung) und der Wahrheit (Erfassung aller Bestände zu richtigen Werten).

Die Errechnung des Ertrages kann langfristig (Jahresschlußbilanz) oder kurzfristig erfolgen. Kurzfristig bedeutet für die meisten Betriebe, vor allem Fabrikationsbetriebe, monatlich, während für Warenhandels- und besonders Bankbetriebe eine noch kürzere Periode möglich und auch gebräuchlich ist. Doch sind tägliche Erfolgsbilanzen auch im Bankbetriebe sehr selten, während tägliche Bestandsermittlungs- (Summen- und Saldo-) Bilanzen hier die Regel sind. Die Schwierigkeit der kurzfristigen Bilanzen liegt in der Erfassung der Bestände, die man daher buchhalterisch, durch Ausschaltung der gemischten Konten und durch Skontren, zu lösen versucht. Die kurzfristige Erfolgsrechnung muß aber trotz aller Schwierigkeiten deswegen angestrebt werden, weil es, genau wie im zyklischen Verlauf der Wirtschaft, auf den Punkt ankommt, an dem die Wendung geschieht. Bei der kurzfristigen Erfolgsrechnung ist es daher auch wichtig, daß die Betriebs- und Unternehmungsgewinne getrennt ausgewiesen werden.

So scharf man nun die Begriffe beider Gewinnarten feststellen kann, so schwierig ist es, die Scheidung praktisch durchzuführen. Eine Möglichkeit hierzu ist die Verrechnung zu festen Verrechnungspreisen während einer längeren Betriebsperiode und die Verbuchung der Differenz zwischen Verrechnungspreis und Anschaffungs- oder Tageswert der einzelnen Kostenteile über Unternehmungserfolgskonto. Dies gilt nicht nur für Materialpreisdifferenzen, sondern für alle Kostenteile. Die Schwankungen des Beschäftigungsgrades erscheinen dann natürlich auf Unternehmungserfolgskonto. Auf diese Weise erhält man vergleichbare Aufwände und Leistungen, vergleichbare Gewinne, die sowohl für den Zeitvergleich eines Betriebes als auch für den Vergleich verschiedener Unternehmungen einer Branche von Bedeutung sind.

Ein noch besseres Mittel zur Scheidung von Betriebs- und Unternehmungserfolg und zur Erkenntnis der einzelnen Erfolgsquellen sind Plankosten. Diese geben nicht nur, wie Verrechnungspreise, einen relativen, sondern einen absoluten Maßstab, da sie als wissenschaftlich ermittelte Normkosten den Maßstab in sich tragen. Durch Vorgabe praktischer, d. h. den jeweiligen Beschäftigungslagen entsprechender Plankosten an die einzelnen Kostenstellen als selbständige Verantwortungsbereiche und Analyse der Abweichungen auf ihre Ursachen (Verbrauchs-, Beschäftigungs- und Preisabweichungen) besteht die Möglichkeit, den Erfolg nach Arten und Quellen getrennt genauestens zu erfassen.

Die kurzfristige Erfolgsrechnung, vor allem soweit sie sich in der fein ausgebauten Form der Plankostenrechnung vollzieht, geschieht vielfach nicht mehr innerhalb des Systems der Doppik, sondern mit Hilfe der Statistik oder in freier Nebenrechnung. Die Doppik ist zu starr, als daß ihre Anwendung in allen diesen Fällen zweckmäßig wäre. Sie hat zwar stets den Vorteil der Zwangsläufigkeit und automatischen Kontrolle für sich, doch gibt es auch andere Methoden, die die Zuverlässigkeit der Rechnung ausreichend gewährleisten.

β) Die Analyse des Ertrages.

Die Analyse des Ertrages hat die Aufgabe der Betriebsdurchleuchtung. In Verbindung mit der Kostenanalyse dient sie der Kontrolle der Betriebsgebarung und Betriebsentwicklung in der vergangenen Rechnungsperiode. Ihr hauptsächliches Hilfsmittel sind Kennziffern, das sind Verhältnisziffern von charakteristischen Betriebsgrößen, insbesondere Aufwands-, Ertrags- und Bestandsgrößen.

Die wichtigste Ertragskennziffer ist die Wirtschaftlichkeit, die an dem Verhältnis von Bruttoertrag zu Aufwand einer Periode gemessen wird. An die Stelle des Ertrages treten, wenn der Ertrag nicht zu ermitteln ist, was vor allem für die innerbetriebliche Kontrolle von Teil- und Zwischenleistungen (Abteilungs-, Stellenkontrolle) zutrifft, maßstäbliche Aufwandsgrößen, so z. B. die Sollkosten (Plankostenrechnung), die Kosten eines anderen Betriebes (Betriebsvergleich) oder einer anderen Periode (Zeitvergleich). Daher ist die Kostenanalyse die unentbehrliche Ergänzung und Weiterführung der Ertragsanalyse auf dem Wege zur Wirtschaftlichkeitsmessung und Wirtschaftlichkeitskontrolle.

Scharf von der Wirtschaftlichkeit ist die zweite, für den Betrieb ebenfalls aufschlußreiche Ertragskennziffer zu scheiden, die Rentabilität. Diese kann entweder als Eigenkapitalrentabilität an dem Verhältnis von Reinertrag zu Eigenkapital oder als Gesamtkapitalrentabilität an dem Verhältnis von Reinertrag + Fremdkapitalzinsen zu Gesamtkapital gemessen werden.

Beispiel: Aufwand	450 000	(davon Fremdkapitalzinsen 32.500)
Reinertrag	50 000	
Bruttoertrag	500 000	
Eigenkapital......	1 000 000	
Fremdkapital	500 000	
Gesamtkapital	1 500 000	

1. Wirtschaftlichkeit ..... $= \frac{500\,000}{450\,000} = 1.1$

2. a) Eigenkapitalrentabilität ... $= \frac{50\,000 \times 100}{1\,000\,000} = 5\%$

   b) Gesamtkapitalrentabilität .. $= \frac{82\,500 \times 100}{1\,500\,000} = 5.5\%$

Die Wirtschaftlichkeit (Ökonomität) ist der Ergiebigkeits- und Sparsamkeitsgrad bei der Erstellung einer Leistung. Sie zeigt die Erfüllung des wirtschaftlichen Prinzips bei der Erreichung eines wirtschaftlichen Zieles. Der Wirtschaftlichkeit ist der technische Wirkungsgrad vorgelagert: Erfüllung des Prinzips des kleinsten Mittels in technischer Hinsicht, d. i. Erzielung einer Leistung mit dem vergleichsweise geringsten Aufwand. Die technische Ergiebigkeit, die mengenmäßig absolut einwandfrei meßbar ist, geht der Wirtschaftlichkeit oft parallel, aber nicht immer. Das technisch wirtschaftlichste Verfahren ist nicht das ökonomischste, wenn dem Mengenergebnis keine entsprechende Verwertungsmöglichkeit gegenübersteht. Meist ist zur technisch größten Ergiebigkeit ein Kapitaleinsatz und eine Betriebsgröße notwendig, die zu hohe Kapitalkosten, Überkapazität und zu große Betriebsstarrheit zur Folge haben, während die hohe Wirtschaftsdynamik elastische Betriebsweisen verlangt. So war zeitweilig in der deutschen Landwirtschaft die intensive Bewirtschaftung trotz bester Mengenergebnisse unwirtschaftlich, während die extensive, technisch rückständige Wirtschaftsweise dem Betrieb dienlicher war. Die Elektrifizierung der Eisenbahn, wobei die wirtschaftlichste Verwendung der Kohle erzielt wird, ist an vielen Stellen unwirtschaftlich und der Dampflokomotive wirtschaftlich unterlegen.

Die Wirtschaftlichkeit ist ein Begriff der Art der Werkverrichtung und der Betriebsdisposition. Sie ist etwas Innerbetriebliches, wenngleich es auch ein wirtschaftliches Verhalten dem Markt gegenüber gibt: Zeiten und Mengen des Einkaufs, Methoden des Vertriebes und der Reklame. Dagegen ist die Rentabilität ein Begriff der Finanzierung, des Kapitaleinsatzes. Die Rentabilität zeigt dem Betriebe die Höhe der erwirtschafteten Kapitalverzinsung. Diese ist zwar für den Betrieb wichtig, aber keineswegs ausschlaggebend und auch keinesfalls Betriebsziel, wofür sie von den Betrieben in der ungelenkten Wirtschaft, in Verkennung ihrer eigentlichen Wirtschaftsaufgabe, vielfach angesehen wurde.

Die Rentabilität ist vielmehr lediglich ein Maßstab für die Kapitalerhaltung und Kapitalsicherung. Das Kapital ist betriebsnotwendig, daher muß es erhalten werden. Es ist ferner Risiken ausgesetzt, daher muß es gesichert werden. Dies geschieht durch die Kapitalrente in Form des Reinertrages. Ist ein solcher nicht oder nicht in der erforderlichen Höhe erzielt, so muß entweder die Kapitalbasis verringert oder die Intensität der Kapitalnutzung, d. h. die Wirtschaftlichkeit, gesteigert werden.

Technische Ergiebigkeit, Wirtschaftlichkeit und Rentabilität sind zwar verschiedene Begriffe, gehören durchaus verschiedenen Sphären an: der Werkverrichtung, dem gesamten Innenbetrieb und der gesamten Unternehmung und dem Markt; sie stehen aber doch in Beziehung zueinander: der technische Wirkungsgrad beeinflußt Wirtschaftlichkeit und Rentabilität; er hat aber zum Markt gar keine Beziehung, während Wirtschaftlichkeit schon mehr und die Rentabilität am meisten marktbeeinflußt sind. Die Wirtschaftlichkeit beeinflußt die Rentabilität, bedingt sie aber nicht. Ein Betrieb kann sogar sehr rentabel und zugleich unwirtschaftlich sein. Naturgemäß wäre er noch rentabler, wenn er zugleich wirtschaftlich wäre. Die Wirtschaftlichkeit trägt daher zur Rentabilität bei und ist ihr normalerweise vorgelagert. Die Rentabilität bedingt weder die Wirtschaftlichkeit, noch ist sie ein Maßstab für sie.

Abgesehen von den erwähnten gibt es eine Reihe weiterer Betriebskennziffern, die für eine Ertragsanalyse außerordentlich aufschlußreich sind. Die wichtigsten werden nachfolgend genannt:

3. $\frac{\text{Reinertrag}}{\text{Umsatz}}$ = Umsatzgewinn

4. $\frac{\text{Bruttoertrag}}{\text{Umsatz}}$ = Umsatzbruttogewinn

5. $\frac{\text{Aufwand}}{\text{Umsatz}}$ = Umsatzbelastung

6. $\frac{\text{Aufwand}}{\text{Bruttoertrag}}$ = Betriebskostenkoeffizient

7. $\frac{\text{Umsatz}}{\text{Durchschnittl. Lager}}$ = Umschlagskoeffizient

8. $\frac{\text{Umsatz}}{\text{Gesamtkapital}}$ = Kapitalumschlag

9. $\frac{\text{Anlagekapital}}{\text{Umsatz}}$ = Kapitalintensität

10. $\frac{\text{Anlagekapital}}{\text{Gesamtkapital}}$ = Kapitalintensität

11. $\frac{\text{Eigenkapital}}{\text{Fremdkapital}}$ = Verschuldungskoeffizient

12. $\frac{\text{Fremdkapital}}{\text{Gesamtkapital}}$ = Anspannungskoeffizient.

IV. Die gestaltenden Betriebskräfte.

1. Die Arbeit als tragende Betriebskraft.

a) Mensch und Menschenführung im Betriebe.

Der Betrieb ist eine technisch-ökonomisch-soziale Einheit, eine Welt der Menschen und der Sachen.

Im Kapitalismus herrschte die Sachwelt, der Mensch war ein Mittel zum Zweck. Im deutschen nationalen Sozialismus steht der Mensch im Mittelpunkte des Betriebes, die Sachen sind nur technische Hilfsmittel; der Mensch hat sie zu beherrschen und meisterhaft zu führen.

Der Betrieb ist heute nicht mehr aufzufassen als Organisation von Kapital und Arbeit, sondern als „eine zu einer Führungseinheit zusammengeschlossene betriebliche Mannschaft, die die Sachwelt beherrscht und meistert" (Arnhold). Aus diesen Zusammenhängen entsteht das Problem des Menschen und der Menschenführung im Betriebe. Es umfaßt

a) eine politische,
b) eine wirtschaftliche Aufgabe.

Zu a.

Der Betrieb ermöglicht die Erfüllung des Rechtes auf Arbeit, aber nur der Betrieb in der Auffassung als Leistungsgemeinschaft. Die Erfüllung des Rechtes auf Arbeit durch den Betrieb bedeutet aber die Lösung der sozialen Frage. Diese verlangt Erfüllung folgender berechtigter Forderungen des Arbeiters:

1. zufriedenstellende, der Eignung entsprechende Arbeit;
2. angemessene Arbeitszeit und ausreichenden Urlaub;
3. auskömmlichen, gerechten Lohn;
4. Aufstiegsmöglichkeit;
5. menschenwürdige Behandlung;
6. Sicherung vor Arbeitslosigkeit;
7. Versorgung bei Krankheit, Invalidität und im Alter.

An der Erfüllung dieser Rechte ist der Betrieb entscheidend beteiligt. Nur mit ihm zugleich ist daher die Lösung der sozialen Frage möglich. Der Betrieb ist eben nicht mehr Arbeitsstätte im Sinne des Kapitalismus, sondern eine Gemeinschaft von Betriebsführer und Gefolgschaft zum Zwecke der Leistungserstellung.

Die soziale Frage ist aber eine eminent politische Frage; denn die Erzielung von Ruhe, Ordnung und Zufriedenheit vom Betriebe aus bedeutet Sicherung des Staates. Die Gefolgschaft des Betriebes ist ja nur ein Teil der größeren Volksgemeinschaft; die echte Betriebsgemeinschaft ist die sicherste Grundlage auch einer wahren Volksgemeinschaft. Das macht aus dem Betriebe eine organische Einheit, die ihren letzten Sinn im Staate hat.

Im Kapitalismus herrschte ein Gegensatz zwischen Unternehmer und Arbeiter. Der Unternehmer war unumschränkter Herr seines Betriebes, der Arbeiter lediglich eine bezahlte Arbeitskraft. Das Kapital stand im Mittelpunkte, die Maschine war des Menschen Feind. In dieser Atmosphäre entstand die Idee des Klassenkampfes und vergiftete das gesamte soziale Leben und gefährdete die Grundlagen des Staates; denn im Betriebe entstanden die sozialen Spannungen. Sie führten zu schweren wirtschaftlichen Kämpfen und brachten Volk und Staat in Gefahr.

Im nationalen Sozialismus besteht kein Gegensatz zwischen Unternehmer und Arbeiter. Der Unternehmer ist lediglich Treuhänder des Volksvermögens, nicht Herr des Arbeiters. Aber auch zwischen Mensch und Maschine besteht heute kein Gegensatz. Die Maschine ist Dienerin des Menschen, um ihm bessere und größere Leistungen zu ermöglichen und ihm schwerste und unangenehme Arbeiten abzunehmen.

Dieses veränderte Verhältnis drückt das Gesetz zur Ordnung der nationalen Arbeit im § 1 folgendermaßen aus: „Im Betriebe arbeiten der Unternehmer als Führer des Betriebes und die Arbeiter als Gefolgschaft gemeinsam zur Förderung des Betriebszweckes und zum gemeinsamen Nutzen von Volk und Staat." Hierin ist überaus klar die veränderte Stellung des Arbeiters im Betriebe ausgedrückt; hierin ist aber auch die besondere Aufgabe des Betriebsführers dargelegt, die sich nicht mit der Zahlung des Lohnes erledigt, sondern ihm noch eine besondere Aufgabe stellt; und diese ist seine erste Aufgabe: die der betrieblichen Menschenführung. Diese Aufgabe erwächst ihm aus der nationalsozialistischen Arbeitsidee, die die Arbeit folgendermaßen erfaßt:

Arbeit als betrieblichen Mittelpunkt:
Arbeit als produktiven Beitrag des Betriebes zum gemeinsamen Nutzen von Volk und Staat:
Arbeit als Gemeinschaftsleistung von Betriebsführer und Gefolgschaft:
Arbeit als Beherrscherin der Maschine:
Arbeit als betriebliche Leistung, entgolten durch gerechten Leistungslohn.

Die Erfüllung dieser Aufgabe obliegt dem Unternehmer als Betriebsführer und ihm allein, nicht dem „Personalchef". Ihr gerecht zu werden, ist Sache der Persönlichkeit, der Einfühlung, des Taktes. Eine rezeptmäßige Anwendung ist unmöglich; denn hier handelt es sich um eine Frage der Menschenbehandlung. Menschenbehandlung aber ist eine Gabe: sie muß angeboren sein; sie ist nicht erlernbar.

Dagegen gibt es eine Technik der Menschenführung, die lehrbar und erlernbar ist. Wichtige Grundsätze nationalsozialistischer Arbeitsführung sind folgende:

1. Die Arbeitsführung muß der Artgemäßheit des Arbeiters und der menschlichen Eigengesetzlichkeit entsprechen. Hilfsmittel ihrer Erkenntnis sind Psychologie, Physiologie und Eignungsprüfungen.
2. Menschliche und betriebliche Bedingtheit müssen aufeinander abgestimmt sein: Erforschung der Arbeitsbestverfahren und organische Betriebsgestaltung vom Menschen aus, nicht von der Maschine.
3. Im Betriebe muß die Anordnungsbefugnis (Befehlsgewalt) geklärt und scharf abgegrenzt sein. Autorität und Verantwortung müssen einander entsprechen. Im ersten Falle erzeugen die entstehenden Reibungen Spannungen, im Arbeiter Unsicherheit, im zweiten Falle Berufsunlust und Minderleistung.
4. Gute Menschenbehandlung verlangt:
   a) leistungsentsprechenden Lohn,
   b) Aufstiegsmöglichkeit,
   c) Achtung vor dem Arbeiter und seiner Leistung.
5. Zur Vollbringung guter Leistungen ist Berufserziehung und Fortbildung, Schulung und Förderung von Nachwuchs nötig.

6. Der **Betriebsführer** muß „Mensch" sein: menschlich fühlen und mit dem Arbeiter empfinden, gerecht, beherrscht und besonnen, selbstkritisch und verantwortungsbewußt sein. Die Ehre des Arbeiters muß er achten wie die seine. Sein Vorbild ist das wichtigste betriebliche Erziehungsmittel.
7. Der **Arbeiter** muß Anhänglichkeit und volle Einsatzbereitschaft besitzen. Gefolgschaftstreue des Arbeiters entspricht durchaus der Fürsorgeverpflichtung des Betriebsführers.
8. Besondere **Führungsmittel** sind Betriebsappelle, Betriebsbesprechungen, Werkzeitung, Schönheit der Arbeit und Freizeitgestaltung (KdF.).

„Betrieben, in denen der Gedanke der nationalsozialistischen Betriebsgemeinschaft im Sinne des Gesetzes zur Ordnung der nationalen Arbeit und im Geiste der Deutschen Arbeitsfront vom Führer des Betriebes und seiner Gefolgschaft auf das vollkommenste verwirklicht ist, kann die Auszeichnung „Nationalsozialistischer Musterbetrieb" verliehen werden" (Verfügung des Führers vom 29. 8. 1936).

Zu b.

Die **wirtschaftliche** Aufgabe der betrieblichen Menschenführung besteht in dem Einsatz der Leistungsgemeinschaft zur **optimalen Leistungserstellung**: zur Produktion. Aufgabe ist hier höchste Leistung, Mittel hierzu eine gute **Organisation der Arbeit** und **Zahlung gerechter Löhne**. Es kann niemals wirtschaftliche Aufgabe sein, Löhne zu senken, wohl aber den **Lohnanteil** an den Gesamtkosten durch erhöhte Produktion zu ermäßigen.

Die wirtschaftliche Aufgabe der Menschenführung hat eine ökonomische Grenze im Ertrage des Betriebes. Kein Betrieb kann in seinen sozialen Leistungen über den Ertrag hinaus, ja nicht einmal bis zur Ertragsgrenze gehen, da er, auch um des Arbeiters willen, einen Teil des Ertrages zur Betriebssicherung zurückhalten muß. Aus diesen Zusammenhängen ergeben sich die betrieblichen Grenzen für Lohn und soziale Zuwendungen. Es bestände auch noch eine Möglichkeit weiterer wirtschaftlicher Leistungen für die Gefolgschaft: die Erhöhung der Preise.

Hierbei würde zugunsten einer Volksgruppe die Gesamtheit des Volkes als Konsumenten geschädigt, und das Preisgefüge überdies in Unordnung gebracht werden. Die Maßnahme der Preiserhöhung darf daher nicht getroffen werden, so daß die soziale Leistungsgrenze für den Betrieb von vornherein fest gezogen ist.

Und selbst diese Leistungsgrenze kann nur eingehalten werden, wenn der Ertrag entsprechend ist, d. h. wenn die Leistungen des Arbeiters hoch genug sind. Betriebsleistungen für den Arbeiter und Leistungen des Arbeiters für den Betrieb müssen einander entsprechen. Im Betriebe herrscht daher ein ausgesprochenes Gegenseitigkeitsverhältnis, ein do ut des ausgeprägtester Art. Darum ist der Betrieb auf dem Leistungsprinzip aufgebaut und darum muß der Lohn leistungsgerechtfertigt sein.

Gute Organisation der Arbeit und ihre gerechte Entlohnung, beide sich aus der wirtschaftlichen Aufgabe der Menschenführung ergebend, sollen in den beiden nächsten Abschnitten behandelt werden.

b) Organisation der Arbeit.

Organisation der Arbeit ist optimaler Einsatz des Menschen im Betriebe, planvolle Zusammenfassung der Gefolgschaft zu arbeitsfähigen Gruppen und organischer Einheit und zweckmäßige Zuordnung von Mensch und Sache zu gemeinsamer Leistung.

Der Zweck der Organisation der Arbeit ist

1. klare Abgrenzung der Anordnungsbefugnisse und der Disziplinargewalt, dadurch möglichste Vermeidung von Reibungen und Spannungen im Betriebe und damit Erzeugung von Arbeits- und Berufsfreude;
2. Festigung des Bewußtseins der Sicherheit und der Betriebsfürsorge;
3. die Bestgestaltung der Arbeit, um Bestleistungen zu ermöglichen.

Die Organisation der Arbeit umfaßt daher zwei Gebiete:

1. das Verhältnis von Mensch zu Mensch,
   a) das Vorgesetzten-Untergebenenverhältnis; die Anordnungsbefugnis und die Ausführungspflicht; die vertikale Betriebsgliederung,
   b) die sozialpolitische Selbstordnung;
2. das Verhältnis von Mensch zur Sache: die Bestgestaltung der Arbeit.

Das erste Aufgabengebiet der Organisation der Arbeit ist Ordnung des Verhältnisses von Mensch zu Mensch. Die beste Lösung des Problemes der vertikalen Gliederung des Betriebes tritt hier vordringlich auf. Da dieses Problem eine Grundfrage der Organisation an sich ist, wird es nicht hier, sondern bei der Organisation (S. 145) behandelt.

Die zweite Teilaufgabe des Mensch zu Mensch-Verhältnisses ist die sozialpolitische Selbstordnung, die Sozial- und Arbeitsverfassung. So bewußt im Betriebe das Führerprinzip beim Unternehmer und beim Betriebsführer durchgeführt wird, weil ein klarer Führerwille zur Bestleistung unentbehrlich ist, so bewußt die Beschaffungs-, Produktions- und Vertriebspolitik innerhalb des gesetzlichen Rahmens vom Unternehmer und ihm allein durchgeführt wird, so bewußt und klar ist die Gefolgschaft als sozialpolitisch integrierender Bestandteil des Betriebes anzuerkennen und entsprechend zu behandeln.

Um ein vertrauensvolles Zusammenarbeiten zwischen Betriebsführer und Gefolgschaft zu erreichen und die sozialen Spannungen, die sich leicht ergeben können, schon im Betriebe auszuschalten oder wenigstens zu schlichten, sieht das AOG. (§ 17) einen Vertrauensrat vor, der Betriebsführer und Gefolgschaft zusammenfaßt. Gehören zu einem Unternehmen mehrere Werke, wird aus den Vertrauensräten ein gemeinsamer Beirat gebildet. Die Aufgabe des Vertrauensrates ist, eine echte Betriebsgemeinschaft, ein enges Vertrauensverhältnis schaffen zu helfen und das Treueverhältnis zu festigen. Insbesondere soll er helfen, die vom Betriebsführer zu erlassende

Betriebsordnung (enthaltend Bestimmungen über Arbeitszeit, Lohnformen, Kündigung, Bußen usw.) durchzuführen.

Dem Vertrauensrat zur Seite steht der Betriebsobmann als Sachwalter der Deutschen Arbeitsfront (DAF.).

Zur Stützung der betrieblichen Sozialverfassung wird ein soziales Ehrenstrafrecht entwickelt. Der § 35 AOG. enthält die Grundnormen für das soziale Handeln:

„Jeder Angehörige einer Betriebsgemeinschaft trägt die Verantwortung für die gewissenhafte Erfüllung der ihm nach Stellung innerhalb der Betriebsgemeinschaft obliegenden Pflichten. Er hat sich durch sein Verhalten der Achtung würdig zu erweisen, die sich aus seiner Stellung in der Betriebsgemeinschaft ergibt. Insbesondere hat er im Bewußtsein seiner Verantwortung seine volle Kraft dem Dienste des Betriebes zu widmen und sich dem gemeinen Wohle unterzuordnen."

Sein Inhalt wird durch die im § 2 AOG. niedergelegten Grundpflichten jedes werktätigen Deutschen ergänzt:

„Der Betriebsführer hat für das Wohl der Gefolgschaft zu sorgen; diese hat ihm die in der Betriebsgemeinschaft begründete Treue zu halten."

Klage wegen Verstoßes gegen die soziale Ehre kann vor den sozialen Ehrengerichten in folgenden vier Fällen gröblicher Verletzung erhoben werden (§ 36 AOG.):

1. böswillige Ausnutzung der Arbeitskraft und Ehrenkränkung der Gefolgschaft unter Ausnutzung der Machtstellung durch den Unternehmer, Betriebsführer und Aufsichtspersonen;
2. böswillige Störung des Arbeitsfriedens;
3. unbegründete Beschwerdeführung beim Treuhänder der Arbeit oder hartnäckiger Widerstand gegen seine Anordnungen;
4. unbefugte Offenbarung vertraulicher Mitteilungen oder Betriebsgeheimnisse durch Vertrauensratsmitglieder.

Hiermit ist das Arbeitsgebiet der sozialen Ehrengerichte abgegrenzt. Neben diesen bestehen noch berufsständische Ehrengerichte, die durchaus in der Lage sind, die sozialen Ehrengerichte zu unterstützen.

Alle diese Einrichtungen verfolgen das Ziel, den Arbeitsfrieden zu wahren und die sozialen Fragen vom Betriebe aus lösen zu helfen, im Verein mit den staatlichen sozialen Organen: dem Treuhänder der Arbeit und der Sozialversicherung, ein Weg, der mehr Erfolg verspricht als die sozialpolitischen Einrichtungen der vergangenen Epoche.

Die weitere Aufgabe der Organisation der Arbeit ist die Bestgestaltung der Arbeit. Sie ordnet das Verhältnis von Mensch zur Sache, aber vom Menschen aus gesehen. Die Bestgestaltung der Arbeit ist das Problem der wissenschaftlichen Betriebsführung. Sie ist zuerst von Taylor (für allerdings noch primitive Verhältnisse) entwickelt worden. Hierbei handelt es sich um etwas Vierfaches:

1. um optimalen Einsatz des Menschen entsprechend seiner Eignung;
2. Bereitstellung zweckentsprechender Werkzeuge und Maschinen sowie Arbeitsräume (Licht, Luft, Reinlichkeit);
3. Analyse der Arbeit durch Zerlegung des Produktionsprozesses in einzelne Elemente, um überflüssige Arbeiten und unzweckmäßige Bewegungen zu erkennen und auszuschalten, die zweckvolle Aufeinanderfolge festzustellen und die Zeitdauer zu messen;
4. Kontrolle der Arbeitsausführung zur Feststellung der Leistung.

Im Grunde ist wissenschaftliche Betriebsführung systematische Durchdringung des gesamten Betriebsprozesses nach wissenschaftlichen und praktisch erprobten Methoden: Betriebsorganisation, Arbeitsvorbereitung und Arbeitsstudien.

Zunächst gehört zu wissenschaftlicher Betriebsführung vor allem planvolle Gestaltung der Betriebsorganisation: der Lagerhaltung, des Fertigungsverfahrens, der Raumanordnung, der Aufstellung der Maschinen und Apparate, der Ausstattung der Arbeitsplätze, der Ausgestaltung des Formularwesens. Diese Maßnahmen sind alle mehr oder weniger einmalig. Betrachten wir hier nur die Frage der rationalen Raumanordnung und Arbeitsplatzausstattung.

Die Arbeitsplätze, Abteilungen und Teilbetriebe müssen so angelegt sein, daß sie das zweckmäßigste Zusammenarbeiten mit den vor- und nachgeordneten Abteilungen und mit der Außenwelt ermöglichen, daß Transportwege und -zeiten gespart werden. Hier schafft den besten Einblick in Zweckmäßigkeit und Unzweckmäßigkeit ein Ablaufdiagramm. Durch die Anordnung der Räume wird das Arbeitsverfahren beeinflußt, oft das natürliche Verfahren verschlossen.

Bei der Anordnung der Räume ist die Beschleunigung der Materialbewegung, Heranbringung des Arbeitsgegenstandes an die Bearbeitungsstelle und die Bearbeitungsmaschine die leitende Idee. Die selbsttätige, mechanische Fördereinrichtung, wie wir sie in der Fließarbeit sehen, zeigt die beste Lösung.

Die Ausstattung der Arbeitsplätze ist gleicherweise von organisationswissenschaftlichen Erkenntnissen geleitet. Vier Anforderungen sind es besonders, die sich aus den Lehren der Psychotechnik, vor allem der Aufmerksamkeits- und Bewegungslehre, ergeben: 1. die richtige Arbeitshöhe und Neigung des Tisches, 2. die Griffbereitheit der Arbeitsmittel, 3. ihre übersichtliche Anordnung, 4. beste Sichtbarkeit.

Im Gegensatz zur Betriebsorganisation, die mehr einmaliger Natur ist, umfaßt die Arbeitsvorbereitung nur laufende Maßnahmen. Arbeitsvorbereitung ist laufende planmäßige Lenkung des Kräfteeinsatzes durch entsprechende Weisungen und vorausschauende Maßnahmen, so daß der Arbeitsablauf reibungslos vor sich geht.

Die Bestgestaltungsidee der Arbeitsvorbereitung ist doppelter Art:

1. Planung, um reibungslosen Material- und Arbeitsfluß zu erzielen, Leerlauf und Doppelarbeit zu vermeiden und die wirtschaftlichen Verfahren zu bestimmen;
2. Arbeitszerlegung der vorbereitenden Maßnahmen zu selbständigen Hilfsfunktionen, um die eigentliche Arbeitsausführung zu erleichtern, zu beschleunigen und zu verbilligen (Trennung von Zubringer-, Einrichte- und Ausführungsarbeit).

Die Arbeitsvorbereitung läßt sich in folgende Teilgebiete gliedern:

1. Auftragsvorbereitung (Ausschreiben des Kunden- oder Werkauftrages);
2. Beschaffung der technischen Unterlagen;
3. Arbeitszeitermittlung;
4. Lagervorbereitung (Materialbereitstellung);
5. Werkstattvorbereitung (Menschen und Sachen);
6. Transport- und Versandvorbereitung;
7. Rechnungsvorbereitung.

Arbeitsstudien umfassen alle Verfahren zur wissenschaftlichen Erforschung optimaler Arbeitsausführung. Im Vordergrunde steht hier der Mensch: seine Eingliederung in den Produktionsgang, seine Führung und Beherrschung von Werkzeugen, Maschinen, Apparaten, insbesondere aber seine körperlichen und seelischen Reaktionen auf seine Tätigkeit, seine Arbeitsumgebung und die Länge der Arbeitszeit. Den Arbeitsstudien sollen exakte Messungen zugrunde liegen. Diese erstrecken sich auf Leistungs-, Anstrengungs- und Ermüdungsmessungen.

Nach dem Gegenstande ihrer Forschung erstrecken sich Arbeitsstudien auf

1. arbeitsphysiologische Studien,
2. arbeitspsychologische Studien,
3. Arbeitszeitermittlungen.

Dient die Arbeitsphysiologie der Erforschung der körperlichen Reaktionen auf Art, Gegenstand, Dauer und Umgebung der betrieblichen Tätigkeit, so die Arbeitspsychologie der Erforschung der seelischen Reaktionen. In das Gebiet der Arbeitspsychologie gehören vor allem die Eignungsprüfungen durch Tests (Testapparate) und Leistungsproben.

Arbeitszeitstudien dienen der Ermittlung von Normzeiten für die einzelnen Arbeitsverrichtungen. Ihr Zweck ist ein doppelter:

1. objektive Maßstäbe für Leistungslohn und Arbeitsüberwachung zu erhalten;

2. zuverlässige Unterlagen für zeitliche Planung, Auftragsterminierung und Arbeitsverteilung zu schaffen. Nach dieser Richtung besteht eine enge Beziehung zur Arbeitsvorbereitung.

Die Zeitstudie ist zweifellos die genaueste Methode der Arbeitszeitermittlung, viel genauer als Schätzungen, Berechnungen, Erfahrungswerte und Vergleiche. Der Refa (Reichsausschuß für Arbeitsstudien) nimmt für die Messung folgende Zeitgliederung vor:

Gesamtfertigungszeit: Tz

1 mal Rüstzeit: t r — z mal Stückzeit: t st

Rüstgrundzeit: t rg — Rüstverlustzeit: t rv — Grundzeit: t g — Verlustzeit: t v

Grundzeit t g: Hauptzeit: t h — Nebenzeit: t n

$$Tz = tr + z \cdot tst = trg + trv + z\,(th + tn + tv).$$

Eine andere bekannte Methode der Arbeitszeitermittlung ist das Bedeauxsystem. Diese ist aber zugleich ein Leistungsmeß- und Entlohnungssystem (besondere Art der Prämienberechnung und Leistungsentlohnung).

c) Arbeitslohn und seine Formen.

An den Lohn ist vor allem eine Forderung zu stellen: er muß gerecht sein. Gerechter Lohn ist Voraussetzung für Zufriedenheit der Arbeiter und hingebungsvolle Arbeit; er ist die wichtigste Vorbedingung wahrer Betriebsgemeinschaft. Aber gerade die gerechte Entlohnung menschlicher Arbeitsleistung gehört zu den schwierigsten Aufgaben, die dem Unternehmer gestellt werden können. Der gerechte Lohn muß ein Leistungslohn sein; dieser ist ein möglichst vollkommener Gegenwert für die erstellte Leistung: Menge und Güte der Arbeit unter normalen Verhältnissen. Schwierige Verhältnisse: Hitze, Feuchtigkeit, Kälte, Schmutz, bedingen eine höhere Bewertung. Wahre Leistungslöhne sind nur durch das Mittel der Arbeitsstudien zu ermitteln.

Der Form nach, je nach der Beziehungsgrundlage, ist der Lohn entweder Zeitlohn oder Leistungslohn. Der Zeitlohn wird entsprechend der Arbeitszeit berechnet; als Einheit dient meist die Stunde, aber auch der Tag, die Woche, der Monat. Der Stundenverdienst bleibt gleich, die Lohnkosten steigen oder fallen proportional der gebrauchten Zeit. Das gesamte Risiko trägt hier der Arbeitgeber. Der Arbeiter ist durch den Lohn an seiner Leistung nicht interessiert. Aus Gründen der Leistungssteigerung und der sicheren Kalkulation wird daher der Zeitlohn vom Arbeitgeber nur in wenigen Fällen für berechtigt angesehen: bei Qualitäts-, besonders gefährlichen und endlich solchen Arbeiten, für die die Feststellung einer Akkordbasis sehr schwierig, wenn nicht unmöglich ist. Moderne Betriebsformen dagegen haben den Zeitlohn wieder möglich gemacht, ohne daß die Leistung beeinträchtigt wird, überall da, wo das Tempo der Arbeit nicht mehr vom Arbeiter, sondern von der Maschine bestimmt wird, z. B. bei der Fließarbeit, bei der der Arbeitsgang völlig mechanisiert ist und dem Arbeiter das Arbeitstempo aufgezwungen wird.

Der Leistungslohn ist zur Leistung, nicht zur Arbeitszeit in Beziehung gebracht. Seine Formen sind der Stück- und der Stückzeitakkord. Der Stückakkord ist diejenige Lohnform, bei der für die Vollbringung einer Leistung ein bestimmter Betrag, der sogenannte Akkord, festgesetzt wird, ohne Rücksicht auf die individuell hierzu verwandte Zeit. Die Wirkung ist jetzt die umgekehrte wie beim Zeitlohn: das bewegliche Moment liegt beim Arbeiter, die feste Größe beim Arbeitgeber. Je nach der benötigten Zeit berechnet sich der Stundenverdienst für den Arbeiter: je weniger Zeit, desto höher der Stundenverdienst. Daher liegt hier die Gefahr der Überanstrengung bzw. der Flüchtigkeit der Arbeit vor. Der Arbeitgeber zahlt in jedem Falle den festen vereinbarten Betrag für die Leistungseinheit.

Beim Stückzeitakkord bildet die Akkordbasis nicht ein

fester Lohnbetrag, sondern eine feste Vergütungszeit. Diese ist entweder geschätzt oder durch Zeitstudien gemessen. Geschätzte Zeiten finden wir bei den gewöhnlichen Stückzeitakkorden und bei gewissen Formen von Prämienlöhnen, so bei Halsey und Rowan. Beim Stückzeitakkord wird stets die geschätzte Zeit vergütet, ganz gleich, wieviel Zeit der Arbeiter zur Vollbringung der Leistung gebraucht hat. Die Wirkung auf Stundenverdienst und Lohnkosten für die Einheit ist dieselbe wie bei Stückakkord, nur ist hier die Berechnungsbasis eine andere, eine elastischere, um Differenzierungen einzugliedern, z.B. um soziale Gegebenheiten berücksichtigen, auch Tarifänderungen leicht einfügen zu können, ohne die Basis ändern zu müssen.

Neben Einzelakkorden gibt es auch Gruppenakkorde, je nach der Art des Auftrages. Der festgesetzte Lohn bezieht sich auf die durch die Gruppe erzielte Gesamtleistung. Die Verrechnung der verdienten Löhne auf die einzelnen Arbeiter geschieht nach bestimmten Maßstäben durch das Lohnbüro, manchmal auch durch die Gruppe selbst.

Prämienlöhne geben dem Arbeiter die Möglichkeit, neben dem Stückzeitakkord noch eine Prämie zu verdienen, wenn die geschätzte oder gemessene Zeit unterschritten wird. Diese gilt vor allem für die Prämienlohnsysteme von Taylor und Gantt, während bei Halsey und Rowan der Verdienst der ersparten Zeit nicht dem Arbeiter allein, sondern auch dem Arbeitgeber zugute kommt. Prämienlöhne haben sich in Deutschland nicht eingebürgert; dagegen ist die Gewährung von Prämien als Leistungszulage durchaus üblich.

2. Die Hilfskräfte.

a) Kapital.

α) Begriff und Gliederung.

Zur Erzeugung der Betriebsleistungen bedarf der Betrieb Produktionsmittel (Anlagen, Maschinen, Werkzeuge), die entweder als solche eingebracht oder für eingelegtes Geld beschafft werden. Zur Beschaffung von Roh- und Hilfsstoffen, zur Bezahlung von Löhnen und Fremdleistungen braucht der Betrieb Geld oder sonstige flüssige Mittel. Die zur Leistungserstellung dienenden Mittel nennt man Kapital. Kapital in seiner flüssigsten Form ist Geld.

Der betriebswirtschaftliche Kapitalbegriff enthält nicht die Schwierigkeiten und nicht die Geschichte des volkswirtschaftlichen Kapitalbegriffes.

Die Bedeutung des Kapitals hat mit steigender Verwendung technischer Hilfsmittel zugenommen und zu seiner Überschätzung geführt. Im Mittelpunkte des Betriebes darf aber nicht das Kapital, sondern muß die Arbeit stehen.

Die Betriebswirtschaftslehre kennt zwei Formen des Kapitals: die konkrete Form (die realen, zu Erwerbszwecken eingesetzten Mittel — die Aktiva — in ihren verschiedenen, dem Unternehmungszweck entsprechenden Arten) und die abstrakte Form (die in einer Geldziffer zusammengefaßten Betriebsmittel — die Passiva). Sehr anschaulich kommt das Kapital in seinen beiden Formen in der Bilanz zum Ausdruck: auf der linken Seite die konkrete Form des Kapitals, die Kapitalgüter; auf der rechten Seite seine abstrakte Form, die Kapitalrechte. Sie läßt auf der Passivseite die Formen der Kapitalbeschaffung (die Finanzierung der Unternehmung), auf der Aktivseite die Verwendung des Kapitals (die Kapitalorganisation) erkennen. Beide Formen aber sind Kapital. Die Höhe des abstrakten Kapitals ist von dem Wert der Kapitalgüter, deren zusammenfassender Geldausdruck es nur ist, abhängig. Es umfaßt Beteiligungs- und Kreditkapital oder Eigen- und Fremdkapital. Der Einteilungsgrund ist ein rechtlicher (nach den Eigentumsverhältnissen). Das eigene Kapital ist — je nach der Stellung des Finanzierenden zur Unternehmung — Grund- (Teilhaber-, Aktien-, Stamm-)kapital oder Rücklagen-(Zusatz-) kapital. Die Rücklagen können gesetzliche (Pflicht-) oder freiwillige (oft Spezial-) Rücklagen sein; sie können offene oder stille[1]) und zuletzt echte (wirklich vorhandene, wie die bisher aufgezählten) oder fiktive (Bewertungsergebnisse, noch nicht realisierte Gewinne) sein.

Auch der Gewinnvortrag und der Jahresreingewinn sind Eigenkapital (Zuwachs-, Neukapital).

Das Fremdkapital ist Gläubigerkapital, das der Unternehmung gegen Zinsen auf kürzere oder längere Zeit überlassen wird. Es wird daher nach der Fälligkeit gegliedert. Je nach der Fristigkeit ist auch die Frage der Sicherung (Deckung durch aktives Kapital) zu lösen (Sicherheitspolitik von seiten des Kreditgebers).

Das Verhältnis von Eigen- zu Fremdkapital in einer Unternehmung ist je nach dem Geschäftszweig verschieden und abhängig von Bedarf an Anlagekapital, das wegen der langfristigen Festlegung eben nur durch Eigenkapital oder, zu einem geringen Teil, durch langfristig geliehenes und dann meist speziell gedecktes Fremdkapital (Obligationen, Hypothekarkredite) beschafft werden kann. Ein typisches Gewerbe, das fast ausschließlich mit Fremdkapital arbeitet, ist das Bankgewerbe.

Doch ist nicht jede Unternehmung in der Lage, Fremdkapital zu erhalten, vor allem langfristiges. Dies ist, abgesehen von der Solidität der Unternehmung, hauptsächlich eine Frage der Rechtsform.

Die Kapitalbildung erfolgt in der Unternehmung durch unverbrauchte Reinerträge (Selbstfinanzierung, Zuwachskapital), in den Haushaltswirtschaften durch unverbrauchtes Einkommen.

---

[1]) Die Errechnung der stillen Reserven ist für kurshabende Unternehmungen durch Gegenüberstellung von Börsen- (mit allen beim Börsenkurs zu machenden Vorbehalten) und Bilanzkurs möglich. Der Bilanzkurs errechnet sich nach folgender Formel:

$$\text{Bilanzkurs} = \frac{(\text{Aktiva} - \text{Schulden})\,.\,100}{\text{Aktienkapital}} = \frac{5\,250\,000 - 3\,000\,000)\,.\,100}{1\,500\,000} = 150\,\%.$$

Börsenkurs = 160 %.

Aktienkapital (Börsenkurs — Bilanzkurs) = Stille Reserven = 1 500 000 . 0,1 = 150 000.

Das Geldkapital steht am Anfang der Unternehmung und an ihrem Ende. Dazwischen liegt die Produktionssphäre. Das ist die Sphäre des aktiven Kapitals, das in konkreten Gütern (in Sachgütern, wirtschaftlich verwertbaren Forderungen, in materiellen und immateriellen Gütern) werbend, je nach dem Geschäftszweig verschieden, eingesetzt ist.

Das aktive Kapital wird nach Güterarten, nach den Funktionen der Güter im Betrieb eingeteilt: in Anlage- (festes Kapital, z. B. Grundstücke, Gebäude, Maschinen, die gesamte Betriebsapparatur) und Umlaufsgüter (auch Umsatz- oder Betriebskapital genannt, z. B. Fertigfabrikate, Waren, Kassenbestand, Bankguthaben). Das erstere ist zu längerem Gebrauch, das letztere zum Umsatz, zur Erfüllung der täglichen Verbindlichkeiten, vor allem zum Einkauf von Waren und zur Bezahlung von Gehältern, Löhnen und Steuern bestimmt.

Der Kapitalaufbau des Betriebes zeigt daher folgendes Bild:

Kapitalgüter	Kapitalrechte
1. Anlage-,	1. Eigen-,
2. Betriebskapital	2. Fremdkapital
a) Vorräte,	
b) flüssige Mittel u. Forderungen	

Das Verhältnis zwischen Anlage- und Betriebskapital stellt die Kapitalorganisation dar.

Bei der Betriebsführung kommt es darauf an, die werbenden, ertragsbildenden Güter in ein optimales Verhältnis zu den übrigen Teilen des aktiven Kapitals zu bringen. Der Ertrag stammt vor allem aus Umsatzgütern, insbesondere aus organischen, dem Betrieb eigentümlichen Umsatzgütern, daneben auch aus anorganischen Umsatzgütern, z. B. aus Effekten in Fabriken und Warenhandelsbetrieben, ferner aus (noch nicht realisierten) Gewinnen am ruhenden Kapital (Schmidt), das aus:

1. Vorräten (eisernem, normalem, spekulativem Bestand),
2. Anlagen besteht.

Die Grenze für das Verhältnis der werbenden Umsatzgüter zu den übrigen Betriebsgütern bildet die Liquidität[1]), das Verhältnis der flüssigen und leicht realisierbaren Aktiva zu den Gesamt- (oder auch zu den sofort fälligen) Verbindlichkeiten.

Die Forderung, so liquid zu sein, daß den täglichen Verbindlichkeiten stets in genügendem Maße flüssige Aktiva gegenüberstehen, gilt für alle Betriebswirtschaften, am meisten jedoch für die Bankbetriebe, bei denen die Aufrechterhaltung der Liquidität der erste und entscheidende Grundsatz betriebswirtschaftlicher Bankpolitik ist.

Die Gegenüberstellung der Bestände an Aktiven und Passiven nennt man Bilanz. Sie ist als Jahresschlußbilanz sekundär eine Bestandsermittlungs-, primär eine Erfolgsermittlungs-Bilanz. Als Gewinn- und Verlustrechnung ist sie eine Aufwands- und Ertragsrechnung.

Vermögensbilanzen im wahren Sinne des Wortes sind Einzelbilanzen, die zu besonderen Zwecken aufgestellt werden: Einbringung, Auseinandersetzung, Liquidation. In ihnen muß der Wert der Unternehmung als Ganzes, ihr gesamtes wirtschaftliches Können, zum Ausdruck kommen.

β) Kapitalstruktur und Kapitalumschlag.

Die Art der Kapitalbeschaffung hängt von der Kapitalstruktur, dem Aufbau der Kapitalgüter ab. Je nach dem Übergewicht des Anlage- oder des Betriebskapitals muß man von anlagekapital- und betriebskapitalintensiven Betrieben sprechen und letztere in vorrats- und forderungsintensive Betriebe scheiden. Die Grundlage dieser Unterscheidung in anlage-, vorrats- und forderungsintensive Betriebe ist der Aufbau der Kapitalgüter, wie er in der Bilanz zum Ausdruck kommt. Man spricht ferner von kapital-, arbeits- und stoffintensiven Betrieben und meint hierbei den Anteil

[1]) Vgl. Mellerowicz, Liquidität. In dem Sammelwerk: Die Deutsche Bankwirtschaft. Bd. III. S. 441—484.

der Kapital-, Arbeits- und Stoffkosten an den Gesamtkosten der Produkteinheit. Das sind aber durchaus verschiedene Einteilungen, die auf verschiedenen Ebenen liegen. So ist z. B. der Bergbau unter dem Gesichtspunkt der Kapitalstruktur kapitalintensiv (rd. 75% Anlagekapital), unter dem Gesichtspunkt der Kostenzusammensetzung arbeitsintensiv (rd. 64% Arbeitskostenanteil). Die Kapitalstruktur der Betriebe ist vom Produktionsprozeß und von Marktnotwendigkeiten abhängig. Die Produktion bestimmt den Anteil der Anlagen, der Markt den Anteil der Vorräte und Forderungen. Anlagekapitalintensiv sind vor allem die Grundstoffindustrien (Gewinnungs- und Aufbereitungsindustrien) und Verkehrs- und Versorgungsbetriebe. Vorratsintensive Betriebe sind produktions- oder markttechnisch bedingt, insbesondere, wenn

a) der Produktanfall periodisch ist (Gemüsekonservenindustrie),
b) die lange Lagerung technisch notwendig ist (Holz-, Lederindustrie),
c) die Industrie zugleich Handelsfunktionen ausübt (Metallindustrie),
d) der Produktionsprozeß sehr lange dauert (Schiffsbau).

Naturgemäß ist der Handel vorrats-(waren-)intensiv, desgleichen Industrien mit Wechselfertigung.

Forderungsintensive Betriebe sind:

a) Industrien, die die Kundenfinanzierung übernehmen müssen (z. B. Maschinen-, Automobilindustrie),
b) vor allem der kreditgebende Einzelhandel,
c) Banken.

Der Kapitalumschlag ist das Verhältnis vom Umsatz zum Gesamtkapital. Es ist hierbei gleich, ob man als Gesamtkapital Eigen- und Fremdkapital nimmt oder die Summe der Kapitalgüter; die Ziffern sind in beiden Fällen gleich.

γ) Kapitalkosten.

Die Investierung von Kapital im Betriebe verursacht Kosten dreierlei Art (Kapitalkosten):

1. Zinsen,
2. Wertminderung (Tilgung, Abschreibung),
3. Risiko.

αα) Zinsen.

Zinsen sind sowohl Fremd- als auch Eigenkapitalszinsen. Beide tragen Kostencharakter, woran auch die Bestimmung der LSÖ. (Leitsätze für die Preisermittlung auf Grund der Selbstkosten bei öffentlichen Aufträgen), daß die Zinsen (Eigen- und Fremdkapitalzinsen) nur im Gewinnzuschlag zu berücksichtigen sind, nichts ändert. Diese Vorschrift ist aus technischen Gründen der Preisüberwachung erlassen. Naturgemäß ist der Eigenkapitalzins reiner Zins. Die Behandlung des Zinses als Kostenfaktor ist ferner aus betrieblichen, vor allem aus rechnungstheoretischen Gründen notwendig. In der Kalkulation ist darum der Eigenkapitalzins (in der Höhe des Landeszinses) zu berücksichtigen; er muß auch in der Buchhaltung als Rechnungszins eingesetzt werden. Zu Betriebsvergleichen ist Zinsberücksichtigung unumgänglich notwendig.

ββ) Wertminderung.

Die Amortisation des Kapitals erfolgt entsprechend der Entwertung der Kapitalgüter. Gründe der Entwertung sind vor allem drei:

1. Abnutzung,
2. Überholung,
3. Mißverhältnis zwischen Ertrags- und Kosten- bzw. Reproduktionskostenwert.

Das technische Mittel der betrieblichen Erfassung der Entwertung ist die Abschreibung.

Abschreibungsgegenstände sind solche, deren Aufwand (Abnutzung und Wertminderung) durch das technische Mittel der Abschreibung: durch Verteilung des Gesamtaufwandes auf die gesamte Zeit der Lebensdauer dieser Gegenstände, festgestellt wird. Abschreibung ist hier das Mittel der richtigen Kostenverteilung, erst sekundär ein Mittel der Ersatzbeschaffung. In diese Gruppe gehört das Anlagekapital mit drei Ausnahmen:

1. Es gibt Anlagen ohne Abschreibungsnotwendigkeit (Grundstücke);
2. Anlagen, die durch Befundrechnung oder Skontration[1]) festgestellt werden,
3. Kapitalteile, die keine Anlagen sind, und doch abgeschrieben werden (Debitoren).

Methoden der Abschreibung sind:

1. Abschreibung vom Anschaffungswert (gleichbleibende Abschreibung),
2. vom Buchwert (fallende Abschreibung):
   a) nach einem angenommenen Prozentsatz,
   b) nach einem errechneten Prozentsatz, der in einer veranschlagten Anzahl von Jahren den Abschreibungsgegenstand auf den Wert von 1 RM. oder den geschätzten Restwert bringen soll, nach der Formel:

$$p = 100\left(1 - \sqrt[n]{\frac{\text{Endwert}}{\text{Anfangswert}}}\right)$$

n = Anzahl der Jahre
p = Prozentsatz d. Abschreibung

3. Die Annuitätenabschreibung (steigende A.), nach der Formel:

$$R = K\,i_n = \frac{K \cdot i}{1 - v^n}$$

R = Annuität = Zinsen + Tilgung
K = Anfangskapital
i_n = Annuitätenfaktor, Tabelle V der Spitzer-Försterschen Tabellen
i = Zinsfuß

$v^n = \frac{1}{r^n}$ r = 1 + i
n = Anzahl der Abschreibungsjahre.

Tilgung des 1. Jahres $= t_1 \quad = R -$ Zinsen
" " 2. " $= t_1 r^1 = t_2$
" " 3. " $= t_1 r^2 = t_2 r = t_3$
" " 10. " $= t_1 r^9 = t_9 r = t_{10}$.

Die buchtechnische Behandlung der Abschreibung kann aktiv oder passiv (Wertberichtigungs-, Erneuerungskonto) erfolgen.

γγ) Risiko.

Der dritte Kapitalkostenfaktor ist das Risiko. Risiko ist die mit jeder wirtschaftlichen Tätigkeit verbundene Verlustgefahr,

---

[1]) Befundrechnung und Skontration sind neben der Lebensdauerschätzung (Abschreibung) Methoden der Erfassung des Verbrauches bzw. des Bestandes von Kapitalgütern. Befundrechnung: Bestand + Zugang ./. Endbestand = Aufwand; Skontration: Bestand + Zugang ./. Abgang = Endbestand.

die das eingesetzte Kapital bedroht, sei es durch dessen Vernichtung, Ausbleiben des erwarteten Erfolges oder Entstehen höherer als der veranschlagten Kosten. Jedes Risiko, in welcher Form es auch immer auftritt, bedeutet betriebswirtschaftlich einen Kapitalverlust und einen Geldbedarf; daher ist jedes Risiko letzten Endes ein Kapitalrisiko, selbst wenn es sich ursprünglich in einer ganz anderen Sphäre des Betriebes ausgewirkt hat.

Risiko ist mit jeder wirtschaftlichen Tätigkeit verbunden. Der „Wirtschaftsunfall", der „wirtschaftshemmende Zufall" ist „die normale und den Erfolg beeinflussende Begleiterscheinung alles Wirtschaftens" (Woerner). Den drei Hauptaufgaben des Betriebes: Finanzierung, Produktion und Vertrieb entsprechen drei Hauptrisikogruppen: Finanzierungs-, Produktions- und Absatzrisiken, die jeweils nach den Risikoursachen in vier Untergruppen aufgeteilt werden können. Denn alle Risiken werden ausgelöst:

1. Durch die Natur (Feuer, Überschwemmung, Explosion, Schiffsuntergang);
2. durch die Gesellschaft (Verbot der Herstellung bestimmter Waren, Arbeitszeitregelung, Sicherheits- und Haftungsbestimmungen);
3. durch das wirtschaftende Subjekt (Fehldispositionen, Diebstahl, Streik);
4. durch das bewirtschaftete Objekt (Materialmangel, Preis-, Qualitätsrisiko).

Nach diesen zwei Gesichtspunkten: Sphäre des Wirksamwerdens und Ursache des Risikos, lassen sich alle Risiken in ein System bringen.

Für die Höhe des Risikos im Einzelbetrieb sind drei Faktoren ausschlaggebend:

1. Der Wert des vom Risiko bedrohten Vermögensteiles,
2. die Häufigkeit der Schadensmöglichkeit,
3. das Verhältnis von schadenbedrohtem zu Gesamtvermögen.

Aus diesen drei Faktoren ergibt sich die Intensität des Risikos, die um so größer ist, je größer der Anteil des schadenbedrohten am Gesamtvermögen und je größer die Schadenshäufigkeit ist.

Betriebswirtschaftlich wichtig ist ferner der Umstand, ob ein Risiko meßbar ist oder nicht. Als Einzelerscheinung ist ein Risiko nie meßbar, wohl aber als Massenerscheinung, wo sich nach dem Gesetz der großen Zahl auch bei Erscheinungen, die einer kausalen Gesetzmäßigkeit entbehren, eine statistische Gesetzmäßigkeit ermitteln läßt, die ihre Messung ermöglicht. Jene Risiken, die sich jeder statistischen Erfassung entziehen, wie z. B. das Mode- und Absatzrisiko, bezeichnen wir mit Wagnis, während wir mit Risiko nur die meßbaren (und daher auch meist versicherungsfähigen) Verlustmöglichkeiten bezeichnen. Risiko ist demnach zugleich Gefahr und Maß dieser Gefahr.

Da das Risiko von der wirtschaftlichen Tätigkeit nicht zu trennen ist, stellt es einen echten Kostenfaktor dar, den der Markt zurückvergüten muß. Der Preis enthält eine Risikoprämie, die je nach der Intensität des Risikos höher oder niedriger ist. Das Risiko bedeutet daher für den Betrieb eine positive und eine negative Chance. Negativ ist die Verlustgefahr, positiv die Möglichkeit, beim Nichteintritt von Schäden die Risikoprämie zu verdienen.

Maßstab für die typische Risikohöhe einer Branche ist ihre Rentabilität. Denn nur wenn sich eine entsprechend große positive Chance in einer hohen Risikoprämie bietet, ist ein Unternehmer bereit, auch die negative einer Verlustmöglichkeit auf sich zu nehmen.

Außer durch die Branche ist die Risikohöhe beeinflußt durch die Rechtsform, das Alter, die Stellung des Betriebes im Markt und ähnliche Faktoren.

Jedes Risiko, und sei die Vergütung, die der Markt für seine Übernahme zahlt, noch so hoch, widerstrebt der Wirtschaftlichkeit des Betriebes. Daher ist er bestrebt, möglichst wenig Risiko zu übernehmen, es vielmehr in Kosten zu verwandeln oder abzuwälzen.

Die Umwandlung von Risiko in Kosten geschieht durch Versicherung. Diese übernimmt gegen Zahlung einer Prämie alle durch den Eintritt des versicherten Risikos entstehenden Verluste. Versicherungsfähig sind aber in der Regel nur die meßbaren Risiken, gegen das Wagnis bietet die Versicherung dem Betrieb keinen Schutz. Darum muß der Betrieb versuchen, sich durch andere betriebspolitische Maßnahmen hiervon zu befreien. Das Ergebnis dieser von allen Betrieben gleicherweise verfolgten Politik ist, daß

1. Wagnistragen zu einer selbständigen wirtschaftlichen Funktion geworden ist (Spekulation, Versicherung);
2. die volkswirtschaftliche Arbeitsteilung sich z. T. risikoorientiert vollzogen hat, indem besonders risikoreiche Funktionen ausgegliedert und verselbständigt wurden (Absatzfinanzierung, Exporttätigkeit, Güterverteilung als besonderer Handelsstand);
3. das verbleibende Risiko auf möglichst viele Risikoträger verteilt wird (Wahl der Unternehmungsform: A.-G., Genossenschaft, Investmenttrusts, Versicherungsverein auf Gegenseitigkeit, Konsortialgeschäfte);
4. neue Wirtschaftsformen mit dem ausgesprochenen Zweck der Minderung bestimmter Betriebsrisiken geschaffen wurden (Kartelle, Trusts, Syndikate);
5. die Formen des Verkehrs so entwickelt wurden, daß sie
   a) selbst möglichst risikofrei sind (bargeldloser Zahlungs-, stückeloser Effektenverkehr, Wechsel- und Scheckrecht, Pfand- und Zurückbehaltungsrecht);
   b) den zwischenbetrieblichen Risikoausgleich ermöglichen (Börsentermingeschäfte).

Für die kalkulatorische Behandlung des Risikos gibt es drei Möglichkeiten:

1. Man verwandelt das Risiko in feststehende Kosten und behandelt diese wie alle anderen Kosten. Der Weg hierzu ist die Versicherung. Versicherungskosten können direkte oder Gemeinkosten sein.
2. Ist das Risiko durch Erfahrungssätze in seiner Höhe ungefähr bekannt, so erfolgt seine Verrechnung in der Stückrechnung durch einen Risikozuschlag, in der Periodenrechnung durch Bildung von Rückstellungen.
3. Sind betriebliche Risiken überhaupt nicht meßbar, so erfolgt ihre Verrechnung im Gewinnzuschlag.

b) Organisation.

α) Allgemeines.

Organisation ist planvolle Zuordnung von Menschen und Sachen zu optimaler Leistung. Sie ist ein Gestalten unter dem Gesichtspunkt höchster Zweckmäßigkeit.

Jede Organisation hat die Gegebenheiten und die Bedingtheiten zu beachten: die Bedingtheiten des Kapitals, die naturwissenschaftlichen Gesetzmäßigkeiten der Technik und die physischen und psychischen Bedingtheiten der Arbeit; die rationalen Bedingtheiten des Betriebes und die irrationalen die Unternehmung mit ihrer Abhängigkeit vom Markte, der nicht auf naturwissenschaftlichen Gesetzen beruht. Nur dort, wo nicht gegen natürliche Abläufe verstoßen wird, wo eine jede Kraft und jede Gabe erkannt und zweckentsprechend verwendet wird, kommt es zu einer guten Organisation.

Der Sinn der Organisation ist die Anwendung des ökonomischen Prinzips, des Prinzips des kleinsten Mittels: mit dem geringsten Aufwand den höchsten Ertrag zu erzielen. Es ist dies das energetische Prinzip, das eine vollkommene Verwendung verfügbarer Energien verlangt. Das ist aber auch der Sinn der Wirtschaftlichkeit im Betriebe, auch der der Rationalisierung: die Reorganisation des Betriebes, um der Rationalität, dem ökonomischen Prinzip, gerecht zu werden. Das Mittel hierzu ist die Organisation. Für den Betrieb hat sie die Bedeutung eines Produktionsfaktors, ebenso wie das Kapital.

Die Organisation muß die Zweiheit berücksichtigen, aus der der Betrieb besteht: die Technik und die Wirtschaft. Sie wird von beiden beherrscht und damit von der „technischen und der wirtschaftlichen Vernunft" (v. Gottl). Dies bedeutet bei der Technik Rationalität in der Wahl der Mittel, bei der Wirtschaft Rationalität in der Wahl der Zwecke.

Eine Rationalisierung ist nicht schon dann erzielt, wenn mehr Produkte erzielt werden, sondern erst dann, wenn dies mit geringeren Kosten geschieht. Darum stellt v. Gottl mit Recht den Grundsatz auf: „Handle stets mit dem vergleichsweise mindesten Aufwand." Der Aufwand für die Leistungseinheit muß geringer sein.

Organisation erstreckt sich auf den gesamten Betrieb und alle Arten der Betriebe: auf die Werkstätten, Verwaltungs- und Vertriebsabteilungen; auf Industrie-, Bank-, Handels- und sonstige Betriebe. Insbesondere verlangt auch der Vertrieb nach einer systematischen Ordnung, nach einer Feststellung und Auswertung der Gegebenheiten auf dem Beschaffungs- und dem Absatzmarkte. Alle Betriebe brauchen auch eine rationale Büroorganisation und zweckvolle Organisation des Rechnungswesens.

Die Büroorganisation ist vor allem Formular- und Ordnungstechnik. Sie will durch Ausarbeitung von Formularen den schematischen Ablauf des Produktionsprozesses und eine möglichst zweckmäßige Ordnung des fast unübersehbaren Papierstroms des modernen Betriebes erreichen.

Ordnungsgrundsätze kennt die moderne Bürotechnik vor allem zwei: 1. die Reihung (Anreihung), Ordnung nach chronologischen, nicht sachlichen Gesichtspunkten; 2. die Schaltung (die Einschaltung), Ordnung nach sachlichen Gesichtspunkten. Die Schaltung kann a) mechanisch-alphabetisch sein (Einheits-ABC des A W V), b) sachlich-systematisch geschehen.

Als Mittel der Kennzeichnung werden angewendet: Zeichen, Farben, Buchstaben, Ziffern; allein oder verbunden. Als ein bekanntes Klassierungssystem sei hier das Dezimal-Klassierungssystem genannt. Zu entwickeln ist noch eine einheitliche Symbolik zur Darstellung der Arbeitsabläufe.

Von besonderer Bedeutung für die Büroorganisation ist die Verwendung von Maschinen: Schreib-, Rechen-, Buchungsmaschinen.

Die Organisation des Rechnungswesens wird ihrer Bedeutung wegen in einem besonderen Abschnitt behandelt.

β) Die betrieblichen Funktionen.

Die betriebliche Organisation muß der natürlichen Gliederung des Produktionsprozesses entsprechen, der sich aus der dem Betrieb durch die Gesamtwirtschaft gestellten Aufgabe, seiner Funktion, ergibt. Zu ihrer Durchführung muß die Betriebsfunktion in Teilfunktionen aufgegliedert werden bis zu den letzten Elementarfunktionen. Dem Wesen nach ist Funktion eine personengebundene Aufgabe mit Abhängigkeitscharakter von einem größeren Ganzen. Die Betriebsorganisation ist nichts anderes als die betriebliche Ordnung, um die einzelnen Funktionen gemeinsam und möglichst erfolgreich durchzuführen. Die Funktionen des Betriebes bestimmen daher die Organisation.

Die Betriebsaufgabe teilt sich natürlicherweise in fünf Grundfunktionen: Leitung, Verwaltung, Beschaffung, Produktion und Vertrieb. Der Leitung liegt die Initiative, das Planen, Anordnen und Kontrollieren ob. Sie besteht aus vielerlei Unterfunktionen. Das sind Funktionen der Disposition, der Organisation (Gliederung, Zuteilung und Zusammenfassung zur Einheit), der Kontrolle (Überwachung — laufend im Betrieb — und Revision — laufend und periodisch, als Innen- und Außenrevision) und Repräsentation.

Verwaltung ist Personal-, Material- und Kassenverwaltung und nicht zuletzt Rechnungsführung.

Die Beschaffung bezieht sich auf jede Beschaffung: von Geld- und Sachkapital. Die Finanzierung ist daher ebenso eine Teilfunktion der Beschaffung wie das Anschaffen von Materialien.

Die Produktion hängt völlig vom Betriebsprodukt und dem zu seiner Herstellung notwendigen Produktionsprozeß ab. Sie ist immer individuell. Nun ist Produktion aber nicht im engen, im technischen Sinne zu nehmen: als Gewinnung, Aufbereitung und Verarbeitung von Gütern, sondern im wirtschaftlichen Sinne: als jede Tätigkeit zur Werterhöhung von Gütern, also auch die wertschöpfende Tätigkeit der Verteilung, sowohl der physischen (Transport) als auch der kommerziellen (Handel) und die Umwandlung von Kredit niederen Grades (passiver Kredit) in solchen höheren Grades (aktiver Kredit).

Der Vertrieb, die letzte Grundfunktion, ist gleichfalls allen Betrieben eigen, mögen die Formen und die Gegenstände des Vertriebes noch so verschieden sein. Der Vertrieb muß den Beweis dafür erbringen, ob die Produktion zweckmäßig war und ob die Kosten durch die Erlöse gedeckt wurden.

So ergibt sich folgende Gliederung der betrieblichen Funktionen:

1. Leitung
   a) Disposition,
   b) Organisation,
   c) Kontrolle,
   d) Repräsentation.
2. Verwaltung
   a) Personal-,
   b) Material-,
   c) Kassenverwaltung,
   d) Rechnungsführung.
3. Beschaffung
   a) Geld-,
   b) Sachkapital.
4. Produktion
   weitere Gliederung individuell entspr. Produktionsprozeß.
5. Vertrieb
   Gliederung individuell.

γ) Arbeitsteilung — Arbeitsvereinigung.

αα) Arbeitsteilung.

Organisation ist Gliederung und Einung betrieblicher Funktionen. Sie muß daher mit der Zerlegung der gesamten Betriebsaufgabe in Teil- und Elementarfunktionen beginnen. Die Analyse des Betriebsprozesses muß zur Erkenntnis aller Teilaufgaben und ihrer Rhythmen (Wiederholung in längeren oder kürzeren Zeiträumen) führen. Erst aus der Analyse der Gesamtaufgabe kann die Art, die Zusammengehörigkeit, die Menge und der Rhythmus der Funktionen erkannt und danach ihre Gliederung und Gruppierung und insbesondere ihre Abgrenzung vorgenommen werden.

Die Arbeitszerlegung geschieht in doppelter Weise: durch **Scheidung der geistigen von der körperlichen, der leitenden,** anweisenden, beaufsichtigenden von der ausführenden; dann durch Zerlegung der körperlichen und geistigen Arbeit in viele Teilverrichtungen. Die Arbeitsteilung führte z. B. in der Schuhfabrikation zur Aufteilung des Arbeitsganges in 96, in der Automobilfabrikation bei Ford in 7885 Teilarbeiten.

Die Wirkung der Arbeitsteilung ist eine Verbesserung, Erleichterung und Beschleunigung der Leistung durch ständige Übung, eine Verbesserung in quantitativer und qualitativer Hinsicht. Sie macht die Zuweisung einer jeden Teilarbeit dem dazu Bestgeeigneten, zugleich Ersparung qualifizierter Kräfte möglich[1]).

Aus der Zerlegung der Funktionen bis in die Elementarfunktionen ergibt sich, abgesehen von ihrer genauen Erkenntnis und der Auslassung unnötiger Tätigkeiten, etwas Doppeltes:

1. ihre Standardisierung und
2. ihre Meßbarkeit.

Standardisierung und Meßbarkeit der Teilfunktionen besitzen für die Organisation, die rechnerische Erfassung und die Kontrolle, ausschlaggebende Bedeutung. Der gesamte Fortschritt in der Betriebsorganisation und im Rechnungswesen ist auf die Zerlegung in Teilaufgaben und ihre Standardisierung zurückzuführen.

Ein besonders wichtiges Problem der Arbeitsteilung ist die Abteilungs- (und Kostenstellen-)bildung. Die Prinzipien der Abteilungsbildung sind vor allem zwei: das Funktions- und das Objektprinzip. Beide können auch nebeneinander angewandt werden. In Ausnahmefällen erfolgt die Gliederung

---

[1]) Eine Arbeitsteilung der Betriebe untereinander stellt die Spezialisierung dar. Sie ist Beschränkung des Betriebes auf wenige Produkte (die nun in größerer Menge hergestellt werden können). Sie ist eine Vereinfachung innerhalb des Betriebes, ein Vermeiden von Vielerlei. Eine weitere Vereinfachung bringt die Normalisierung. Sie ist die Vereinheitlichung von Formen und Größen bei Einzelteilen und Fertigfabrikaten innerhalb einer Vielheit von Betrieben. Sie bringt eine Verminderung von Typen, Maßen und Formen. Als Vereinheitlichung von Einzelteilen und Zwischenprodukten ist sie Normung, mit dem Sinn der Austauschbarkeit der Teile, Verringerung der Maße und Zahl der Einzelteile und Verringerung der Kosten; als Vereinheitlichung fertiger Verbrauchsgüter ist sie Typung. Sie führt weiter zur kostenmindernden Typenbegrenzung.

nach dem Persönlichkeitsprinzip, nach der natürlichen Veranlagung und dem Leistungsvermögen des Individuums (Gliederungsprinzip der oberen Stellen).

Bei Anwendung des im allgemeinen vorzuziehenden Funktionsprinzipes bieten sich die fünf Grundfunktionen: Leitung, Verwaltung, Beschaffung, Produktion und Vertrieb als die natürlichen Abteilungen dar. Die weitere Aufteilung innerhalb der natürlichen Abteilungen geschieht zweckmäßigerweise nach dem Prozeßgliederungsprinzip, nach den Teilfunktionen innerhalb des Produktionsprozesses. Hier kommt die Bedeutung der Zerlegung des Produktionsprozesses in zweckentsprechende Einheiten so recht zum Ausdruck. Entsprechend den Teilfunktionen innerhalb der Abteilungen erfolgt die Stellenbildung, für die dieselben Prinzipien gelten wie für die Abteilungsbildung.

Bei der Organisation gewisser Unter- und Hilfsfunktionen befolgt man das Zentralabteilungsprinzip. Dieses ist die Zusammenfassung von Hilfsfunktionen, die in allen oder mehreren Abteilungen vorkommen, in einer zentralisierten Abteilung, die diese Arbeiten für den gesamten Betrieb erledigt. Das Zentralabteilungsprinzip ist im Wesen ein Spezialisierungsprinzip mit allen Vor- und Nachteilen. Es wird daher nicht durchgängig angewandt, sondern für gewisse Spezialarbeiten, z. B. Organisation, Rechnungswesen, Planung, also vor allem für rein geistige Funktionen.

Bei der Abteilungsbildung ist die grundlegende Frage zu lösen, welche und wieviele Funktionen in einer Abteilung zusammengefaßt werden sollen. Es ist dies die qualitative und die quantitative Abgrenzung der Abteilungen. Dies hängt nicht nur von der Größe des Betriebes und dem Rhythmus der Verrichtungen (Mengenanfall), sondern auch von den Organisationsprinzipien: der Zentralisation oder Dezentralisation ab. Es handelt sich hierbei um die Frage der Vereinigung oder der Teilung von Funktionen. Man wird sich für Vereinigung oder Teilung entscheiden, je nachdem, ob man der Willenseinheit (bei Zentralisation) oder der Spezialisierung (bei Dezentralisation) den Vorzug gibt. Bei Funktionsvereinigung entsteht der Vorteil der Einheitlichkeit des Willens und damit der Disziplin, aber das Problem der Eignung und der Beweglichkeit; bei Funktionsteilung der Vorteil der größeren speziellen Sachkenntnis und der besseren Anpassungsfähigkeit an die Eignung des Funktionsträgers, aber der Nachteil der schwierigeren Willenseinheit und Disziplin.

Diese Fragen leiten bereits zu dem Korrelat der Arbeitsteilung, der Arbeitsvereinigung, über und betreffen das zweite wichtige Grundproblem der Organisation: die Beziehung der Abteilungen zueinander.

ββ) Arbeitsvereinigung.

Die Frage nach der Beziehung der Abteilungen zueinander betrifft den Instanzenbau: die Instanzenbreite und -höhe, die Ein- oder Mehrstufigkeit des Instanzenbaues.

Die Instanz ist ein Funktionsträger mit Vorgesetztencharakter für eine Personengemeinschaft, um die Einheitlichkeit der Durchführung einer Aufgabe zu sichern. Die höchste Instanz ist die oberste Leitung, unter der Zwischeninstanzen stehen. Oberster Grundsatz des Instanzenbaues ist der der Kongruenz von Funktion, Verantwortlichkeit und Autorität. Funktion ohne Autorität und Anordnungsbefugnis ist schlechte Organisation. Sie tötet jedes Interesse.

Die Beziehungen der einzelnen Betriebsstellen können grundsätzlich auf eine zweifache Weise geregelt sein; durch das Prinzip:

1. des Instanzenweges oder
2. des Direktverkehrs.

Das erste Prinzip erreicht Einheitlichkeit der Auftragserteilung, während das zweite eine mehrfache Anordnungsbefugnis zuläßt. Die Einheitlichkeit der Auftragserteilung bedeutet gute Disziplin, während das Prinzip des Direktverkehrs mit der Teilung der Befehlsbefugnis die Disziplin gefährden kann. Anderseits ist der stets einzuhaltende Instanzenweg gleichbedeutend mit langen Befehlswegen, langsamer Erledigung und Schwerfälligkeit der Betriebsführung. Es werden zu viele Menschen mit derselben Sache betraut. Der Direktverkehr dagegen ermöglicht schnelle Entschlüsse, Anordnungen und Ausführungen.

Die verschiedene Regelung der Abteilungsbeziehungen führt zu verschiedenen Typen der Organisation, die jedoch in der Praxis selten rein vorkommen. Das Prinzip des Instanzenweges führt zur militärischen oder Linienorganisation. Diese ist zugleich der Typ der organisatorischen Zentralisation. Auf dem Prinzip des Direktverkehrs beruht die funktionelle Organisation. Sie stellt den Typ der Dezentralisation dar, den Typ der Spezialisierung.

Beide Organisationstypen besitzen Vor- und Nachteile. Man muß hierzu freilich zwischen den einzelnen Funktionen differenzieren, zwischen Funktionen, deren Objekt Personen, Sachen oder rein Geistiges ist. Vor allem die rein geistigen Funktionen der Leitung: Initiative, Planung, Überwachung, Rechnungswesen und Verwaltung (z. B. Personalabteilung) neigen natürlicherweise zur Zentralisation.

Als eine Verbesserung beider gilt der dritte Typ: das Stab-Liniensystem, das die Vorteile des Liniensystems mit dem Vorteil der Spezialisierung des Funktionssystems durch Beigabe von Assistenten (Werkstäblern) verbinden will. Dieses System hat zudem den Vorteil der guten Auslese und des geregelten Aufstiegs der Unterführer.

Zur schnellen verantwortungsbewußten Durchführung von Anordnungen sind die verantwortlichen Stellen durch Einzelpersonen zu besetzen. Materielle Befugnisse sollten immer an Einzelpersonen geknüpft sein, nicht an Kollegialinstanzen, beratende Funktionen dagegen werden mit Vorteil durch eine Mehrheit von Personen ausgeführt (wie dies z. B. beim Konferenzsystem der Fall ist).

δ) Prinzipien der Organisation.

Die wichtigsten Prinzipien der Organisation sind folgende:

1. Prinzip der Einfachheit, Klarheit und Übersichtlichkeit.
2. Prinzip der genauen Einsicht in die Dinge und ihre Zusammenhänge (größte Sach- und Methodenkenntnis).
3. Prinzip der Voraussicht, Planung und Arbeitsvorbereitung.
4. Prinzip der Spezialisierung und Arbeitsteilung.
5. Prinzip der Arbeitsvereinigung und harmonischen Zusammenarbeit.
6. Prinzip der Standardisierung (der Methoden, Mengen, Zeiten, Kosten und Produkte).
7. Prinzip der scharfen Abgrenzung der Tätigkeiten und Verantwortlichkeiten (Abteilungsgliederung).
8. Prinzip der Übertragung von Verantwortlichkeit und Autorität an untergeordnete Stellen.
9. Prinzip der Fernhaltung der leitenden Arbeit von Details und Nebensächlichkeiten.
10. Prinzip der rechnungsmäßigen Messung der Tätigkeiten und Leistungen.
11. Prinzip des Anreizes zur Bestleistung durch Löhne und Prämien.
12. Prinzip der Übereinstimmung von Tätigkeit und Eignung.
13. Prinzip der Unterweisung und Information aller Beteiligten.
14. Prinzip der Elastizität der Organisation, der Unabhängigkeit von der einzelnen Person und des selbsttätigen Ersatzes.
15. Prinzip der selbsttätigen und außerbetrieblichen Kontrolle.
16. Prinzip der Vermeidung von Überorganisation.

Zur Verwissenschaftlichung der Organisation ist bisher erst ein Anfang gelegt. Wissenschaftlichkeit verlangt Systematik und Abstraktion vom einzelnen Fall, verlangt Lehrsätze und

Gesetze von allgemeiner Geltung. Noch aber kann man von einer allgemeinen Organisationslehre kaum reden, und hier ist der Punkt, wo die Betriebswirtschaftslehre, die im Grunde eine Lehre von der Organisation ist, noch das meiste wird leisten müssen, um auf theoretischer Grundlage eine Prinzipienlehre der Organisation zu schaffen.

ε) Organisation des Rechnungswesens[1]).

Das Rechnungswesen ist das zahlenmäßige Spiegelbild der konkreten Betriebsvorgänge. Der gesamte Produktionsprozeß wird in allen Phasen durch das Rechnungswesen geldwertmäßig erfaßt: in seinen Beständen und ihren Veränderungen, in seinen Aufwänden und Erträgen, in seinen Kosten und seinen Leistungen. Die Form und Ausgestaltung des Rechnungswesens ist von den Bedürfnissen des Betriebes abhängig: die Organisation des Rechnungswesens hat sich der Organisation des Betriebes anzupassen. Daher bestimmen das Rechnungswesen:

1. die betriebliche Eigenart:
   a) sein Produktionsprozeß (verschieden nach Industrie-, Handels-, Bank-, Verkehrsbetrieben und nach den einzelnen Wirtschaftsgruppen);
   b) die Betriebsgröße;
   c) die Rechtsform (A.-G., Gewerkschaft, O.H. usw.);
2. die Zwecke:
   a) Erfassung des Bestandes und seiner Veränderungen und des Erfolges;
   b) Feststellung der Selbstkosten zum Zwecke der Preisbildung;
   c) Kontrolle der Betriebsgebarung;
   d) Planung und Betriebsdisposition;
3. die Art der Verrechnung:
   a) Buchhaltung und Bilanz;
   b) Selbstkostenrechnung;
   c) Statistik;
   d) Planung und Plankostenrechnung.

---

[1]) Ausführliche Darstellung, s. Mellerowicz, Kosten und Kostenrechnung, I. und II. Bd., Berlin-Leipzig 1933/36.

Jede Art der Verrechnung hat eine besondere Aufgabe zu erfüllen, und nur sie kann diese Aufgabe am besten erfüllen. Wer die Erkenntnismöglichkeiten des Rechnungswesens erschöpfen will, muß alle vier benutzen.

Das Rechnungswesen in seinen vier Formen bildet ein in sich geschlossenes System. Die natürliche Gliederung ergibt sich:

1. aus dem Gegenstand,
2. aus dem Verfahren der Verrechnung, wobei bei dem Verfahren
   a) die Form,
   b) die Wertung (der Inhalt) die systembildenden Gliederungsgesichtspunkte ergeben.

Nach dem Gegenstande ist das Rechnungswesen eine Zeitraum- (Perioden-, Abschnitts-), eine Kostenträger- und eine Vergleichsrechnung.

Die Zeitraumrechnung ist wiederum dem Verfahren nach zunächst Buchhaltung und Bilanz, wobei die Zeiträume lang oder kurz sein können. Die lange Periode und den normalen kaufmännischen Zeitraum bildet das Jahr, auf das daher Buchhaltung und Bilanz zunächst abgestellt waren und es grundsätzlich heute noch sind. Die kurzfristige Bestands- und Erfolgsrechnung sind nur Ergänzungsrechnungen, von wie großer praktischer Bedeutung sie auch sein mögen.

Die Buchhaltung wiederum ist entweder Geschäfts- oder Betriebsbuchhaltung. Die Geschäfts- oder auch Finanzbuchhaltung umfaßt die externen betrieblichen Beziehungen: zu Gläubigern und Schuldnern, zu Staat, Sozialorganisationen, Kartellen, Verbänden und Betriebsinhabern, die Betriebsbuchhaltung dagegen die inneren betrieblichen Vorgänge: den Produktionsprozeß, seine Kosten und Ergebnisse. Buchhaltung und Bilanz sind Vergangenheitsrechnungen, die Blickrichtung geht nach rückwärts.

Ebenfalls eine Zeitraumrechnung, aber mit dem Blick nach vorwärts, ist der Wirtschaftsplan (das Budget) und die Plankostenrechnung. Das Budget kann zeitlich ein Gesamtplan: für ein Jahr oder eine noch längere Periode, oder ein Teilplan: für ein Halbjahr, ein Vierteljahr, einen Monat sein. Auch sachlich kann das Budget ein Gesamtplan (umfassend den gesamten Betrieb: Absatz-, Produktions-, Finanz-, Kostenplan), oder ein Teilplan sein (vielleicht nur den Kostenplan oder nur den Reklameplan umfassend).

Die Kostenträgerrechnung ist dem Verfahren nach Selbstkostenrechnung und Kalkulation in ihren mannigfachen Formen. Im Verhältnis zum Zeitpunkt der Produktion ist sie Vor- und Nachkalkulation.

Die Vergleichsrechnung bedient sich der Statistik. Sie ist zunächst Wirtschaftlichkeitsrechnung in drei Formen: als Zeit-, Betriebs- und Soll-Istvergleich. Weiter aber dient die Statistik Bestands- und Bewegungsvergleichen verschiedenster zeitlicher und sachlicher Art: Jahres-, Monats-, Wochen- und Tagesstatistiken; Auftrags-, Debitoren-, Kreditoren-, Kassen-, Vorratsbestandsstatistiken; Kosten-, Erfolgs-, Umsatzentwicklungsstatistiken. Der Vergleich kann dabei durch absolute Zahlen und Zahlenreihen oder durch Kennziffern, mit oder ohne Richtzahlcharakter, geschehen.

Nicht nur die formale, sondern auch die materielle Art der Rechnungsverfahren ist für die natürliche Gliederung und Systembildung wichtig. Insbesondere die Verwendung von Soll- oder Istwerten ist für die einzelnen Verfahren und damit auch für den Gegenstand der Verrechnung bedeutsam. Die Sollwerte sind Budget- oder Standardwerte. Die Istwerte sind entweder Zeit- oder ursprüngliche Beschaffungswerte.

So ergibt sich folgende Systematik des betrieblichen Rechnungswesens[1]):

[1]) s. Mellerowicz, a. a. O. Bd. II, 1, S. 18.

Nach dem Gegenstand der Rechnung		I. Zeitraumrechnung			II. Kostenträgerrechnung	III. Vergleichsrechnung
Nach dem Verfahren	a) formal	1. Budget a) Gesamt-, b) Teilbudget zeitlich und sachlich 2. Plankostenrechnung	2. a) Bilanz aa) Jahres-, bb) Monatsbilanz bzw. kurzfr. Erfolgsrechnung	b) Buchhaltung aa) Geschäfts-, bb) Betriebsbuchhaltung	a) Vor-, b) Nachkalkulation	Statistik a) Zeit-, b) Betriebs-, c) Soll-Ist-vergleich d) Bestands- und Entwicklungsvergleiche versch. Art
	b) materiell	Sollwerte	Istwerte	aa) Istwerte bb) Ist- bzw. Soll-Istwerte	a) Soll-, b) Istwerte	Ist- bzw. Soll-Istwerte

V. Die betrieblichen Funktionen.

1. Leitung und Verwaltung.

Leitung ist der „zentrale Wille" im Betriebe[1]). Sie liegt beim Unternehmer.

Das Wesen des Unternehmers ist Betriebsführung unter eigener Verantwortung und auf eigene Gefahr. Dies war das Kennzeichen des Unternehmers in der freien Wirtschaft, und dies ist es auch in der gelenkten Wirtschaft. Geändert hat sich nur die geistige Haltung und das Ziel.

In der freien Wirtschaft war das Ziel, die größtmögliche Rendite für das eingesetzte Kapital zu erreichen. Der Unternehmer setzte dazu Arbeit und Kapital innerhalb der von ihm geschaffenen Betriebsorganisation ein. Nicht immer aber war seine Haltung dabei gemeinschaftsgebunden, sondern viel zu häufig rein gewinnstrebend.

Das liegt aber nicht im Wesen des Unternehmers, sondern ist seine Entartung. Der echte Unternehmer sucht die Gelegen-

[1]) Über die Untergliederung der Funktion Leitung s. Abschnitt Organisation S. 141/42.

heiten zu einem erfolgreichen Einsatz, wägt die Chancen, wagt den Einsatz und erstrebt einen angemessenen Erfolg. Dabei ist erwiesen, daß der Unternehmer der erfolgreichste und gegen Krisen der widerstandsfähigste ist, der mit klarem Blick für die Realitäten der Wirtschaft nur einwandfreie Geschäfte tätigt, der gegenüber seiner Gefolgschaft wahre soziale Gerechtigkeit verwirklicht und verantwortungsbewußter Führer einer an ihn und das Werk persönlich gebundenen Gefolgschaft ist. Der wahre Unternehmer zieht bewußt echte Betriebsgemeinschaft und einwandfreies Geschäftsgebahren der größtmöglichen Rendite vor.

Diesen Typ des Unternehmers verlangt die nationalsozialistische Wirtschaftsauffassung. Die staatliche Wirtschaftsführung hat durchaus nicht die Absicht, die Unternehmerinitiative einzuengen, vielmehr will sie dem Unternehmer seine gemeinwirtschaftliche Aufgabe erleichtern: durch Feststellung der staatlichen wirtschaftspolitischen Ziele, der Dringlichkeit der einzelnen Aufgaben, des Mindestmaßes sozialer Gerechtigkeit im Betriebe und durch Verwirklichung echten Leistungswettbewerbes auf dem Markte. Klar und unabdingbar ist die Forderung an den Unternehmer: echte Betriebsgemeinschaft zu verwirklichen, wirtschaftlichste Bedarfsdeckung und Stärkung des Betriebes zu erstreben. Diese Aufgaben zu erfüllen, soll der Unternehmer seine persönliche Initiative voll entfalten, soll mit Bewußtsein den Einsatz wagen und die uneingeschränkte Verantwortung für sein Handeln übernehmen.

Die Wege zur Durchsetzung des Leitungswillens des Unternehmers können doppelter Art sein:

a) Die Leitung trifft über jeden einzelnen Vorfall eine besondere Entscheidung. Die Leitung ist die einzige Stelle, die Entscheidungen treffen kann. Dieser Fall ist praktisch nur in kleinen Betrieben möglich.

b) Die Leitung bestimmt das Geschehen nur in Umrissen und überläßt die Entscheidung in Einzelfragen den untergeordneten ausführenden Stellen. Wieweit die Grenzen der Anordnungsbefugnis der Unterführer gehen, kann verschieden sein. Sie können so eng sein, daß praktisch die Entscheidung stets bei der Leitung liegt: normale Vorfälle werden durch Richtlinien geregelt, anormale und einmalige entscheidet die Leitung. Anderseits kann die Anordnungsbefugnis so weit gehen, daß den nachgeordneten Stellen eine mehr oder weniger freie Entscheidung möglich ist.

Aufgabe der Verwaltung[1]) ist, die dem Betrieb zur Verfügung stehende Arbeitskraft und die Bestände an Kapitalgütern pfleglich zu behandeln, für ihren wirtschaftlichsten Einsatz und ihr harmonisches Zusammenwirken zu sorgen. Die Verwaltung ist das ausführende Organ der Leitung.

Eines der wichtigsten Instrumente der Verwaltung ist das Rechnungswesen. In ihm werden sämtliche Betriebsvorfälle erfaßt, geordnet und für Zwecke der Betriebsleitung ausgewertet.

2. Beschaffung.

a) Finanzierung.

α) Allgemeines.

αα) Begriff.

Finanzierung ist Kapitalbeschaffung für Betriebszwecke. Eine jede Kapitalbeschaffung ist Finanzierung: Beschaffung von Geld- und Sachkapital (Einbringung von Anlagen und ganzen Betrieben [Sachgründung]), Beschaffung von Eigen- und Fremdkapital, von lang- und kurzfristigem Kapital, auch die Rückzahlung von Kapital bei zu groß gewordener Kapitaldecke ist Finanzierung, überhaupt jede Ordnung der betrieblichen Kapitalverhältnisse. Auch die Kapitalquelle ist gleichgültig: ob Beschaffung von Verwandten und Bekannten oder durch den Markt, den organisierten oder unorganisierten Markt;

---

[1]) Untergliederung der Funktion Verwaltung s. Abschnitt Organisation S. 142.

ob von Banken oder Lieferanten; ob aus dem unverteilten Gewinn des Betriebes oder durch neue Einlagen; ob gegen Sicherstellung oder ohne eine solche. Die Theorie der Finanzierung hat demnach die gesamte finanzielle Führung der Unternehmung zu erfassen und Grundsätze für die gesamte Finanzgebarung aufzustellen. Sie umfaßt also auch die tägliche Kapital- (Geld-, Kassen-) Disposition. Das Ziel ist rationale Finanzwirtschaft.

ββ) Arten.

Nach der Häufigkeit des Vorkommens kann die Finanzierung sein:

1. laufende,
2. besondere.

Die laufende Finanzierung ist Kapitalbeschaffung für tägliche, periodische und öfter vorkommende Bedarfsfälle.

Die besondere Finanzierung ist eine einmalige und gelegentliche. Sie umfaßt insbesondere folgende fünf Finanzierungsfälle:

1. Gründung (Neu- und Umwandlungsgründung),
2. Erweiterung,
3. Konzentration (Fusion und Beteiligung),
4. Sanierung,
5. Auflösung (Liquidierung).

Nach der Herkunft der Mittel ergeben sich folgende Finanzierungsarten:

1. Eigenfinanzierung (aus eigenen Mitteln: Einlagen, Aktien- und Stammkapital usw.);
2. Selbstfinanzierung (aus unverteiltem Gewinn, auch Überschußfinanzierung genannt);
3. Fremdfinanzierung (aus fremden Mitteln, aus dem Kreditmarkt).

Die Selbst- und ein Teil der Eigenfinanzierung (Einlagen) umfassen die Innenfinanzierung; die Fremd- und teilweise die Eigenfinanzierung (z. B. Aktienbegebung) bilden die Außenfinanzierung.

Die Wahl der Mittel ist von betrieblichen Überlegungen und marktwirtschaftlichen Möglichkeiten abhängig. Jeder einzelne Finanzierungsfall zeigt seine individuelle Note.

Das **Eigenkapital** ist normalerweise wenigstens so groß wie das Anlagekapital. Dies ist bei Produktionsunternehmungen durchschnittlich etwa 50% des Gesamtkapitals, im Warenhandel etwas geringer, bei Banken nur ein Bruchteil davon. Es ist die Frage des einzelnen Falles, ob daneben langfristiges Fremdkapital erhältlich und vorteilhaft ist. Verfehlt, wenn auch oft vorkommend, ist die Finanzierung des Anlagekapitals durch kurzfristiges Leihgeld (vor allem Bankkredite). In den ersten Jahren des Bestehens ist der Bedarf an Eigenkapital größer als nach Jahren erfolgreichen Wirtschaftens.

Die Frage, ob die Finanzierung des Anlagekapitals durch Eigen- oder Fremdkapital (z. B. Obligationen, Hypotheken) erfolgen soll, ist eine Frage der Kalkulation: der Einschätzung der eigenen Rentabilität und der Entwicklung des landesüblichen Zinsfußes. Obligationen als Gläubigerpapiere stellen eine feste Belastung dar, auch in Zeiten geringerer oder fehlender Rentabilität. Bei hoher Rentabilität stellen sie ein Mittel der Beschaffung billigen Kapitals dar, das die Rentabilität des eigenen Kapitals stark erhöhen kann.

Auch das Umlaufskapital kann auf beiden Wegen: Eigen- und Fremdfinanzierung, beschafft werden. Doch ist hier die Möglichkeit, kurzfristige Kredite zu erhalten, größer, auch für Nichtaktiengesellschaften, leichter vor allem in den späteren Lebensjahren des Unternehmens.

γγ) Finanzierungsgrundsätze.

Die wichtigsten Finanzierungs**grundsätze** sind folgende:

1. Jede Kapitalinvestierung muß wirtschaftlich sein.
2. Anlagekapital ist mit eigenem oder langfristigem Fremdkapital zu finanzieren. Langfristige Investierung und langfristig verfügbares Kapital müssen sich entsprechen (Prinzip der finanzwirtschaftlichen Übereinstimmung).

3. Über die Finanzierung durch Eigen- oder Fremdkapital entscheidet die eigene Rentabilität und die zukünftige Zinsentwicklung (Verhältnis von Zins und Rente).
4. Kurzfristige Kredite werden aus dem Umsatz, langfristige aus dem Gewinn rückerstattet.
5. Das Liquiditätsproblem kann nur durch ein richtiges Verhältnis von Kapital und Kapitalgütern gelöst werden, ist in allen Betrieben, wenn auch vor allem in Banken, erster Grundsatz betrieblicher Finanz- und Wirtschaftspolitik und rangiert vor Sicherheit und Rentabilität.
6. Die richtige Finanzierung muß durch richtige Anlage- und richtige Lagerhaltungspolitik ergänzt werden.
7. Zur richtigen Anlagepolitik gehört vor allem auch vernünftige Erhaltungswirtschaft.
8. Kapitalerhaltung und Erneuerung ist aus dem Ertrag zu finanzieren, Betriebsentwicklung und Erweiterung durch neues (eigenes oder fremdes) Kapital.
9. Selbst(Überschuß-)finanzierung (Finanzierung aus Gewinn) findet in der Dividendenpolitik Möglichkeit und Grenze.
10. Der Ertrag, und zwar nur der dauernd erzielbare Ertrag, bestimmt Möglichkeit und Größe der Investition, Beleihung und Verwertung der Unternehmung als Ganzes.

β) Der Finanzplan.

Die Finanzierung erfordert zunächst, um zur rationalen Finanzwirtschaft zu gelangen, einen Finanzplan, sowohl bei der laufenden als auch bei der besonderen Finanzierung: die Kalkulation des voraussichtlichen Kapitalbedarfes und der Mittel seiner Deckung. Der laufende Finanzplan ist ein Teil des gesamten Wirtschaftsplanes. Er hat den voraussichtlichen Bedarf an Kapital (Anlage- und Umlaufskapital) für eine kurze Periode (Monat, Viertel-, Halbjahr) an Hand der beschlossenen Erweiterungen, Lagerauffüllungen, der Fälligkeit von Verpflichtungen, Löhnen und Gehältern und den voraussichtlichen Eingängen möglichst genau zu errechnen. Der Finanzplan für besondere Zwecke wird vor allem bei Gründungen (Neu- und Umwandlungsgründungen) und bei Erweiterungen aufgestellt.

Dieser Finanzplan beruht auf folgenden Überlegungen:

1. voraussichtliche Umsatzmöglichkeit (mit Hilfe der Marktanalyse); 2. geplante Produktionskapazität, geplante Vertriebskapazität bzw. geplantes Warenlager; 3. Veranschlagung des voraussichtlichen Betriebskapitals mit Hilfe des Umschlagskoeffizienten, der die Beanspruchung des Kapitals für das Lager darstellt; 4. Errechnung der Differenz zwischen gegebenen und erhaltenen Krediten unter Berücksichtigung der beiden Gesamtsummen. Bei Produktionsunternehmungen kommt hierzu noch die Produktionszeit. Insgesamt ist also die Zeit von der Beschaffung der Ware bis zum Zahlungseingang zu veranschlagen.

Nach der Veranschlagung des Kapitalbedarfs ist ein Rentabilitätsplan aufzustellen. Überall, wo Finanzierungsfragen zu lösen sind, entstehen zugleich Rentabilitätsfragen. Beide sind entscheidende Unternehmungsfragen. In der freien Wirtschaft gilt das Gesetz der Kapitalbewegung: die Bewegung des Kapitals nach dem Ort der größten Rentabilität. Das Vorhandensein festen Kapitals und seine Verwertungsmöglichkeit ist der stärkste Grund für die Abweichung von der sonst geradlinigen Bewegung nach diesem Punkt. In der gelenkten Wirtschaft sind Gemeinschaftsbelange entscheidend. Die Rentabilität ist nur von sekundärer Bedeutung, obschon auch sie nicht außer acht gelassen werden kann, unbeschadet der größeren Bedeutung, die die Wirtschaftlichkeit (Ergiebigkeitsgrad, Sparsamkeitsgrad des Betriebes) hat.

Finanz- und Rentabilitätsplan sollen nicht nur den Kapitalbedarf zeigen, sondern auch den Kapitalverbrauch regeln, der insbesondere von der Anlage- und Lagerhaltungspolitik und der betrieblichen Erhaltungswirtschaft (Lebenserhaltung der Anlagen durch Instandhaltung und Erneuerung) abhängig ist. Richtige Finanzierung und richtige Anlage- und Erhaltungspolitik bringen erst richtigen Kapitalverbrauch und Kapitalbindung (durch Anlagen und Lagerhaltung) und vernünftige Liquidität hervor.

γ) Der Kreditmarkt als Finanzierungsorganisation.

αα) Der Kredit und seine Arten.

Die Innenfinanzierung geschieht aus Überschüssen des Betriebes und Einlagen; die Außenfinanzierung ist dagegen auf den Kreditmarkt, den Geld- und Kapitalmarkt, angewiesen. Beide Märkte gewähren Kredit.

Kredit ist die Gewährung von Kaufkraft zur Nutzung als Eigentum gegen den Anspruch auf spätere Gegenleistung oder: Kredit ist Gewährung von Gegenwartsgeld gegen Zukunftsgeld.

Der Herkunft nach ist der Kredit: a) Kreditgewährung (aus eigenen Mitteln),

b) Kreditvermittlung (aus fremden Mitteln: Depositen, Kreditoren),

c) Kreditschöpfung (Schaffung von Kaufkraft in Form von Giralgeld, möglich infolge des bargeldlosen Zahlungsverkehrs).

Dem Zweck nach kann der Kredit Erweiterungs-, Überbrückungs- und Defizitkredit sein (Walb).

Der Fristigkeit nach kann der Kredit sein:

a) kurz-,
b) mittel-,
c) langfristig.

Der kurzfristige Kredit läuft im allgemeinen 90 Tage (Dreimonatswechsel), im Außenhandel bis zu 9 Monaten, in der Landwirtschaft bis zu einem Jahr. Dies hängt von dem Kapitalumschlag ab. Mittelfristiger Kredit ist ein solcher von 90—180 Tagen, langfristiger von 1—5, 10, ja 50 und mehr Jahren.

Nach der Deckung kann der Kredit sein:

a) Personal- (vom Vermögen nur generell oder auch nicht gedeckter (Blanko-)Kredit) oder
b) Realkredit (durch Absonderung bestimmter Aktiva, speziell gedeckt).

Die Formen der Kreditsicherung sind überaus mannigfaltig: durch Effekten, Waren, Hypotheken usw.

Der Verwendung nach ist der Kredit:

a) Betriebs- (zur Finanzierung des laufenden Bedarfs),
b) Anlagekredit (zur Finanzierung des Anlagekapitals).

Der Betriebskredit ist kurz-, der Anlagekredit langfristig.

ββ) Der Geldmarkt.

Der Geldmarkt ist der Markt für kurzfristiges Leihkapital.

Geldmarktkredite werden gekennzeichnet:

1. durch die Kurzfristigkeit (Rückzahlung nach kurzem Termin);
2. durch die Gewährung für einen bestimmten Zweck und Rückzahlung nach seiner Erfüllung (Produktion, Einkauf, Spekulation);
3. durch die lockere Beziehung zwischen Gläubiger und Schuldner: lediglich Interesse des Kreditgebers am Zins, nicht am Unternehmergewinn.

Zu 1.

Kurzfristig ist im Grunde alles, was kurzfristig verwertbar ist. Hierfür bestehen grundsätzlich zwei Möglichkeiten:

1. die Rediskontierung,
2. der Verkauf.

Zu 2.

Geldmarktkredite sollen sich selbst liquidierende Kredite sein. Nach Erfüllung des Zweckes: Produktion, Einkauf (Handel), Realisierung der Spekulation, soll aus dem Umsatzbetrag der Kredit zurückgezahlt werden. Darum wird der Geldmarktkredit für einen bestimmten Zweck gewährt.

Dem Wesen des Geldmarktes entspricht daher der sich selbst liquidierende Betriebskredit.

Zu 3.

Die Bindung zwischen Gläubiger und Schuldner ist nicht sehr eng. Sie ist bei weitem nicht so eng wie bei Kapitalmarktkrediten, wo der Gläubiger infolge der Langfristigkeit stark an dem Schicksal des Schuldners interessiert ist. Geldmarktkrediten liegt lediglich ein Zinsgeschäft zugrunde.

Die Quellen des Geldmarktes sind:

1. Sparkapital, das noch nicht endgültig angelegt ist,
2. Kassenbestände,
3. Kreditschöpfung.

Der Geldmarkt gliedert sich in drei unterschiedlich organisierte Teilmärkte:

1. den börsenmäßig organisierten Geldmarkt,
2. den Geldmarkt der Banken,
3. den unorganisierten Geldmarkt.

Zu 1.

Der Geldmarkt der Börse umfaßt Effektenbeleihungs- und (Privat-)Diskontgeschäfte.

Zu 2.

Der Geldmarktverkehr der Banken spielt sich zwischen Bank und Bank oder Bank und Kunden ab. Er ist also im Gegensatz zum Börsenmarkt weder zeitlich noch örtlich konzentriert.

Nach der Art der gewährten Kredite können die folgenden fünf Geschäfte des Bankengeldmarktes unterschieden werden:

1. Diskontkredit,
2. Kontokorrentkredit,
3. Lombardkredit,
4. Akzeptkredit,
5. Rembourskredit.

Eine besondere Rolle im Rahmen des bankmäßig organisierten Geldmarktes spielt die Reichsbank. Sie hat auf Grund ihrer rechtlichen und wirtschaftlichen Stellung die Aufgabe, den Geldmarkt im gemeinwirtschaftlichen Sinne zu lenken. Die Mittel, die ihr hierzu zur Verfügung stehen, sind das Diskont- und Lombardgeschäft. Durch diese Geschäfte vermag sie auch das Kreditvolumen von Banken und Börse bis zu einem bestimmten Grade zu beeinflussen.

Zu 3.

Der nicht organisierte Geldmarkt spielt sich zwischen privaten Kreditgebern und -nehmern ab, also außerhalb von Banken und Börse. Die hier gewährten Kredite sind nach Art und Ursprung sehr verschieden. Einen großen Teil von ihnen nehmen die Lieferanten- und Stundungskredite ein. Sie ergeben sich aus der natürlichen Beziehung zwischen Warenlieferant und Kunden. Ein weiterer Teil sind reine Finanzkredite, die sich durch Zeitungsanzeigen oder sonstige Vermittler anbahnen.

$\gamma\gamma$) Der Kapitalmarkt.

Der Kapitalmarkt ist der Markt für langfristiges Leihkapital. Dem Wesen des Kapitalmarktes entspricht der Anlagekredit.

Für die Kapitalmarktkredite sind vier Wesensmerkmale charakteristisch:

1. Die Laufzeit ist lang; sie ist im allgemeinen vom Schuldner, von seiner Kreditverwendung abhängig.
2. Die Liquidierung der Kapitalmarktkredite geht nur äußerst langsam vor sich. Sie vollzieht sich in dem Maße, als Anlageteile in Form von Abschreibungen in das Fertigprodukt eingehen und in dem Produkterlös ihre Rückerstattung finden.
3. Durch die Verwendung der Kapitalmarktkredite wird der Kapitalmarktgläubiger an eine bestimmte Unternehmung gebunden. Kapitalmarktkredite sind daher nicht in dem Sinne freizügig wie die Geldmarktkredite, die in der Regel aus liquiden Mitteln rückerstattet werden können. Sie können vielmehr infolge Höhe und Verwendung höchstens durch andere, neue Kredite abgelöst werden. Voraussetzung hierfür ist aber, daß zwischen Sparkapital- und Investitionsvolumen sowie Kapitalneubildung und Anlagezugang stets ein harmonisches Verhältnis besteht. Andernfalls stehen auch der Kapitalablösung Schwierigkeiten entgegen.
4. Durch die Bindung der Kapitalmarktkredite an die Unternehmung bzw. das Anlageobjekt entsteht zugleich eine enge schicksalhafte Verbundenheit zwischen Gläubiger und Schuldner. Kapitalmarktkredite sind „Beteiligung in Kreditform".

Aus dieser Kennzeichnung der Kapitalmarktkredite geht deutlich die Funktion des Kapitalmarktes hervor. Sie liegt in der Finanzierung der Produktionsausrüstung und sonstiger langlebiger Anlagen. Während der Geldmarkt vor allem im Dienst der Verteilung steht, steht der Kapitalmarkt im Dienste der Produktion.

Der Kapitalmarkt dient ferner aber auch der Ablösung der zur Verfügung gestellten Anlagekredite. Er gibt dem Kapitalmarktgläubiger die Möglichkeit, die investierten Mittel für eigene Zwecke wieder frei zu bekommen (Mobilisierung des Kredites).

Der Kapitalmarkt hat zwei Teilmärkte:

1. die Börse
   a) für Effektenemission,
   b) für Effektenhandel;
2. den freien Kapitalmarkt (Banken und Private) für Vermittlung von
   a) Hypotheken (Sparkassen, Hypothekenbanken, Versicherungsgesellschaften);
   b) Baukrediten (meist von denselben Betrieben wie unter a) gewährt, aber auch von privaten Kreditbanken auf Grund fester Abmachungen mit Pfandbriefbanken);
   c) Teilhaberkapital (nicht vertretbare Anteile und Effekten ohne Börsenzulassung);
   d) industrielle Anlagekredite.

Nach der Organisation ist der Kapitalmarkt:

1. ein organisierter,
2. ein nicht organisierter Kapitalmarkt.

Der organisierte Kapitalmarkt, der den Kapitalverkehr von Banken und Börse umfaßt und sich lediglich auf Effekten und die davorliegenden Hypotheken bezieht, hat sein charakteristisches Merkmal in der leichten Mobilisierbarkeit der dort angelegten Mittel. Diese wird vor allem durch die Verbriefung der Kapitalrechte in Form von leicht verkäuflichen Effekten (Anteilscheine, Pfandbriefe usw.) bewirkt.

Die Effektenform macht die gewährten Kapitalrechte

vertretbar und damit verkehrsfähig. Sie können verkauft oder verpfändet werden und garantieren so, wenigstens in normalen Zeiten, die Beschaffung liquider Mittel.

Anderseits ist für den Kapitalmarkt die Langfristigkeit der ihm zugeführten Mittel charakteristisch (Spareinlagen, Kündigungsgelder, Hypotheken).

Der nicht organisierte Kapitalmarkt umfaßt den Verkehr zwischen Privaten. Er vollzieht sich außerhalb von Banken und Börse, in der Regel auf Grund von Zeitungsanzeigen oder privater Vermittlung. Kreditgeber sind in erster Linie Handwerker, Beamte, Angestellte oder Angehörige freier Berufe.

Die Hauptgeschäfte des nicht organisierten Kapitalmarktes liegen in der Gewährung von Hypotheken, in der Beteiligung an Personalgesellschaften und Gesellschaften mit beschränkter Haftung, denen der Börsenmarkt nicht zugängig ist, sowie in dem Handel in nicht notierten Effekten.

δδ) Die deutsche Bankenorganisation.

Die deutsche Bankenorganisation, als wichtigster Teil des Geld- und Kapitalmarktes, zeigt folgenden Aufbau:

I. Private Banken:
  A. Private Kreditbanken:
    a) Universalbanken (Kapitalgesellschaften und Privatbankiers)
    b) Spezialbanken (spezialisiert auf: einzelne Gewerbezweige, einzelne Unternehmungen, einzelne Geschäftsarten.
  B. Hypothekenbanken (reine und gemischte).

II. Öffentliche Banken:
  A. Notenbanken (Reichsbank).
  B. Pfandbriefbanken:
    a) reine Pfandbriefbanken:
      1. Landschaften,
      2. Stadtschaften, staatliche und städtische Hypothekenbanken,
      3. Industrieschaften,
      4. Rentenbanken,
      5. Landeskulturrentenbanken,

b) gemischte Pfandbriefbanken:
1. mit überwiegendem Bodenkreditgeschäft (Landeskreditkassen, Provinzialhilfskassen),
2. mit überwiegendem Depositengeschäft (einzelne Landesbanken).

C. Kreditbanken:
a) Staatsbanken,
b) Landesbanken,
c) Sparkassen,
d) Kommunal- (Stadt- und Kreis-) Banken,
e) Girozentralen und Gemeinschaftsbanken,
f) einzelne Spezialbanken:
1. Rentenbank und Rentenbank-Kreditanstalt,
2. Golddiskontbank,
3. Bank für deutsche Industrieobligationen,
4. Verkehrskreditbank A.-G.

III. Genossenschaftsbanken (landwirtschaftlicher und gewerblicher Art mit der Deutschen Zentralgenossenschaftskasse als Spitzeninstitut)[1].

εε) Effekten als Finanzierungsmittel.

In der heutigen Zeit spielt die **Finanzierung** durch **Effekten** (Aktien und Obligationen) eine wichtige Rolle.

Effekten sind **vertretbare Wertpapiere**. „Wertpapiere sind Urkunden, deren Innehabung Bedingung für die Verwertung (Ausübung, Übertragung, Entstehung) des in ihnen verbrieften Rechtes ist" (Brunner).

---

[1]) Die Bedeutung der einzelnen Banktypen für die Finanzierung der Wirtschaft ergibt sich aus ihren Anteilverhältnissen an den kurz- und langfristigen Krediten. Ende 1929 betrugen die Anteile:

	Betrag Mrd. RM.	%
1. am Kurzkredit:		
a) Private Kreditbanken (davon allein auf die damals 6 Berliner Großbanken $^2/_3$)	16.8	66.4
b) Öffentliche Banken	4.4	17.4
c) Gewerbliche Kreditgenossenschaften	1.5	5.9
d) Sparkassen	2.6	10.3
	25.3	100.0
2. am Langkredit:		
a) Private Banken	6.6	34.0
b) Öffentliche Banken und Sparkassen	12.8	66.0
	19.4	100.0

Nach der Art des verbrieften Rechtes sind sie:

a) Forderungspapiere (Anrecht auf eine Leistung, z. B. Wechsel, Scheck, Obligation).
b) Sachenrechtliche Papiere (Rechte an einer Sache, vor allem Pfandrechte, z. B. Hypothekenbrief). Traditionspapiere stellen eine Verbindung von Forderungs- und Herrschaftsrechten an einer Sache dar, z. B. Konnossement (Anrecht auf Herausgabe der Ware).
c) Anteilspapiere (Anteil an dem Vermögen eines Kapitalvereins, z. B. Aktie).

Nach der Art der Übertragungsmöglichkeit sind Wertpapiere:

a) Inhaberpapiere (Verpflichtung des Ausstellers zur Leistung an den jeweiligen Inhaber, Übertragung durch einfache Weitergabe),
b) Namenspapiere: 1. Orderpapiere (Leistung an bestimmte Person oder Indossatar, Übertragung durch Indossament); 2. Rektapapiere (nur durch Zession übertragbar, z. B. Hypothekenbrief, vinkulierte Namensaktie).

Hier interessieren vor allem die Effekten des Börsenverkehrs, die entweder Anteilspapiere (Aktien, Kuxe, G. m. b. H.-Anteile), Anteilscheine (Interims-, Umstellungsscheine), Gläubigerpapiere (Obligationen) und Genußscheine sein können.

Aktien sind Anteilspapiere an einem Aktienverein mit einem Recht am Reinvermögen (Dividende und Recht am Liquidationserlös) und an der Verwaltung (Stimmrecht). Sie lauten auf einen bestimmten Nennwert (1000 RM.).

Quotenaktien sind in Deutschland nicht erlaubt, wohl aber ein „genehmigtes Kapital" (Erhöhung des Grundkapitals einer A.-G. durch Ausgabe neuer Aktien gegen Einlagen für höchstens fünf Jahre nach der Gründung bzw. nach Satzungsänderung), § 169 Akt.-Ges.

Nach dem Anteil am Reinvermögen sind Aktien:

1. Stamm- (gewöhnliche, die ursprünglichen) Aktien;
2. Vorzugsaktien:
   a) Aktien mit Sonderrechten am Vermögen und am Ertrage — höhere oder prioritätische Dividende;
   b) obligationsähnliche, limitierte Vorzugsaktien: der prioritätische Gewinnanteil ist limitiert, ebenso der Anteil am Liquidationserlös; oft sind auch Kündigung des Kapitals und meist kumulative Dividende vorgesehen.

Nach dem **Anteil an der Verwaltung** gibt es:

1. Aktien mit einfachem,
2. Aktien mit mehrfachem Stimmrecht.

Nach der **wirtschaftlichen Funktion** können Aktien sein:

1. Finanzierungsaktien (Stamm-, Vorrechts- und obligationsähnliche Aktien);
2. Herrschaftsaktien: Vorbedingung für ihre Schaffung ist der Ausschluß des gesetzlichen Bezugsrechtes. Sie sind vor allem Mehrstimmenaktien (mehr Stimmen im Verhältnis zum eingezahlten Kapital auf diese Kategorie von Aktien). Der Zweck ist Herrschaftserhaltung der bisherigen Majorität, der Verwaltung, der Großaktionäre (Schutz-, Überfremdungs-, Verwertungs-, Reserve-, Vorratsaktien).

Die **Interimsscheine** ersetzen die Aktien bis zu deren Erscheinen, besitzen demnach denselben Charakter wie diese.

Genußscheine dagegen tragen einen anderen Charakter. Sie beruhen nicht auf einer Einlage. Ihrer Art nach sind sie sehr verschieden: Ablösungsgenußscheine (z. B. bei Heimfallsgesellschaften für das allmählich amortisierte Kapital), Abspleißungsgenußscheine (die Aktien bleiben bestehen, es werden nur einzelne Rechte im Genußschein verselbständigt, meist Dividendengenuß); Zusatzgenußscheine (sie gewähren Rechte bei gleichzeitig bestehenbleibenden vollrechtlichen Aktien [meist Sanierungsscheine]). Unabhängig dagegen sind z. B. die Gründungsgenußscheine. Die Rechte der Genußscheine sind meist Anrecht auf Dividende, oft auch Anrecht auf Liquidationserlös, ja sogar auf Stimmrecht.

Obligationen sind Gläubigerpapiere mit festem Zins. Neben diesen gibt es auch **Gewinnobligationen**, die neben dem festen Zins in einem bestimmten Verhältnis zur Dividende einen Gewinnanteil gewähren. Obligationen mit Sonderrechten sind auch die **Wandelobligationen** (Convertible Bonds), die dem Inhaber das Recht zum Umtausch in Aktien innerhalb einer bestimmten Zeit und unter bestimmten Bedingungen geben, und die **Obligationen mit Bezugsrecht** (auf Aktien). Convertible Bonds gehen nach dem Umtausch unter; Obligationen mit Bezugsrecht bleiben auch nach dem Bezug bestehen; bei Ausübung des Bezugsrechts sind Bareinzahlungen zu leisten.

Das Unterbringen der Effekten im Publikum nennt man Emission. Dies kann mit oder ohne Hilfe der Banken, mit oder ohne die Börse geschehen. Emission ist nicht die Ausgabe der Aktien durch die Aussteller (z. B. an das Übernahmekonsortium) — dies ist nur Emission im rechtlichen Sinne —, sondern erst das Inverkehrbringen, die Übergabe an das Publikum.

Die Methoden der Emission sind vor allem folgende:

I. die direkte Emission (unmittelbares Angebot an den Anlagesuchenden; sie ist nur möglich: bei bekannten Unternehmungen mit eigener Vertriebsorganisation und bei Unabhängigkeit vom Geldeingang zu einem bestimmten Termin; das Emissionsrisiko liegt bei der ausgebenden Unternehmung. Ausgabe und Emission fallen zusammen. Trotz Unabhängigkeit von der Bank, Ersparung der Emissionsspesen, ist diese Methode praktisch nur selten anwendbar);

II. die indirekte Emission — zwischen die Unternehmung und den Kapitalgeber schiebt sich eine Vermittlungsstelle, eine Bank oder ein Bankenkonsortium. Vorteile: das Emissionsrisiko übernimmt ganz oder teilweise die emittierende Stelle, zugleich die Kursregulierung in der Folgezeit,
- a) ohne Börse:
  1. Auflegung zur Zeichnung,
     - α) mit festem Kurs,
     - β) mit unbestimmtem Kurs (Tendersystem),
  2. Vertrieb unter der Hand (sous le manteau), die Placierung;
- b) mit Inanspruchnahme der Börse:
  1. Einführung und sofortiger freihändiger Verkauf,
  2. Einführung und allmählicher Absatz (bes. bei festverzinslichen Werten, vor allem Pfandbriefen).

Die Einführung an der Börse, wenn sie auch nicht notwendig ist, ist doch von erheblichem Wert. Hierzu bedarf es in Deutschland eines Zulassungsantrages durch die Bank, Veröffentlichung eines Prospektes (Prospektzwang) und die Erfüllung sonstiger Voraussetzungen: Sperrjahr (ein Jahr nach der Eintragung und der Veröffentlichung der Jahresbilanz mit Erfolgsrechnung), Mindestbetrag des Aktienkapitals (500 000 RM. in Berlin, Frankfurt/Main, Hamburg; 250 000 RM. bei den übrigen Börsen), volle Einzahlung, außer bei Versicherungsaktien; bei Banken die Verpflichtung zur Veröffentlichung von Monatsbilanzen u. a.

Effekten sind aber nicht nur Finanzierungsmittel. Sie sind auch Mittel zur Kapitalanlage in direkter oder indirekter Form (Investmenttrust) und nicht zuletzt, vor allem in unserer Zeit des Effektenprinzips und der Tendenz zur Konzernbildung, ein Mittel zur Beteiligung, zur Interessennahme und Beherrschung von Unternehmungen. Besonders Amerika hat dieses System der Beherrschung von Unternehmungen durch einen Mindestbesitz an Aktien raffiniert ausgebaut und eine oft fast unentwirrbare Verschachtelung der Gesellschaften hervorgebracht (Holding-Companies, Tochtergesellschaften).

δ) Besondere Finanzierungsfälle.

Die besonderen Finanzierungsfälle entstehen aus betriebs- oder marktwirtschaftlichen Vorgängen, die die Unternehmung veranlassen, besondere Finanzierungsmaßnahmen, allein oder in Verbindung mit anderen betriebswirtschaftlichen Maßnahmen, zu treffen.

Die Gründung der Unternehmung kann eine Neu- oder eine Umwandlungsgründung, den Einlagen nach eine Bar-, eine Sach-(qualifizierte) oder eine Schein-Bargründung sein (erst Bargründung; das erzielte Kapital wird dann ganz oder zum Teil zum Erwerb von Sachkapital von den Gründern benutzt). Die Sachgründung erfordert bei Aktiengesellschaften eine Nachprüfung durch unabhängige Revisoren, daher ist sie weniger beliebt. Die Gründung kann ferner Simultan- oder Sukzessivgründung sein, erstere ist in Deutschland, letztere in England üblich.

Die **Erweiterung** bedingt eine Kapitalserhöhung oder Aufnahme langfristiger Kredite (Obligationen) zum Zwecke der Beschaffung von Anlagekapital. Eine Erhöhung ist ferner notwendig für Fusions-, Beteiligungs-, u. U. auch für Sanierungszwecke und für Zurückzahlung von Bankkrediten.

Die Ausgabe der jungen Aktien kann an die alten Aktionäre oder, durch einen Beschluß der Generalversammlung, unter Ausschluß des gesetzlichen Bezugsrechtes [1]) an ein Übernahmekonsortium erfolgen.

Die **Fusion** ist die **Verschmelzung zweier oder mehrerer Unternehmungen zu einer einzigen.** Die Rechtsform ist hierbei unwesentlich. Die Motive zur Verschmelzung sind oft Rationalisierungserwägungen: Erweiterung der Produktionsbasis, Einsparung einzelner Abteilungen; sie geht daher in horizontaler oder vertikaler Richtung. Oft sprechen Sanierungsgedanken mit. Am bedeutsamsten sind die Verschmelzungen von Aktiengesellschaften, und zwar die Form **ohne Liquidation.** Der Austausch der Aktien geschieht direkt an die Aktionäre. Weit weniger häufig kommt die Fusion mit Liquidation vor. In diesem Falle wird der Gegenwert (Aktien oder bare Mittel) an die Aktiengesellschaft verausfolgt.

Die **Sanierung** ist die **finanzielle (oft zugleich eine betriebliche) Reorganisation einer Unternehmung, mit dem Ziel, sie wieder rentabel zu machen.** Wesentlich ist hierbei das Entstehen von Buchgewinnen. Die wichtigsten Formen sind (nach Schmalenbach):

1. **Reine** Sanierung (Herabsetzung des Aktienkapitals entweder durch Abstempelung oder durch Zusammenlegung oder beides).

---

1) Das Bezugsrecht kann folgendermaßen errechnet werden:

$$B = \frac{n\,(Ka - Kn)}{a + n}$$

n = neue Aktien,
a = alte Aktien,
Ka = Kurs der alten Aktien.
Kn = Kurs der neuen Aktien.

Beteiligung an der halben oder an gar keiner Dividende des laufenden Jahres, Verzinsung der Einzahlung und ähnliche Bedingungen werden durch einen korrigierten Bezugskurs der neuen Aktien ausgeglichen.

2. Sanierung mit Zuführung neuer Mittel (Kapitalherabsetzung und Zuzahlung; die meist vorkommende Form).

3. Sanierung mit Ausschüttung von Mitteln (Rückkauf von Aktien unter pari, ein sehr selten vorkommender Fall. Hierbei muß aus Gründen des Gläubigerschutzes vor der Auszahlung — wie bei allen Rückzahlungen an die Aktionäre aus dem Vermögen — das Sperrjahr beachtet werden).

Eine Rückzahlung von Kapital bei bestehenbleibenden Unternehmungen findet — außer bei Terraingesellschaften — sehr selten statt. Sie ist ein Zeichen geringen Vertrauens in die Zukunft, einer verfehlten Finanzierung oder Verschlechterung der Stellung im Markt. Auch hier ist, wenn die Ausschüttung nicht aus eigenem Kapital — Gewinn und Reserven — sondern aus liquidem oder liquidiertem Vermögen erfolgt, das Sperrjahr einzuhalten. Die Einreichung der zur Herabsetzung des Kapitals notwendigen Aktien kann freiwillig oder unfreiwillig geschehen.

Die Auflösung (Liquidation) der Unternehmung bedeutet einen Verkauf der Unternehmung im einzelnen und Ausschüttung des Liquidationserlöses an die Teilhaber.

b) Einkauf und Lagerhaltung.

Der Einkauf beschafft die für die Produktion erforderlichen Sachgüter, die Läger verwalten diese, soweit es sich um Roh-, Hilfs- und Betriebsstoffe handelt. Es empfiehlt sich, Einkauf und Lagerhaltung organisatorisch getrennt zu halten, um durch den Einkauf die Lagerhaltung kontrollieren zu können.

Aufgabe des Einkaufs ist es, für die erforderlichen Sachgüter den günstigsten Lieferanten auszuwählen und die notwendigen Verhandlungen mit den Anlieferern zu führen. Der günstigste Lieferant ergibt sich aus einem Vergleich der Angebote hinsichtlich Preisen, einschließend Zahlungsbedingungen, Qualitäten, Bezugskosten und Lieferzeiten. Diese Tätigkeit des Einkaufs ist nicht an die Zeit, zu der ein Bedarf eintritt, gebunden, vielmehr wird der Einkauf stets die eingehenden Angebote prüfen, um für einen späteren Bedarf unverzüglich einen entsprechenden Auftrag geben zu können. Im allgemeinen wird die Bestellung erst auf Grund einer Bedarfsmeldung ausgeführt. Gilt es aber, besondere Einkaufsgelegenheiten zu nutzen, so hat der Einkauf zu prüfen, ob der Kostenvorteil des Angebotes so groß ist, daß er die Kosten der längeren Lagerzeit und das mit der Lagerung verbundene Risiko aufwiegt.

Einkaufstätigkeit ist also neben der Verhandlungstätigkeit überwiegend ein Kostenvergleichen. Je größer der Stoffkostenanteil an den Gesamtkosten des Betriebes ist, desto schwerwiegender sind Fehler im Einkauf.

Aufgabe des Lagers ist es, Roh-, Hilfs- und Betriebsstoffe für die Zeit zwischen dem Eingang im Betrieb und dem Verbrauch in Obhut zu nehmen.

Lagerung erfolgt

a) aus technischen Gründen (z. B. zur Erhöhung der Qualität: Holz für Musikinstrumente),
b) aus wirtschaftlichen Gründen:
   1. zum Ausgleich der stoßweisen Anlieferung,
   2. aus Kostengründen (größere Bestellmengen bieten gegenüber kleineren Kostenvorteile).

Wichtig für die Lagerhaltung ist die Feststellung des eisernen Bestandes, des Meldebestands, des Höchstbestands, der optimalen Bestellmenge, des durchschnittlichen Lagerbestands und der durchschnittlichen Lagerdauer.

Der eiserne Bestand ist ein Mindestbestand, der so hoch sein muß, daß eine reibungslose Betriebsfortführung garantiert ist. Ein eiserner Bestand muß für eine jede Stoffart gesondert festgestellt werden. Die Summe der eisernen Bestände ist jener Teil des Lagers, der sich theoretisch während der ganzen Betriebsdauer nicht in Geld zurückverwandelt. Er besitzt daher Anlagekapitalcharakter und ist deshalb mit Eigenkapital zu finanzieren. Der eiserne Bestand jeder Stoffart muß mindestens so groß sein wie der Verbrauch dieses Stoffes in der für ihn in Betracht kommenden Beschaffungszeit. Der eiserne Bestand muß um so größer sein, desto größer das Risiko für eine Beschaffungsstockung ist.

Meldebestand ist jene Stoffmenge, bei deren Erreichung dem Einkauf Mitteilung zu machen ist, damit für die Neubeschaffung Sorge getragen wird. Er soll so hoch bemessen sein, daß die Auffüllung der Läger vor Erreichung des eisernen Bestandes möglich ist.

Höchstbestand ist die Menge, die sich nach Auffüllung des Lagers mit dem betreffenden Material ergibt. Der Höchstbestand bedingt Raumbedarf und damit Raumkosten. Der Höchstbestand liegt um die optimale **Bestellmenge** über dem eisernen Bestand.

Die **Bestellmenge** muß mindestens so groß sein, wie der Verbrauch der Zeitspanne zwischen Bestellung und Eingang des Stoffes. Größere Bestellmengen bestimmen sich aus einem Vergleich der Lagerkosten mit dem Kostenvorteil, der bei dieser größeren Bestellmenge geboten wird.

Der **durchschnittliche Lagerbestand**[1]) wird, um die jahreszeitlichen Schwankungen auszugleichen, in der Regel als das arithmetische Mittel aus Jahresanfangsbestand und zwölf Monatsendbeständen ermittelt. Der Einstandspreis des durchschnittlichen Lagerbestandes bildet die Grundlage zur Bestimmung der Zinskosten der Lagerhaltung.

Die **durchschnittliche Lagerdauer**[1]), in Tagen ausgedrückt, ist: Zahl der Tage einer Periode (Jahr) dividiert durch den Umschlagskoeffizienten der betreffenden Ware. Der Umschlagskoeffizient wird ermittelt als der Quotient aus Verbrauch in der Periode und durchschnittlichem Lagerbestand. Die durchschnittliche Lagerdauer und der Umschlagskoeffizient sind einmal wichtige betriebliche Kennziffern, zum anderen kann die durchschnittliche Lagerdauer einer Ware für die Ermittlung der Zinskosten der Lagerung einer bestimmten Menge dieser Ware herangezogen werden.

---

[1]) Vgl. Absatz, S. 192.

Für die Wirtschaftlichkeit der Lagerhaltung und auch für die der Produktion ist eine gute Organisation des Lagers wichtige Voraussetzung. Auf eine übersichtliche räumliche Anordnung der gelagerten Stoffe und auf eine der Art und dem Wert der Materialien entsprechende rechnerische Erfassung der Lagerbewegungen ist zu achten.

Die Lagerbestände werden laufend und periodisch kontrolliert. Die laufende Kontrolle wird durch die Aufschreibung der Lagerbewegungen und stichprobenweise körperliche Bestandsfeststellung ausgeübt. Periodische Kontrolle ist die Jahresschluß-Lagerinventur. Ihr Ergebnis ist das Lagerinventar.

3. Produktion[1]).

a) Standort.

Der richtig gewählte Standort ist eine der wichtigsten Voraussetzungen für eine wirtschaftliche Produktion.

Es gibt gebundene (z. B. Bergbau) und freie Standorte. Im allgemeinen ist der Standort frei. Seine Wahl kann, wenn sie allein von der Entscheidung des Unternehmers abhängt, das Ergebnis von Zweckmäßigkeitserwägungen oder irrationaler Motive sein (traditionell oder irrational geworden infolge Veränderung der Verhältnisse). Die rationalen Gründe für die Wahl eines Standortes sind vor allem Kosten: 1. Kosten des Rohmaterials, 2. Kosten der Arbeit, 3. Transportkosten. So können die Betriebe rohstoff-, arbeits- oder konsumorientiert sein.

Materialien, die sich überall finden, machen die Produktion konsumorientiert. Materialien mit gegebenem Fundort sind zu scheiden in solche, die voll ins Produkt eingehen — Reingewichtsmaterialien — und solche, die nur zum Teil ins Fertigprodukt eingehen — Gewichtsverlustmaterialien. Reingewichtsmaterialien erfordern für das fertige Produkt genau dieselben

[1]) Vgl. die Abschnitte: Arbeit, Organisation, Kosten.

Transportkosten wie für das Rohmaterial, daher sind sie an den Fundort nicht gebunden; sie haben die Tendenz der Bewegung zum Konsumort. Vollgewichtsverlustmaterialien sind auf den Fundort angewiesen, weil sonst unnötige Transportkosten entstehen. Teilgewichtsverlustmaterialien streben um so mehr zum Fundort, je größer der Materialverlust ist; je geringer der Verlust, desto größer ist die Ablenkungsmöglichkeit zum Konsumort. Entscheidend sind hier immer Transportkosten. Die Ablenkungstendenz folgt dem Materialindex einer Produktion: dem Verhältnis des Gesamtgewichtes der Produktion zum Gewicht des Produktes. Ein Materialindex, der größer als 1 ist, kann die Bewegung vom Konsumort bewirken.

Eine Ablenkung vom so gefundenen natürlichen Ort der Produktion kann durch die Arbeitslöhne erfolgen. Es kommt hier auf einen Vergleich der optimalen Transportkosten und der optimalen Löhne an. Entscheidend ist dann der Ort, der die größten Ersparnisse (an Transportkosten oder Löhnen) ermöglicht. Festzustellen ist hierbei der Arbeitskostenkoeffizient, der die Arbeitskosten auf die Gewichtseinheit der Produktionsmasse bezieht. Durch Vergleich ist dann festzustellen, ob die Ersparnisse an Lohnkosten durch die Transportkosten nicht aufgezehrt werden.

Der Handel ist naturgemäß vor allem konsumorientiert; der Einzelhandel mit Gütern täglichen Bedarfs zieht in die Wohngegenden, mit Gütern periodischen Bedarfs in bestimmte Geschäftsstraßen. Die zu zahlende Miete ist ein wesentlicher Bestandteil der kalkulatorischen Erwägungen. Der Großhandel ist gleicherweise absatzorientiert und ist darum vor allem vom Standort des Einzelhandels abhängig. Doch ist auch der Standort der Produktion, vor allem für den Aufkaufhandel, für die Wahl des Standortes von Bedeutung.

Das Verkehrsgewerbe bevorzugt die großen Umschlagplätze, daneben auch Zentren besonders großen Verkehrs (Tonnage-Bilanz), weil dann Rückfrachten viel eher möglich sind.

In einer wehr- und sozialpolitisch ausgerichteten Wirtschaft übt der Staat weitgehend Einfluß auf die Standortwahl aus. Wehrwirtschaftlich wichtige Betriebe werden, soweit sie nicht einen gebundenen Standort haben, in gefährdeten Gebieten nicht zugelassen. Sozialpolitische Erwägungen treten der Tendenz der Zusammenballung der Industrie in Groß- und Mittelstädten entgegen.

Soweit innerhalb dieser vom Staat gezogenen Grenzen eine freie Wahl des Standortes möglich ist, sind es Kosten, die die rationalen Gründe für die Wahl des Standortes ergeben; der Wahl eines Standortes sollte aber immer auch eine genaue Kalkulation vorausgehen, weil sonst von vornherein in der Organisation des Betriebes eine schwache Stelle vorhanden ist.

b) Produktionsstufen.

Im industriellen Sektor der Wirtschaft legen die Erzeugnisse den gesamten Weg vom Urprodukt bis zum Endprodukt zurück. Der Begriff Endprodukt besagt, daß das Erzeugnis vor seiner Verwendung als Produktionsmittel oder als Konsumgut keine Formveränderung mehr durchmacht. Der Weg vom Urprodukt zum Endprodukt gliedert sich meistens in drei Stufen:

1. Gewinnung des Urprodukts,
2. Veredelung (Aufbereitung) zum Zwischenprodukt,
3. Verarbeitung zum Endprodukt.

Nur wenige Endprodukte entstehen in zwei Schritten, d. h. durch Fortfall des Zwischenproduktes (z. B. Mehl, Koks, Spirituosen, Zucker). Dementsprechend unterscheidet man:

1. Gewinnungsbetriebe (Bergbau, Erdölförderung),
2. Veredelungsbetriebe (Hochofenwerk, Walzwerk, Holzschleiferei, Sägewerk, Spinnerei),
3. Verarbeitungsbetriebe (Metallwarenfabriken, holzverarbeitende Betriebe, Schuhfabriken, Linoleumfabriken, chemische Fabriken, Webereien).

In manchen Fällen sind die Betriebe des ersten und zweiten Schrittes und Betriebe des zweiten und dritten Schrittes vereinigt. Vereinigungen des ersten und zweiten Schritts sind z. B. Verbindungen von Kohle- und Erzgewinnung mit Hochofenwerken, Vereinigungen des zweiten und dritten Schrittes Verbindungen von Holzschleifereien mit Papierfabriken, von Spinnereien mit Webereien. Vereinigungen aller drei Schritte kommen z. B. in der Schwerindustrie vor.

c) Der Produktionsprozeß.

Seine technische Entwicklung.

Bevölkerungszunahme und technischer Fortschritt sind die Triebkräfte für die Entwicklung zur modernen Produktionsweise. Man ist geneigt, dem technischen Fortschritt die größere Bedeutung zuzuerkennen. Er ist für den Betrachter auch augenfälliger als die Bevölkerungszunahme. Die Erfindungen folgten und folgen noch außerordentlich schnell aufeinander. Die technische Entwicklung vom Altertum bis zum Ende des 18. Jahrhunderts ist geringer als die der vergangenen 150 Jahre.

Revolutionierend war die Erfindung der Dampfmaschine, die den Fabrikbetrieb mit seinem großen Energieverbrauch ermöglichte. Die Verwendung der Dampfmaschine brachte den Übergang der englischen Baumwollmanufaktur zur Baumwollindustrie. Damit wurde das Maschinenzeitalter eingeleitet.

Zu der Dampfkraftmaschine traten innerhalb weniger Jahrzehnte die elektrische Antriebsmaschine und der Verbrennungsmotor hinzu. Von dieser Entwicklung unterstützt und andererseits diese wieder anregend, erfolgten die Erfindungen auf dem Gebiet der Arbeitsmaschinen und der Chemie; die erste beginnend mit den Textilmaschinen: Spinnmaschine und mechanischer Webstuhl, die zweite mit der Agrikulturchemie.

Die Entwicklung ist bis heute nicht zum Stillstand oder auch nur zu einer Verlangsamung gekommen, im Gegenteil bildet die Versorgungslage Deutschlands mit industriellen Rohstoffen für uns einen erheblichen Anreiz zu Erfindungen. Erinnert sei nur an die Entwicklung von Verfahren für die Herstellung synthetischer Treibstoffe, Spinnstoffe und synthetischen Kautschuks.

Der Produktionsprozeß hat daraufhin eine gewaltige Umänderung erfahren: vom Handwerk über die Manufaktur zur Fabrik, obschon die letzte Stufe nicht überall erreicht ist und auch nicht erreicht wird, weil irgendwo eine Teilverrichtung handmäßig vollbracht werden muß.

α) Handwerk.

Die handwerkliche Produktion ist dadurch gekennzeichnet, daß die Leistung auf Bestellung ausgeführt wird und die Einzelleistung stark individualisiert ist. Daraus folgt:

a) Der Abnehmerkreis ist beschränkt. Der Kunde wählt den Handwerker im Vertrauen auf die Qualität der Arbeitsausführung, oft auf Grund persönlichen Kennens des Handwerkers oder auf Empfehlung. Demzufolge ist der Handwerksbetrieb meistens ein Kleinbetrieb. (Über Großhandwerk siehe unten.)

b) Die geringe Betriebsausdehnung und die Individualität der Einzelleistung läßt eine weitgehende Arbeitsteilung nicht zu. Sämtliche vorkommenden Arbeiten müssen vom Meister allein oder unter Mitwirkung der Gesellen und Lehrlinge ausgeführt werden. Die Arbeit erfordert somit gelernte Kräfte. Handwerksarbeit ist Facharbeit.

c) Durch die Unmöglichkeit der weitgehenden Arbeitsteilung ist die Anwendung technischer Hilfsmittel beschränkt. Handwerksarbeit ist überwiegend Handarbeit.

d) Da die Betriebsgröße und die Anwendungsmöglichkeit für technische Hilfsmittel gering ist, ist der Kapitalbedarf des Handwerkers verhältnismäßig klein. Der Handwerksbetrieb ist überwiegend durch eigenes Kapital des Handwerksmeisters finanziert. Gesellschaften zum Betrieb eines Handwerksunternehmens waren und sind selten.

e) Die dargelegten Gründe bedingen, daß der Handwerksmeister sowohl die Funktion des Unternehmers, als auch die des Kapitalgebers und die des Arbeiters in seiner Person vereinigen kann und muß.

f) Der durch die hauptsächliche Anwendung von Handarbeit verursachte überwiegende Anteil der veränderlichen Kosten ermöglicht bei langfristigen Schwankungen der Beschäftigungslage einen leichten Aus- und Abbau des Betriebs. Schwierigkeiten ergeben sich jedoch daraus, daß die Arbeitskräfte gelernte Kräfte sind. Bei einem beabsichtigten Ausbau kann es an solchen fehlen und bei einem erwünschten Abbau mangelt es diesen u. U. überhaupt an Arbeitsmöglichkeiten in anderen Betrieben.

Beim **Großhandwerk** (z. B. Bau- und Zimmerhandwerk) ist die handwerkliche Produktionsweise außer durch die Tatsache, daß die Arbeit auf Bestellung ausgeführt wird und daß jede Leistung eine besondere Eigenart aufweist, dadurch bedingt, daß die Produktionsstätte für eine jede Leistung gewechselt werden muß. Die lange Herstelldauer und die Größe der Objekte hat einen erheblichen Kapitalbedarf zur Folge und bedingt eine verhältnismäßig große Zahl von Gefolgschaftsmitgliedern. Der erste Umstand verursacht häufig eine Teilung der Unternehmerfunktion und der Kapitalgeberfunktion und der zweite Umstand eine Verteilung der Unternehmerfunktion und der Arbeiterfunktion auf verschiedene Personen.

β) Manufaktur.

Die Produktion in der Manufaktur ist dadurch gekennzeichnet, daß sie für einen anonymen *Markt* erfolgt, daß der Einzelleistung die *Individualität* fehlt und daß die Arbeit *überwiegend Handarbeit* ist. Wenigstens *eine* wichtige Teilarbeit muß noch Handarbeit sein. Daraus folgt:

a) Die Leistungen sind nicht auf die Sonderansprüche des *einzelnen Kundens* abgestellt, sondern auf die allgemeinen Ansprüche eines größeren, dem Unternehmer persönlich oft unbekannten Abnehmerkreises. Der Kunde kauft nicht im Vertrauen auf den Unternehmer, sondern weil er das oder ein ähnliches Erzeugnis kennt. Die Betriebsausdehnung kann wegen des breiteren Marktes größer als die des Handwerkbetriebes sein.

b) Die Betriebsausdehnung und die Gleichheit von Einzelleistungen ermöglicht eine *Arbeitsteilung*. Es genügen zum guten Teil ungelernte und angelernte Arbeitskräfte. (In Fällen, in denen die Eigenart der Erzeugnisse und damit des Produktionsprozesses eine Arbeitsteilung verhindert, müssen gelernte Arbeitskräfte eingesetzt werden, z. B. Webereimanufakturen.)

c) Obwohl die Voraussetzungen für die Anwendung technischer Hilfsmittel gegeben sind, ist die Manufakturarbeit überwiegend Handarbeit, weil die Maschinen noch nicht erfunden waren bzw., insoweit heute noch Manufakturen bestehen, noch nicht erfunden sind.

d) Wegen der geringen Anwendung technischer Hilfsmittel ist der Kapitalbedarf im Verhältnis zur Fabrik gering, im Verhältnis zum Handwerksbetrieb wegen der größeren Betriebsausdehnung erheblich.

e) Die Betriebsgröße veranlaßt häufig, daß der Unternehmer nicht direkt am Erzeugnis mitarbeitet. Der Kapitalbedarf führt u. U. zu einer Teilung der Funktionen des Kapitalgebers und des Unternehmers zwischen verschiedenen Personen oder zur Bildung von Personalgesellschaften.

f) Folge der überwiegenden Handarbeit ist, daß die veränderlichen Kosten den größten Anteil an den Gesamtkosten darstellen. Aus- und Abbau des Betriebes können sich daher für den Unternehmer, den Kapitalgeber und die ungelernten Arbeitskräfte einfach vollziehen. Schwierigkeiten entstehen, wenn gelernte Arbeitskräfte ersetzt werden müssen.

γ) Fabrik.

Die fabrikmäßige Produktion ist dadurch gekennzeichnet, daß sie ebenfalls meistens für einen anonymen Markt produziert, daß die Individualität der Einzelleistung in der Regel fehlt, daß aber die Arbeit zum großen Teil Maschinenarbeit ist. Daraus folgt:

a) Soweit die Erzeugnisse nicht nur für einen kleinen Markt bestimmt sind, kann die Betriebsausdehnung erheblich sein.

b) Die Arbeitsteilung ist weit getrieben.

c) Die menschliche Arbeit kann, weil sich die einzelnen Arbeitsgänge dauernd wiederholen, durch Maschinenarbeit ersetzt werden. Für die Maschinenfertigung genügen in der Regel ungelernte oder angelernte Arbeitskräfte. Andererseits kann die Maschinenarbeit, wenn die Maschine vielseitig verwendbar ist, auch gelernte Arbeitskräfte verlangen.

d) Die Betriebsgröße und die Maschinenverwendung in großem Umfang bedingt einen im Verhältnis zu Handwerk und Manufaktur bedeutenden Kapitalbedarf.

e) Betriebsgröße und Kapitalbedarf erzwingen häufig eine Teilung der Funktionen von Unternehmer, Kapitalgeber und Arbeiter zwischen verschiedenen Personen. Der erhebliche Kapitalbedarf ist die Veranlassung zur Bildung von Personal- und Kapitalgesellschaften.

f) Aus- und Abbau des Fabrikbetriebes ist wegen des Baus von Anlagen bzw. wegen der Festlegung von Mitteln in den Anlagen nur langsam möglich.

Das Handwerk war die typische Produktionsweise der mittelalterlichen Zunftwirtschaft. Der durch die Bevölkerungszunahme verbreiterte Markt zerschlug die Zunftwirtschaft. Der Fortfall der Zunftbindungen ermöglichte eine andere Produktionsweise als die des Handwerks. Die Manufaktur entstand, weil die Arbeitsteilung die Produktion beschleunigte und damit einen Kostenvorteil gegenüber dem Handwerk bot. Die Arbeitsteilung in der Manufaktur wies darauf hin, daß stets sich wiederholende Arbeitsvorgänge statt durch menschliche Arbeit durch Maschinenarbeit ausgeführt werden können. Die Umwandlung der Manufaktur in die Fabrik setzt ein. Die fabrikmäßige Produktion ist die moderne Produktionsweise.

Die Produktionsweise der Manufaktur ist demnach nur eine Übergangserscheinung. Sie endet, wenn die durch menschliche Arbeit auszuführenden Produktionsgänge überwiegend durch wirtschaftlicher arbeitende Maschinen vollzogen werden können. Die handwerkliche Produktionsweise wird dagegen so lange bestehen bleiben, als es Leistungen zu vollbringen gilt, die sich durch Individualität auszeichnen.

Die Entwicklungstendenz ging also von der an Beschäftigungsschwankungen sehr anschmiegsamen Produktionsweise des Handwerks zu der gegen Schwankungen des Beschäftigungsgrades sehr empfindlichen Produktionsweise der Fabrik. Die Wirtschaft hat sich demgegenüber von der statischen Wirtschaft des Mittelalters zu der dynamischen Wirtschaft der Jetztzeit gewandelt. Daraus ergeben sich verdoppelte Schwierigkeiten. Es gilt, die moderne Produktion auf diese Dynamik einzustellen.

Dies geschieht vor allem durch **Planung**. Die moderne Produktionsweise ist demnach gekennzeichnet durch

a) Massenproduktion,
b) Maschinisierung,
c) verstärkte Notwendigkeit zur Planmäßigkeit.

Technische Hilfsmittel der Produktion sind Werkzeuge und Maschinen. **Werkzeuge** sind Vorrichtungen, die in der menschlichen Hand oder in der Maschine unmittelbar auf das mechanisch zu bearbeitende Werkstück formend einwirken. Das Werkzeug ist ferner in der Regel durch kurze Lebensdauer und einen verhältnismäßig geringen Wert gekennzeichnet. **Maschinen** sind Vorrichtungen, die durch die Zuführung von Energie eine beabsichtigte Bewegung ausführen, deren Effekt gewerblich verwertbar ist. Man unterscheidet:

a) Kraftmaschinen,
b) Antriebsmaschinen,
c) Arbeitsmaschinen.

Die **Kraftmaschinen** formen die Energiekräfte der Natur in technisch verwertbare Energie um (Wasserkraft-, Wärmekraft-, Windkraftmaschinen).

Antriebsmaschinen sind solche Maschinen, die die von Kraftmaschinen erzeugte Energie in für Arbeitsmaschinen zum Antrieb erforderliche Energie umwandeln (Elektromotore, hydraulische Luftmotore).

Arbeitsmaschinen bewirken entweder eine Formveränderung (Werkzeugmaschinen) oder eine Ortsveränderung (Transportmaschinen).

Maschinen sind geeignet, die **menschliche Arbeit** weitgehend zu **ersetzen**. Die Kraftmaschinen ziehen in erster Linie andere stärkere und billigere Kräfte als die menschliche Kraft zur Nutzbarmachung heran. Die Arbeitsmaschinen ersetzen menschliche Arbeitsbewegungen durch die Arbeitsbewegung der Maschine.

Voraussetzung für die Verwendung von Maschinen ist, daß ein Arbeitsgang oder eine Gruppe von Arbeitsgängen so oft wiederholt wird, daß die Kosten für Instandhaltung, Abschreibung und Verzinsung der Maschine geringer sind als die entsprechenden Lohnkosten oder daß ein durch den Einsatz der Maschine erreichter Zeitgewinn einen Kostenvorteil bietet.

Je mehr Arbeitsgänge in einem Betrieb fortlaufend wiederholt werden, desto geeigneter ist der Betrieb für eine Maschinisierung. Es gibt Betriebe, in denen fast sämtliche Arbeitsgänge einschließlich der Transportarbeitsgänge maschinisiert sind. Eine besondere, stets zur Verfügung stehende Transportmaschine ist das laufende Band.

d) Produktionsformen.

α) Einprodukt- und Mehrproduktbetriebe.

Betriebe, die nur ein einziges Produkt erzeugen — Einproduktbetriebe —, sind selten. Die meisten Betriebe sind Mehrproduktbetriebe. Die verschiedenen Erzeugnisse können

a) einander gleichartig sein (Erzeugnisse verschiedener Güteklassen, verschiedener Größenklassen). Ist die Gleichartigkeit so groß, daß sie sich rechnungsmäßig durch ein annähernd konstantes Verhältnis bestimmter Größen ausdrücken läßt, liegt Sortenproduktion vor.

b) Komplementärartikel sein (Artikel, die vom gleichen Verbraucher, häufig auch zeitlich zusammen ge- oder verbraucht werden: Bleistifte und Federhalter; gewöhnliche und Füllfederhalter; Schreibmaschinen und Konzepthalter; Büroartikel aller Art).

c) Kompensationsartikel sein (Artikel, deren Herstellungsgang gleichartig ist und die zur Ausnutzung der Betriebskapazität gemeinsam erstellt werden: Nähmaschinen, Fahrräder, Schreibmaschinen; Güter- und Personenbeförderung; Mode- und Stapelartikel)

d) Artikel mit zwangsläufiger Verbundenheit sein (Koks und Gas; Mehl und Kleie; Schaffleisch und Wolle). Es handelt sich dann um verbundene (Kuppel-) Produktion.

β) Massen-, Serien- und Einzelfertigung.

Die Massenfertigung zeichnet sich dadurch aus, daß während langer Zeiträume — oft während der ganzen Zeit des Bestehens des Betriebes — nur ein Erzeugnis oder nur wenige Erzeugnisse gleichzeitig hergestellt werden. Jeder einzelne Arbeitsgang wiederholt sich ständig. Bei Massenfertigung ist daher die Anwendungsmöglichkeit für Maschinen am größten, so daß die Betriebe u. U. vollautomatisch arbeiten können. Die Betriebsapparatur ist in der Regel überhaupt nicht oder nur mit erheblichen Aufwendungen auf ein anderes Erzeugnis umstellbar. Die Anforderungen an die Fähigkeit der Arbeiter sind gering. Im allgemeinen genügen un- oder angelernte Kräfte. Die Arbeitsvorbereitung fällt zeitlich vor den Bau des Betriebes, weil dieser wirtschaftliche Arbeitsleistung auch in den kleinsten Einzelheiten gewährleisten muß und nachträgliche Änderung der Organisation u. U. einen Umbau des Betriebes erforderlich machen würde.

Die Serienfertigung ist dadurch gekennzeichnet, daß zwar die zu einer Serie gehörenden Erzeugnisse einander gleich sind, daß aber die Produktion einer solchen Serie auf eine verhältnismäßig kurze Zeit beschränkt ist, nach deren Ablauf eine Serie andersartiger Erzeugnisse aufgelegt wird. Die Anwendung von Maschinen ist beschränkt auf die Arbeitsgänge, die bei jeder oder fast jeder Serie die gleichen sind. Sie ist um so größer, je vielseitiger die Verwendungsmöglichkeit der einzelnen Maschine ist. Maschinen für Serienfertigung sind daher meistens schnell umzustellen. Die Anforderungen an die Fähigkeit der Arbeiter sind wegen der Umstellung auf eine neue Serie größer als bei der Massenfertigung. Neben un- und angelernten Kräften müssen gelernte Einrichter eingesetzt werden. Die Arbeitsvorbereitung ist auf die Zeiten vor Auflegung einer neuen Serie konzentriert.

Bei Einzelfertigung ist ein jedes Einzelerzeugnis von dem anderen verschieden. Maschinen können nur eingesetzt werden, wenn bei einer Vielzahl der Erzeugnisse der gleiche Arbeitsgang wiederholt wird. Die Anwendungsmöglichkeit für Maschinen steigt, je mehr sich der Betrieb auf eine Erzeugnisgruppe spezialisiert und je vielseitiger die Maschinen sind. Die gelernten Arbeitskräfte machen den Hauptteil der Gefolgschaft aus. Die Arbeitsvorbereitung ist auf die Zeiten vor Beginn der Herstellung eines neuen Erzeugnisses verteilt.

e) Produktionskapazität, optimale Betriebsgröße.

Produktionskapazität ist die Fassungskraft des Betriebes, seine volle Leistungsfähigkeit, Produkte zu erstellen. Sie ist gegeben durch die Anlagen und die Organisation des Betriebes.

Das Verhältnis von Produktionskapazität (Leistungsfähigkeit) zur tatsächlichen Leistung in einem Zeitabschnitt in Prozenten ausgedrückt (Produktionskapazität = 100) ist die Maßgröße für den Beschäftigungsgrad (s. auch S. 68ff.).

Der günstigste Beschäftigungsgrad liegt jedoch nicht bei Vollausnutzung der gegebenen Produktionskapazität; vielmehr liegt die praktisch optimale Ausnutzung bei etwa 85%. Die Stückkosten sind dann am geringsten.

Der Betrieb muß danach streben, entweder unter Beibehaltung der bisherigen Kapazität diesen optimalen Beschäftigungsgrad zu erreichen oder die Kapazität zu erweitern bzw. einzuschränken. Im zweiten Fall soll die Kapazität auf die Kapazität der optimalen Betriebsgröße gebracht werden.

Die optimale Betriebsgröße ist die Betriebsgröße, bei der bei einem gegebenen durchschnittlichen Umsatz (bei Betrieben, die verkaufsfähige Güter im eigenen Betrieb verwenden, zuzüglich der durchschnittlichen Menge dieser für eigene Zwecke verwandten Güter) eine optimale Beschäftigung gewährleistet ist.

Zur Bestimmung der optimalen Betriebsgröße bei einer Gründung, bei einem Aus- oder Abbau eines bestehenden

Betriebes muß also der in Zukunft durchschnittlich erreichbare Absatz geschätzt werden. Da der mögliche Absatz von den gestellten Preisen abhängt, die Preise ihrerseits aber die Kosten decken müssen, die Kosten wiederum auch von der Betriebsgröße beeinflußt werden, ist die Bestimmung der optimalen Betriebsgröße ein praktisch nicht einfach zu lösendes Problem, zumal außerdem die Fragen, ob das erforderliche Kapital und die erforderlichen Arbeitskräfte zur Verfügung stehen werden, ebenfalls zugleich beantwortet werden müssen.

Von dieser wirtschaftlichen optimalen Betriebsgröße ist die technisch optimale Größe der Betriebsapparatur streng zu scheiden. Die letztere ist die Größe der Betriebsapparatur, bei der das Verhältnis von Stoff- und Arbeitseinsatz einerseits und das Ergebnis der Produktion andererseits am günstigsten ist.

Die technisch optimale Größe der Betriebsapparatur braucht mit der wirtschaftlich optimalen Betriebsgröße nicht zusammenfallen. Aus der Vielzahl der Gründe dafür seien nur zwei genannt: 1. Für die Erzeugnismenge einer Betriebsapparatur von technisch optimaler Größe kann kein Absatz oder nur zu ungenügenden Preisen möglich sein. 2. Für den Betrieb einer Apparatur von technisch optimaler Größe kann die Beschaffung von Kapital, Stoff und Arbeit so schwierig sein, daß die Kosten nicht tragbar sind.

4. Der Vertrieb.

a) Transport.

Die Erzeugung der Güter ist nur ein Teil des gesamten Produktionsprozesses, der die Aufgabe hat, dem Verbrauch die notwendigen Güter bereitzustellen. Zur eigentlichen Gütererzeugung kommt daher noch die Verteilung: der Transport der Güter zum Orte des Konsums und ihre Bereitstellung zum Kauf. Beide Tätigkeiten sind Teile der Verteilungsfunktion: Güter von Stätten der Erzeugung zu den Orten des Bedarfs zu befördern. Die transportmäßige Verteilung ist die physische, die absetzende die kommerzielle Verteilung.

Der **Transport** ist Güter-, Personen- und Nachrichtenbeförderung. Die Funktion des Transportes gehörte ursprünglich zur Erzeugung und zum Handel. Erst allmählich, als die Umsätze zunahmen und die Transportmengen und -weiten größer wurden, wurde die Transportfunktion ausgegliedert und von besonderen Betrieben, den **Verkehrsbetrieben**, übernommen. Insbesondere nachdem die ersten Eisenbahnen und Dampfschiffe mit ihrer großen Fassungskraft, wirtschaftlichen Leistung, aber auch großen Kapitalbeanspruchung die Verkehrsleistungen übernahmen, wurde die Arbeitsteilung zwischen Industrie und Handel einerseits und den Transportbetrieben anderseits voll durchgeführt. Werkeigener Verkehr durch Fuhrwerke der Erzeugungs- und Handelsbetriebe wurde immer seltener, sein Anteil an der Transportleistung immer geringer. Die Landstraße verödete, die Schiene gewann das Monopol im Landverkehr.

Verkehrsbetriebe sind ihrer betrieblichen Struktur nach Produktionsbetriebe. Ihre Funktion ist eine Transportleistung. Hierzu brauchen sie einen Produktionsapparat, der den der Industriebetriebe noch übertrifft. Was die Industriebetriebe kennzeichnet: ihr Anlagekapital und ihre Fixkosten, ist bei den Verkehrsbetrieben im höchsten Maße vorhanden. Die Betriebsstarrheit der Verkehrsbetriebe wird weiter durch Sondereigenschaften gesteigert, die zwar nicht auf alle Verkehrsbetriebe in gleichem Maße zutreffen, aber doch in hohem Maße zur Charakteristik des Betriebstypus Verkehr beitragen:

1. die Weg-(Schienen-, Kanal-)Gebundenheit,
2. die Liniengebundenheit,
3. die Tarifgebundenheit,
4. die Beförderungspflicht,
5. die Betriebspflicht,
6. die nicht aufspeicherbare Betriebsleistung,
7. die hohen Sicherheitserfordernisse.

Diese Eigenschaften und der Allbedarf ihrer Leistungen drängen die Verkehrsbetriebe, insbesondere Eisenbahnen, in die Richtung der Monopolbetriebe und geben ihnen den Charakter von Versorgungsbetrieben. Dies hat überall die öffentliche Kontrolle oder sogar die öffentliche Bewirtschaftung zur Folge gehabt, wenigstens des wichtigsten Transportmittels, der Eisenbahn.

Wesentliche Eigenschaften der Verkehrsbetriebe, insbesondere der Eisenbahnen, sind daher:

1. ihr Monopolcharakter,
2. ihre hohen Bereitschaftskosten (Fixkostenstruktur),
3. ihre verbundenen Produkte und verbundenen Kosten.

Nach dem Gesichtspunkt der Leistung gruppiert, ergeben sich folgende Verkehrsbetriebe:

A. Güter- und Personenverkehr:
   1. Eisenbahnen (Haupt- und Nebenbahnen, Straßen- und Untergrundbahnen),
   2. Schiffahrt (See- und Binnenschiffahrt),
   3. Kraftwagenverkehr,
   4. Luftverkehr,
   5. Strom- und Kanalverwaltung,
   6. Wegegesellschaften.

B. Hilfsbetriebe des Verkehrs:
   7. Spedition,
   8. Sonstige Hilfsbetriebe des Verkehrs (Lagerhaus-, Makler-, Bunker-, Stauer- und Leichtereibetriebe).

C. Nachrichtenerzeugung und -übermittlung:
   9. Post (Nachrichten-, Kleingüter- und Zahlungsverkehr),
   10. Telephon, Telegraph, Rundfunk,
   11. Nachrichtenbüros.

Die Entwicklung der Transportmittel, insbesondere des Kraftwagens, hat den Betrieben wieder die Übernahme der Transportfunktion möglich gemacht. Die Straße gewinnt neuen Raum, Autobahnen, lediglich für den motorisierten Verkehr, zeigen die neue Verkehrsorganisation und werden bald gleichberechtigt neben der Schiene stehen. Der Werkverkehr, d. h.

der Güterverkehr mit betriebseigenen Kraftfahrzeugen für betriebseigene Zwecke, tritt heute häufig an die Stelle des gewerblichen Verkehrs. Immer muß sich der Unternehmer freilich fragen, ob der Werkverkehr wirtschaftlicher ist als der gewerbliche Transport.

Diese und alle übrigen Verkehrsfragen gehören zu den Funktionen der Transport- bzw. Versandabteilung der Betriebe. Das Güterversandwesen ist vorwiegend vertriebswirtschaftlich orientiert. Es dient vornehmlich dem unmittelbaren und mittelbaren Güterversand an die Kundschaft. Der produktionswirtschaftliche Transport: Beförderung der im Beschaffungsmarkt gekauften Güter einerseits und der Transport der halb- und ganzfertigen Güter an eigene Außenwerke und Lieferanten (Materialzulieferungen) ist im allgemeinen von untergeordneter Bedeutung. Auch der Innentransport, der nicht zu unterschätzen ist, tritt gegenüber dem Versand an Kunden zurück.

Die Transportabteilung hat

a) wirtschaftliche und

b) technische Funktionen.

Zu den wirtschaftlichen Funktionen gehört die Arbeitsorganisation des Versandes, die Bearbeitung von Fragen versandtechnischer, verkehrsrechtlicher und zolltechnischer Art, insbesondere die Vor- und Nachkalkulation der Frachten und Zölle, überhaupt fracht- und zolltarifarische Arbeiten und die Er- und Verrechnung der Transportkosten.

Technische Aufgaben sind insbesondere das Verpacken (Innen- und Außenverpackung) und das Be- und Verrechnen der Verpackungskosten, ferner die Versandabfertigung und die physische Durchführung des Transportes.

Die Transportabteilung hat die Aufgabe, den Transport möglichst wirtschaftlich durchzuführen: das optimale Transportmittel und die beste Verkehrsbedingung festzustellen. Der

Unternehmer muß auch in der Durchführung der Transportfunktion kostenbewußt werden. Dies ist deswegen so notwendig, weil die Transportkosten einen erheblichen Anteil an den Gesamtkosten des Gutes ausmachen und damit die Absatzreichweite bestimmen.

b) Absatz.

α) Begriff und Ermittlung.

Absatz ist die entgeltliche Übertragung von Betriebsleistungen an andere Wirtschaftseinheiten. Er ist das Mittel zur Realisierung der Betriebsleistungen und der letzte Schritt auf dem Wege zur Ertragserzielung. (Absatz = Umsatz.)

Dies gilt für alle Betriebe, welcher Art die Leistungen, die Umsatzträger, auch sein mögen.

In Produktions- und Handelsbetrieben sind Umsatzträger die hergestellten oder gekauften Waren, also Sachgüter. Als Umsatz bezeichnet man in diesen Betrieben die Menge oder den Wert der umgesetzten Sachgüter (eine Fabrik hat einen Umsatz von 1000 Automobilen oder von 7 000 000 RM.).

In Dienstleistungsbetrieben sind Dienste die Objekte des Umsatzes, gemessen an den Gegenleistungen, den vereinnahmten Frachten, Lagergeldern, Courtagen, Provisionen usw.

Neben Waren und Diensten kann auch das Geld Umsatzträger sein, wenn es auch in den meisten Fällen nur Umsatzvermittler ist. Umsatzträger ist es dann, wenn es um seiner selbst willen umgesetzt wird, z. B. Leihgeld.

In vielen Betrieben kommen mehrere Arten von Umsatzträgern vor, so bei den Banken, bei denen Waren, Dienste (Effektenkommissionsgeschäfte) und Geld als Umsatzträger auftreten.

Die Messung des Umsatzes erfolgt in der Regel periodisch, wertmäßig in Geld- oder mengenmäßig in physikalischen Einheiten (Stück, kg, t, m usw.). Der mengenmäßigen Erfassung der Umsätze ist in allen Fällen der Vorzug zu geben, in denen nicht die Höhe der Kosten dagegen spricht. Mengenziffern haben den Vorteil der Beständigkeit und damit der dauernden Vergleichbarkeit. Alle wertmäßigen Umsatzzahlen verlieren diese dagegen nach einiger Zeit, und zwar um so schneller, je größer die Preisbewegungen des Umsatzträgers oder die Geldwertschwankungen sind. Trotz der häufigen Unmöglichkeit einer mengenmäßigen Umsatzstatistik für den Gesamtbetrieb ist sie doch oft für einzelne Abteilungen möglich, jedenfalls immer erstrebenswert, weil sie bei richtiger Gliederung wichtige Aufschlüsse über die Zusammensetzung des Abteilungsabsatzes, über den Anteil der verschiedenen Formen, Farben, Größen, Werkstoffe usw. geben und dadurch die Einkaufs- und Produktionsdispositionen erleichtern kann.

Der Umsatz kann direkt oder indirekt erfaßt werden, direkt durch Zählung der einzelnen Umsätze im Augenblick der Umsatztätigung, indirekt durch nachfolgende Errechnung der umgesetzten Mengen.

Die direkte Umsatzmessung erfolgt an Hand von Belegen wert- oder mengenmäßig (bei Barverkäufen Kassenzettel oder Quittungen, bei Distanzverkäufen Rechnungen oder Versandanzeigen), und zwar überall da, wo der Umsatz in kürzeren als Jahresperioden erfaßt werden soll, da für eine exakte indirekte Berechnung des Umsatzes in der Regel eine Lagerbestandsaufnahme notwendig ist. Bei Skontration der Lagerbestände ist auch in kürzeren Perioden die indirekte Umsatzberechnung möglich.

Die indirekte Erfassung des Umsatzes erfolgt auf Grund der Buchhaltung. Umsatz = Summe der Umsatzkonten, bei Führung von gemischten Konten unter Abzug des Bestandes (zu Herstellungskosten) oder Umsatz = Anfangsbestand + Zugänge ∸ Endbestand, alles zum Verkaufswert. Fehlerhaft erscheint uns dagegen die Errechnung des Umsatzes auf Grund von Einkaufs-, Einstands- oder Selbstkostenpreisen, denn die Betriebsleistungen wurden zu einem um Kosten und Gewinn erhöhten Preis umgesetzt.

Bei der Errechnung des Umsatzes sind ferner jene Ungenauigkeiten zu berücksichtigen, die durch innerbetriebliche Verbuchungen auf den Umsatzkonten entstehen, z. B. durch die Doppelbuchung von Kundenrücksendungen und Rücksendungen an die Lieferanten.

Im Bankbetriebe versteht man unter Umsatz die Summe einer Seite der Hauptbuchkonten. Diese Art der Umsatzberechnung ist außerordentlich roh, wird doch nicht einmal der Versuch gemacht, die hierin enthaltene große Zahl interner Buchungen zu eliminieren. Diese Umsatzziffer hat daher weder innerbetrieblich als Grundlage betriebspolitischer Maßnahmen noch für den Außenstehenden als Kennzeichen vergangener Entwicklung oder künftiger Entwicklungstendenzen größere Bedeutung.

Weit wichtiger als die Feststellung des Gesamtumsatzes ist deshalb auch im Bankbetrieb die Ermittlung von Einzelumsatzziffern: die Feststellung des Umsatzes und der Umlaufszeiten in den einzelnen Zweigen des Bankgeschäftes und auf den Konten der einzelnen Kunden.

Die Häufigkeit der Umsatzermittlung und ihre Gliederung sind von ihrer Zweckbestimmung abhängig. Umsatzziffern, die zur Kontrolle innerbetrieblicher Vorgänge benutzt werden sollen, müssen häufig ermittelt werden (tägliche, wöchentliche, monatliche Umsätze der Filialen, einzelner Abteilungen und einzelner Angestellten); dagegen genügen für die Marktbeobachtung, die Ermittlung der Entwicklungstendenzen der Unternehmung und zur Gewinnung von Unterlagen für den Einkauf für längere Perioden zusammengefaßte Summenstatistiken, wobei als Berechnungszeitraum die Saison besonders geeignet ist.

Neben die absolute Umsatzziffer muß zur Beurteilung der Betriebsverhältnisse der Umsatz als Beziehungszahl treten: Umsatz zu durchschnittlichem Lagerbestand, Anlage-, Betriebs- oder Gesamtkapital, zu Personal-, Materialkosten oder anderen Kostenfaktoren. Derartige Verhältniszahlen werden nicht nur für den einzelnen Betrieb, sondern auch für einzelne Abteilungen aufgestellt, denn von einem günstigen Verhältnis dieser Faktoren zueinander ist die Rentabilität der Unternehmung in hohem Maße abhängig. Die wichtigsten dieser Verhältniszahlen sind: Umschlagshäufigkeit (Umschlagsgeschwindigkeit, Umsatzschnelligkeit) und Umschlagsdauer (Lagerdauer).

Umschlagshäufigkeit ist das Verhältnis von Umsatz zu durchschnittlichem Lagerbestand innerhalb einer bestimmten Periode. Sie ist abhängig von der Höhe des Umsatzes und dem durchschnittlichen Lagerbestand und gibt an, wie oft der Lagerbestand innerhalb einer bestimmten Zeit umgeschlagen wurde.

$$\frac{\text{Umsatz}}{\text{durchschnittlichen Lagerbestand}} = \text{Umschlagshäufigkeit (Umschlagskoeffizient).}$$

Der Berechnung der Umschlagskoeffizienten muß eine Berechnung des durchschnittlichen Lagerbestandes vorausgehen.

$$\frac{\text{Anfangsbestand} + 12 \text{ Monatsendbestände}}{13} = \text{durchschn. Lagerbestand.}$$

Da der Monat Dezember in dieser Formel doppeltes Gewicht erhält, muß die verbesserte Formel folgendermaßen lauten:

$$\frac{\tfrac{1}{2} \text{ Anfangsbestand} + 11 \text{ Monatsendbestände} + \tfrac{1}{2} \text{ Dez.-Endbestand}}{12}$$

Die **Umschlags- oder Lagerdauer** umfaßt die Zeit vom Wareneingang bis zum Warenausgang. Je kürzer die Umschlagsdauer, je größer der Umschlagskoeffizient, desto größer der Wirkungsgrad des Vertriebes. Die Umschlagsdauer kann mittelbar oder unmittelbar errechnet werden. Die unmittelbare Errechnung ist nur dort möglich, wo es sich um Güter handelt, bei denen regelmäßig das Eingangs- und Ausgangsdatum vermerkt werden kann, z. B. bei Möbeln, Maschinen, Automobilen und ähnlichen großen und wertvollen Umsatzgütern.

In den meisten Fällen muß dagegen die Umsatzdauer mit Hilfe des Umschlagskoeffizienten **errechnet** werden[1]):

$$\frac{\text{Zeit}}{\text{Umschlagskoeffizient}} = \text{Umschlagsdauer (Lagerdauer).}$$

[1])

Anfangsbestand	10000
Zugänge	85000
	95000
Endbestand	15000
Umsatz	80000

durchschn. Lagerbestand 10000

$$\frac{\text{Umsatz } 80000}{\text{Lagerbestand } 10000} = 8 = \text{Umschlagskoeffizient}$$

$$\frac{360}{8} = 45 \text{ Tage Umschlagsdauer.}$$

Nicht minder wichtig als das Wissen um die Umschlagszahlen des Gesamtlagers ist das Wissen um die entsprechenden Zahlen einzelner Abteilungen, bestimmter Warengruppen, einzelner Fabrikationszweige. Die einzelnen den Betrieb durchlaufenden Güter haben einen verschiedenen Umlaufsrhythmus, den zu kennen Voraussetzung für eine exakte Betriebsdisposition und eine genaue Kalkulation ist.

Dabei ist zu unterscheiden zwischen Umlaufszahlen, die durch den technischen Produktionsprozeß bedingt sind, und solchen, die auch durch die Fähigkeit oder Unfähigkeit der Betriebsleitung bestimmt werden. Die ersteren können nur durch technische Mittel beeinflußt werden, und meist nur innerhalb enger Grenzen (Lagerzeit der Weine, Trockenzeit der Hölzer, Dauer des Gerbprozesses, Lagerzeiten bei geernteten Waren, die nur einmal im Jahr anfallen). Die letzteren sind dagegen in hohem Maße durch die Absatzpolitik und eine zweckentsprechende Vertriebsorganisation zu beeinflussen. Je besser es die Vertriebsabteilung versteht, den Rhythmus des Absatzes dem Rhythmus der Produktion anzupassen, desto kürzer werden die Lagerzeiten, desto geringer die Kosten und desto größer der Wirkungsgrad der Vertriebsabteilung und des eingesetzten Kapitals sein, denn die Umlaufszeiten stellen einen Kostenfaktor dar.

Die Umschlagsschnelligkeit wird am häufigsten für die eigentlichen Umsatzträger, die Waren im Handel, die Fertigfabrikate in der Produktion, errechnet. Sie kann aber auch für andere Vermögensteile festgestellt werden, sofern sich diese im Verlauf der betrieblichen Tätigkeit umschlagen, z. B. für das Anlage- oder das Gesamtkapital.

Der Enquete-Ausschuß stellte beispielsweise folgende Lagerumschlagsgeschwindigkeiten fest:

Im Großhandel (1926):

Lebensmittel	10.4
Zucker	15—30
Mehl	15—30
Tee, Kaffee	15
Tabakwaren	10.2
Getreide	21.8
Schuhwaren	5
Drogen	8
Parfümerien	5.9

Im Einzelhandel (Warenhausmittelkonzerne 1926):

Gesamtwarenlager	3.6— 6.5
Lebens- und Genußmittel	18.3—30
Textilien, Konfektion	4.8— 6.2
Schuhwaren	2.8— 7.3
Möbel, Einrichtungsgegenstände	2.9— 6.6
Geschenkartikel	1.7— 8.6
Sonstiges	1.4— 5.6

β) Vertriebsformen.

Der Absatz der Betriebsleistungen kann direkt oder indirekt erfolgen. Der direkte Vertrieb ist unmittelbarer Absatz vom Produzenten an den Konsumenten, der auch ein Weiterverarbeiter sein kann. Beim indirekten Vertrieb schiebt sich zwischen Produzenten und Konsumenten ein selbständiger Handelsstand ein. Diese Zwischenschaltung des Handels geschieht nicht willkürlich, sondern liegt stets in der Natur der zu vertreibenden Ware begründet.

αα) Der direkte Vertrieb.

Voraussetzung für den direkten Vertrieb ist:

1. daß Produktion und Konsumtion räumlich nicht zu weit entfernt liegen,
2. daß sie sich gleichmäßig oder wenigstens in gleichem Rhythmus vollziehen,
3. daß die Produkte qualitativ gleichmäßig und in solchen Mengen hergestellt werden, daß sie, ohne weitere Behandlung, an den Konsumenten weitergegeben werden können.

Fehlt eine dieser Voraussetzungen, so ist zwar der direkte Vertrieb noch nicht unmöglich, aber der Produktionsbetrieb muß Handelsfunktionen mit allen damit verbundenen Kosten und Risiken übernehmen.

Will er dies nicht, so entsteht ein selbständiger Handelsstand. Seine Funktionen bestehen darin, daß er räumliche und zeitliche Verschiedenheiten zwischen Produktion und Konsumtion überbrückt und durch Sortieren, Sammeln und Verteilen die Ware konsumreif macht. Der Handel schaltet sich dort ein, wo

1. zeitliche und räumliche Spannungen durch Lagerhaltung und Transport überbrückt werden müssen;

2. die Produktion in kleinen Mengen erfolgt, der Konsum oder der Transport aber eine Konzentration der Mengen verlangt, wo also eine Sammeltätigkeit ausgeübt werden muß (Aufkaufhandel);

3. einer Massenproduktion ein zersplitterter Konsum gegenübersteht, so daß die Verteilung der Produkte in kleine und kleinste Mengen notwendig wird;

4. die Produktion große Qualitätsunterschiede aufweist, der Konsum aber homogene Mengen verlangt, die Ware also erst sortiert werden muß;

5. der Absatz bestimmter Artikel gewohnheitsgemäß nur in Verbindung mit anderen Waren erfolgt (komplementäre Güter), wo also eine Zusammenstellung von Warengruppen aus Waren verschiedenen Ursprungs notwendig ist;

6. bei der Produktion eine so weitgehende Spezialisierung durchgeführt ist, daß sich ohne die Vermittlung besonders damit vertrauter Personen Produzenten und Konsumenten nur unter großen Schwierigkeiten finden würden (Produktionszwischenhandel).

Neben der Natur der Ware ist die Frage der Finanzierung durch Lagerhaltung und Kreditgewährung für die Entstehung eines selbständigen Handels von Bedeutung, wenngleich die Finanzierung allein niemals der Grund für die Zwischenschaltung des Handels ist.

Der direkte Vertrieb erfolgt entweder durch besondere Vertriebsabteilungen, die rechtlich selbständig oder unselbständig sein können, oder mit Hilfe von Agenten und Kommissionären. Unselbständige Vertriebsabteilungen sind das Verkaufsbüro und (meist) die Filiale, rechtlich selbständig ist dagegen die Werkhandelsgesellschaft und die gemeinsame Verkaufsstelle mehrerer Produktionsbetriebe (Syndikatsbüro [Verkaufskontor], Vertriebsgemeinschaft usw.).

Das Verkaufsbüro ist die Vertriebsabteilung eines Produktionsbetriebes. Der Absatz kann direkt an die Konsumenten oder an Händler erfolgen. In der Regel arbeitet das Verkaufsbüro nur mit Großabnehmern, im Gegensatz zur Filiale. Es ist die gegebene Vertriebsform für alle Fertigungsindustrien, bei denen das Produkt jeweils den individuellen Wünschen des Abnehmers angepaßt werden muß. In den Händen des Verkaufsbüros liegt die ganze Absatzpolitik: die Preispolitik, die indirekte (Reklame) und direkte (Vertreterbesuche) Kundenwerbung und die Erforschung der Absatzgebiete durch Marktanalyse und Marktbeobachtung.

Die Filiale, dem Verkaufsbüro eng verwandt, unterscheidet sich von diesem weniger in der Organisation als durch den Käuferkreis. Während das Verkaufsbüro nur mit Händlern und Großabnehmern arbeitet, dient die Filiale der Ausübung von Einzelhandelsfunktionen.

Das Verkaufsbüro befindet sich fast ausschließlich in räumlichem Zusammenhang mit dem Produktionsbetrieb. Die Filiale hat den ausgesprochenen Zweck, die Ware an den Orten des Verbrauchs anzubieten und den Einzelhandel auszuschalten. Sie ist nur möglich, wenn Produkte in so vielen Formen und Arten hergestellt werden, daß die eigene Produktion für ein Einzelhandelsgeschäft genügt. Das Filialsystem ist häufig beim Vertrieb von Markenartikeln zu finden, oft neben anderen, indirekten Absatzformen. Es ist aber nur für verhältnismäßig wenige Produktionszweige anwendbar und wird mit zunehmender Spezialisierung der Produktion immer mehr an Bedeutung verlieren.

Eng verwandt der Filiale ist die Versandabteilung. Sie unterscheidet sich von ihr lediglich durch die Vertriebstechnik: offene Verkaufsräume mit Kundenverkehr bei der Filiale; schriftliche Bestellung und Postversand bei der Versandabteilung. Die Versandabteilung dient vor allem dem Vertrieb von Waren des täglichen Bedarfs, von Genußmitteln, kosmetischen und medizinischen Präparaten und kleineren Gebrauchsgegenständen. Die Kundenwerbung erfolgt durch Zeitungsreklame, Mustersendungen, Kataloge oder auch durch Provisionsreisende. Der Reisende ist wichtig für die Einführung von Neuheiten. Die Versandabteilung als Vertriebsorganisation eignet sich erfahrungsgemäß besonders zum Absatz solcher Artikel, die der Käufer nicht gern persönlich in einem offenen Ladengeschäft erwirbt, oder für Waren, die an kleineren Plätzen, weil für sie nur eine begrenzte Käuferschicht besteht, nicht in genügender Auswahl zu haben sind (Uniformversandgeschäfte, Münchner Lodenspezialhäuser, aber auch Tabakwaren, Konfitüren in besseren Qualitäten nach der Provinz).

Während der Produktionsbetrieb mit Hilfe der Filiale Einzelhandelsfunktionen ausübt, bedeutet die **Werkhandelsgesellschaft** eine Zusammenfassung von Produktion und Großhandel. Werkhandelsgesellschaften sind rechtlich selbständige, finanziell mit einem oder mehreren Produktionsbetrieben verbundene Großhandelsunternehmungen, die den Absatz der angeschlossenen Betriebe durchführen, ohne aber deren Verkaufsabteilungen zu ersetzen. Sie sind reine Handelsgesellschaften und unterscheiden sich von Verkaufsabteilung und Filiale durch ihre rechtliche und organisatorische **Selbständigkeit**, vom Verkaufskontor dadurch, daß sie sich im Besitz nur eines oder weniger, jedenfalls nicht aller Kartellmitglieder befinden und daß sie nicht, wie das Syndikat, die Vertriebsabteilung der einzelnen Betriebe ersetzen. In verschiedenen Kartellen bestehen Werkhandelsgesellschaften neben dem Syndikat und sind dessen Abnehmer und Konkurrenten (Stahlwerksverband — Ostelbisches Braunkohlensyndikat).

Werkhandelsgesellschaften entstanden vor allem auf dreierlei Weise:

1. durch Aufkauf von Produktionsbetrieben durch große Händlerfirmen (ursprüngliche Form, vor allem in der Braunkohlenindustrie);
2. Produktionsbetriebe kauften die Großhandelsfirmen auf (Eisenindustrie) und
3. Produktionsbetriebe gründeten eigene, neue Großhandelsfirmen (Automobilindustrie).

Werkhandelsgesellschaften sind entstanden:

1. in Verfolg einer allgemeinen Tendenz zur vertikalen Konzentration;
2. zur Sicherung des Absatzes der speziellen, meist Markenprodukte der Produktionsbetriebe (z. B. häufiges Vorkommen der Werkhandelsgesellschaften in der mitteldeutschen Brikettindustrie mit Werksmarken, ihr Fehlen in Westdeutschland mit der gemeinsamen Union-Brikett-Marke) und
3. als Kampfmittel gegen selbständige Händlerfirmen, die Konkurrenzfabrikate importieren.

Selbst im Rahmen von Kartellen hat man aus diesem Grunde die Werkhandelsgesellschaften beibehalten und sie vor dem freien Handel bevorzugt, da dieser durch Import nichtkartellierter Produkte die Erreichung des Kartellzweckes verhindern bzw. erschweren könnte (Eisenindustrie).

Das Verkaufskontor, das Vertriebsorgan der Syndikate, zugleich das Mittel der Mengenkontingentierung, ist rechtlich selbständig und befindet sich im Eigentum aller Syndikatsmitglieder.

Neben den Vertrieb durch selbständige Vertriebsorgane tritt der Absatz durch Agenten und Kommissionäre, entweder durch diese allein oder in Verbindung mit einem selbständigen Verkaufsbüro. Die Stärke dieses Systems liegt in dem proportionalen Kostencharakter der Umsatzprovisionen und seine Schwäche in dem nur losen Zusammenhang zwischen Unternehmung und Verkaufskräften.

Der Agent sowohl wie der Kommissionär sind selbständige Kaufleute, die zur Unternehmung im Vertragsverhältnis stehen, wobei der Agent ausschließlich die Produkte der Unternehmung vertreibt, während der Kommissionär in der Wahl der gleichzeitig zu vertreibenden Waren und zu vertretenden Firmen frei ist und sich vom Eigenhändler nur dadurch unterscheidet, daß er die Geschäfte nicht auf eigene Rechnung abschließt. Nach dem Inhalt der den Agenten gewährten Vollmachten unterscheidet man Abschluß- und Vermittlungsagenten, nach der Größe der ihnen zur Bearbeitung überlassenen Gebiete Platz- und Bezirksagenten. Agenten und Kommissionäre arbeiten entweder allein oder mit Hilfe eigener Angestellten.

Im Verkehr mit dem Auslande kommt der direkte Vertrieb nur selten vor, meist nur bei den Fertigungsindustrien, und zwar in der Form der technischen Verkaufsbüros, da Angebote und Auftragserteilung meist nur nach persönlicher Fühlungnahme mit dem Auftraggeber möglich sind. Im Verkehr mit Ländern niederer Kultur bedienen sich auch diese Unternehmungen des Handels, da die Verschiedenheiten der Wirtschaftsbedingungen so hohe Risiken in sich bergen, daß sie durch die Vorteile des direkten Verkehrs nicht aufgewogen werden. Oft geben große Produktionsbetriebe den maßgeblichen Exporthäusern technische Angestellte für die ausländischen Filialen bei, um die produktionstechnischen Erfahrungen des Fabrikanten mit den markttechnischen des Händlers zu vereinen.

Aus dem Versuch, die technischen Schwierigkeiten des direkten Exportes zu überwinden, sind die Exportmusterlager hervorgegangen: gemeinsame Verkaufsstellen mehrerer Produzenten derselben oder verwandter Branchen mit dem Standort entweder in den großen Zentren des Exportes oder im Importlande. Wegen ihrer notwendig bürokratischen Organisation, die nirgends ungeeigneter ist als in dem schnelle Entschlüsse erfordernden Exportgeschäft, sollen ihre Erfolge nur gering gewesen sein.

ββ) Der indirekte Vertrieb.

α_1) Der Großhandel.

Weit wichtiger als der direkte ist der indirekte Vertrieb. Die Betriebsformen des Warenhandels sind durch die verschiedenen Funktionen des Handels bedingt. Zu unterscheiden sind die Betriebsformen des Groß- und des Einzelhandels. Kriterium für den Begriff des Großhandels ist der ausschließliche Verkehr mit Wiederverkäufern, dagegen nicht die Größe des Gesamt- und des Einzelumsatzes. Der Einzelhandel vertreibt seine Waren an die letzten Verbraucher.

Beim Großhandel sind die Formen des Binnen-, des Import- und des Exporthandels zu unterscheiden.

Spezielle Handelsfunktionen, die bestimmte Betriebsformen bedingen, sind: Sammeln, Sortieren, Manipulieren, Lagern und Finanzieren.

Die Funktion des Sammelns übt der Aufkaufhandel aus. Er ist hauptsächlich bei landwirtschaftlicher, aber auch bei industrieller Produktion zu finden (Lumpen, Schrott, Alteisenhandel). Die Bedeutung des Aufkaufhandels ist besonders groß in Ländern mit wenig dichter Besiedlung, unausgebautem Verkehrsnetz und beim Vorherrschen des Kleinbetriebes.

Hand in Hand mit dem Aufkaufhandel — oft ihm nachgeschaltet — arbeitet der Sortierhandel. Er ist eine notwendige Absatzstufe bei allen geernteten und anderen von der Natur erzeugten Waren mit großen Qualitätsunterschieden. Durch Sortieren schafft er gleichartige Waren, die dann oft sogar nach Mustern, Probe oder Type börsenmäßig gehandelt werden können. Die Weitergabe der Ware vom Sortierer erfolgt entweder an den Engrossortimenter, an den Einzelhändler oder, im Wege des Massenfilialsystems, auch direkt an den Konsumenten (Kolonialwaren-, Kaffeespezialgeschäft).

Aus der Unmöglichkeit des direkten Warenbezugs durch den kleinen Einzelhandelsbetrieb und der Unmöglichkeit des Versands kleiner Mengen durch den Produzenten ergibt sich die Notwendigkeit eines besonderen Handelsstandes, der die Zusammenstellung der benötigten Warensortimente und die Lagerhaltung für den Einzelhandel übernimmt. Diese Funktionen übt der Engrossortimenter aus. Er ist in erster Linie Lagerhalter und finanziert damit einen wichtigen Teil des Absatzes. Aus der Lagerhaltungsfunktion ergibt sich, daß sein Standort konsumorientiert sein muß. Der Engrossortimenter ist in der Regel auf eine Branche spezialisiert (Tuch-, Schuh-, Kolonialwaren-, Papiergroßhändler usw.). Er bezieht seine Waren in großen Mengen aus den verschiedenen Produktionsgebieten und gibt sie in kleineren Quantitäten an Händler ab.

Ähnliche Funktionen übt auch der Kreditgrossist aus. Nur tritt bei ihm die Finanzierungstätigkeit stärker in den Vordergrund. Er finanziert nicht nur die Lagerhaltung durch lange Zahlungsziele, sondern beschafft auch das Anlagekapital.

Ein besonderer Großhandelszweig ist der Halbfabrikatehandel (Produktionszwischenhandel) in Industrien mit weitgehender Arbeitsteilung und Spezialisierung. Diese Spezialisierung ist in vielen Fällen nur möglich, weil ein leistungsfähiger Spezialhandel den Absatz der nun im Wege der Massenfabrikation hergestellten Halbfabrikate übernimmt. Andererseits sind aber auch die Weiterverarbeiter auf die Vermittlung des Handels angewiesen, da ihre Marktkenntnisse nicht genügen, um den jeweiligen Hersteller eines ganz bestimmten Zwischenproduktes ohne weiteres zu ermitteln.

Die Absatztechnik all dieser binnenländischen Großhandelsformen ist ziemlich einheitlich. Überall findet man den im Angestelltenverhältnis stehenden Handlungsreisenden, den Agenten und den Kommissionär als ausführende Organe. Daneben dienen Mustersendungen, Kataloge, Proben und Preislisten der Kundenwerbung.

Viel mannigfaltiger sind die Betriebsformen des Exporthandels, bei dem zwei große Gruppen mit ziemlich verschiedener Technik zu unterscheiden sind: 1. der auf eine bestimmte Ware und 2. der auf ein bestimmtes Gebiet spezialisierte Exporthandel. Der auf eine bestimmte Ware spezialisierte Exporteur bildet die Exportmöglichkeit der mittleren und kleinen Industrie, zugleich ist er der Wegbereiter neuer Absatzgebiete auf Grund seiner Kenntnis der Markt-, Kredit- und Absatzverhältnisse.

Der auf ein bestimmtes Gebiet spezialisierte Exporteur vertreibt alle Arten von Waren. Er spürt die vorhandenen und latenten Bedürfnisse auf, sucht dann in den Industriestaaten die geeignetsten Bezugsquellen und vermittelt den Absatz nach Gebieten, in die der Produzent aus eigener Initiative und mit eigenen Mitteln nie hätte eindringen können. Seine Stärke liegt in der Kenntnis der Sitten, Gebräuche, Marktverhältnisse und Rechtsordnung des Importlandes. Zum Verkehr mit den eingeborenen Abnehmern dienen vor allem drei Betriebsformen:

1. die Faktorei, eine Niederlassung des europäischen Stammhauses im Importlande, oft mit Unterfaktoreien, oft auch als Einkaufsorgan; 2. der Support-Account, System des Kreditgrossisten im Exporthandel. Das Exporthaus stellt einer mit den Verhältnissen des Landes vertrauten Persönlichkeit (meist einem ehemaligen Angestellten) das Kapital zur Eröffnung eines Importgeschäftes zur Verfügung und verpflichtet ihn, alle oder einen großen Teil der zukünftig benötigten Waren durch das Mutterhaus zu beziehen; 3. das Compradore-System im Verkehr mit China und Japan. Hier wird in die Handelskette hinter die Faktorei noch ein einheimischer Händler eingeschoben, der als Treuhänder und Vermittler fungiert und vor allen Dingen das Kreditrisiko trägt.

Neben die Handelsformen der freien Märkte treten die der gebundenen Märkte. Bei einem unvollständigen Monopol (fast alle der bestehenden) ist es zur Durchführung der Monopolpreispolitik wichtig, über eigene Absatzkanäle zu verfügen, weil der freie Handel durch gleichzeitigen Vertrieb von Konkurrenzwaren die Preispolitik des Monopolinhabers durchkreuzen kann. Die hieraus entstandenen verschiedenen Kartellvertriebsformen unterscheiden sich voneinander hauptsächlich durch den Grad ihrer Bindung an das Kartell:

1. Vertrieb durch abhängige Händler (die loseste Form der Bindung). Diese verpflichten sich dem Kartell gegenüber, ausschließlich oder wenigstens in bestimmten Gegenden, nur Kartellprodukte zu vertreiben. Das Kartell gewährt ihnen besonders günstige Bezugs- und Preisbedingungen, Treu- und Umsatzrabatte und in vielen Fällen das Recht des ausschließlichen Vertriebs von Kartellware. Die Preise werden vom Kartell festgesetzt, so daß dem Handel lediglich die Vermittlungs- und Finanzierungs-, manchmal auch noch die Lagerhaltungsfunktion verbleibt. Die freien Händler werden vom Bezug der Kartellware meist vollkommen ausgeschlossen.

2. Vertrieb durch eigene Handelsunternehmungen und Beibehaltung von Werkhandelsgesellschaften.

3. Vertrieb durch Syndikate. Während Werkhandels- und Tochtergesellschaft im Eigentum nur eines oder weniger Kartellmitglieder stehen, ist das Verkaufskontor (Syndikat) eine im Eigentum aller Kartellmitglieder oder des Kartells als solchem (wenn dieses eine juristische Person ist und Eigentum erwerben kann) befindliche Handelsunternehmung. Das Syndikat ist die typische Vertriebsform der Kartelle. Ihm liegt der ausschließliche Vertrieb der Kartellprodukte ob.

Zum Export bedient sich das Kartell meist des Verkaufsbüros, auch in den Fällen, in denen der Inlandsabsatz in einer der drei Formen erfolgt; denn nur mit Hilfe eines Verkaufskontors ist es möglich, die die Inlandspreis- und die Inlandsabsatzpolitik kompensierende Exportpolitik zu treiben. Dies trifft besonders für Kontingentierungskartelle zu. Bei Preis- und besonders bei Konditionskartellen erfolgt dagegen sowohl der Export als auch der Binnenhandel durch den freien Handel.

Das Eindringen von Kartellen und Monopolinhabern in den Einzelhandel ist selten. Meist beschränken sich beide auf die Ausschaltung des Großhandels und schreiben dem Einzelhandel nur die Verkaufspreise vor. Doch finden sich auch Fälle, in denen Monopolinhaber bis in den Einzelhandel eingedrungen sind, z. B. Tankstellen der großen Öltrusts.

β_1) Der Einzelhandel.

Das letzte Glied der Handelskette ist der Einzelhandel. Erst auf dem Weg über den Einzelhändler erreicht der größte Teil aller Waren den Konsumenten. Der Einzelhändler ist der Lagerhalter und Sortimenter für die großen Käufermassen. Er übernimmt es, ihnen die Produkte der verschiedensten Industrien an einem bequem erreichbaren Ort, in der erwünschten Mannigfaltigkeit und in der benötigten Zusammenstellung bereitzustellen. Er ist ein außerordentlich wichtiger Faktor für den Vertrieb aller Waren des täglichen und periodischen Bedarfs, die im Wege der Massenproduktion hergestellt werden, aber nur in kleinen und kleinsten Mengen in den Konsum übergehen.

1. Die ursprüngliche Form des Einzelhandelsgeschäftes ist die Gemischtwarenhandlung. Sie ist bestrebt, ihre Kunden mit allen benötigten Waren zu versorgen: mit Nahrungsmitteln, Kleidung, Handwerkszeug, mit Luxus- und Gebrauchsgegenständen, mit industriellen und landwirtschaftlichen Produkten. Diese Gemischtwarenhandlung ist heute noch die typische Einzelhandelsform der ländlichen Gebiet., wo die geringe Bevölkerungsdichte das Nebeneinanderbestehen mehrerer spezialisierter Betriebe nicht erlaubt.

2. Dagegen hat sich in den Orten stärkeren Konsums aus diesen Gemischtwarenhandlungen sehr bald das Spezialgeschäft entwickelt. Es ist heute die herrschende Einzelhandelsbetriebsform. Und zwar das Spezialgeschäft spezialisiert nach drei Richtungen: a) nach der Ware (Regenschirme, Handschuhe, Strümpfe, Schuhe) oder b) nach deren Rohstoffen (Seidenwaren, Lederwaren, Goldwaren usw.) oder c) nach komplementären Gütergruppen, die gemeinsam zur Befriedigung bestimmter Bedürfnisse dienen (Einrichtungsgeschäfte, die ganze Wohnungseinrichtungen liefern, die verschiedenen Arten der Bekleidungsspezialgeschäfte, Ausstattungsgeschäfte usw.), d) nach Preislagen (Einheitspreisgeschäfte).

3. Die neueste Entwicklung hat zu einer Wiederzusammenfassung dieser Spezialgeschäfte im Warenhaus geführt. Das Warenhaus ist eine räumliche Zusammenfassung einer großen Anzahl von Einzelhandelsspezialgeschäften. Die Gründe zu dieser Rückkehr zum „Gemischtwarengeschäft" (allerdings in einer ganz anderen Aufmachung) sind verschieden. Es sind zum Teil Kostengesichtspunkte, z. T. aber ist auch das Bestreben maßgebend, durch Konzen-

trieren der größtmöglichen Auswahl von Waren den Konsumenten das höchste Maß von Bequemlichkeit zu bieten. Dasselbe Streben hat auch aus dem nach Waren spezialisierten Spezialgeschäft das der komplementären Warengruppen gemacht.

Neben diesen Absatzformen finden wir auf allen Stufen des Handels auch solche genossenschaftlicher Art, die sich aber von ihnen in der Technik des Vertriebes nicht unterscheiden.

Zu diesen Vertriebsformen, die die Grundbetriebsformen des modernen Einzelhandels sind, treten dann noch jene, die bestimmt werden durch den Zusammenhang mit einem gewerblichen Produktionsbetrieb, die Bäcker-, Fleischer-, Blumenläden usw., und jene Variationen der Grundformen, die unter Kostengesichtspunkten entstanden sind und die im nächsten Abschnitt behandelt werden sollen.

γ) Die Kosten des Vertriebes.

Die Kostenentwicklung der industriellen Produktion in den letzten 50 Jahren ist charakterisiert durch ein dauerndes Steigen des Anteils der Vertriebs- an den Gesamtkosten. Nach Borsodi entfallen von dem auf $ 35 Mrd. geschätzten amerikanischen Einzelhandelsumsatz auf:

Rohmaterial	6.65— 8.05	Mrd. $
Verarbeitungskosten	3.85— 5.00	„ „
Transport und Lagerung	11.30—13.79	„ „
Vertriebskosten des Fabrikanten	5.67— 6.93	„ „
Vertriebskosten des Händlers	3.99— 4.90	„ „

Für einzelne Waren ergibt sich folgende Verteilung der Konsumentenmark:

	Frisches Rindfleisch	Brot	Haferflocken
Produktion			
Rohmaterial	0.61	0.28	0.18
Verarbeitung	0.06	0.18	0.13
Verteilung			
Transport und Lagerung	0.19	0.11	0.32
Vertriebskosten			
des Herstellers	0.04	0.33	0.23
„ Händlers	0.10	0.10	0.14
	1.00	1.00	1.00

Für diese in allen Branchen gleicherweise zu beobachtende Tendenz lassen sich folgende Erklärungen finden:

1. Eine rein rechnerische Überlegung: das Sinken der Herstellungskosten bei gleichbleibenden Vertriebskosten bewirkt ein Steigen des Vertriebskostenanteils an den Gesamtkosten;
2. die Technik des Vertriebes, der noch immer fast ohne Hilfe mechanischer oder maschineller Hilfsmittel erfolgt, hat mit der Produktionstechnik nicht Schritt gehalten;
3. die aus produktionstechnischen Rücksichten erfolgte Zentralisation der Produktion hat diese vom Konsumort fortgezogen, wodurch zusätzliche Transport- und sonstige Vertriebskosten entstehen;
4. bei der Produktion für den unbekannten Markt verursacht das Auffinden des Konsumenten größere Kosten als bei der handwerksmäßigen Kundenproduktion;
5. das Vorhandensein ungenutzter Kapazität erhöht die Absatzintensität der Betriebe und veranlaßt sie zur Aufwendung höherer Vertriebskosten in der Hoffnung, diese durch Ausnutzung der latenten Degressionsmöglichkeiten der Produktionskosten wieder einholen zu können.

Ziffernmäßig ist diese Kostenverschiebung nur schwer nachzuweisen, da es an Kostenanalysen aus früheren Entwicklungsperioden mangelt. Augenfällig wird die Zunahme der Vertriebskosten vor allem durch den wachsenden Anteil der mit dem Vertrieb Beschäftigten an der Zahl der Gesamterwerbstätigen.

Bei der Betrachtung der Vertriebskosten ist ferner zu beachten, daß sie an verschiedenen Stellen der Volkswirtschaft entstehen, beim Produzenten, beim Großhandel und Einzelhandel, und daß die Vertriebskosten der einen Stufe Preisbestandteil des Einkaufspreises der nachfolgenden Stufe sind. Da im Handel die Errechnung des Verkaufspreises zumeist durch Zuschlag eines brancheüblichen Prozentsatzes auf den Einkaufspreis erfolgt, werden die Vertriebskosten der vorgelagerten Stufen immer von neuem mit einkalkuliert und haben die Tendenz, kumulativ zu wachsen.

Ihrer Entstehung nach sind die Vertriebskosten zu scheiden in Kosten der Schaffung der Vertriebsorganisation, die den Charakter von Anlagekosten haben, und die laufenden Kosten bei der Ausübung der Absatztätigkeit.

Zu den Vertriebskosten mit anlageähnlichem Charakter gehören die Kosten der Beschaffung der Betriebsapparatur, der Einarbeitung eines geübten Verkäuferstabes, der Reklame zur Einführung des neuen Unternehmens usw. Die laufenden Kosten des Absatzes sind zu scheiden: in Kosten zur Erlangung (Reklame, Vertreterspesen, Muster, Modelle) und die Kosten der Ausführung des Auftrages. Hierzu kommen in Handelsbetrieben noch die Kosten der Beschaffung und der Lagerung der Ware.

Neben der Unterscheidung der Kosten nach ihrer Entstehung ist ihre Gliederung nach ihrem Verhalten bei schwankendem Absatzgrade, ihr proportionaler oder nichtproportionaler Charakter wichtig.

Fast alle Vertriebsformen sind stark mit fixen Kosten belastet, um so mehr, je mehr der Betrieb an das effektive Vorhandensein der Ware gebunden ist. Im Einzelhandel tragen 60—70% der gesamten Vertriebskosten fixen Charakter.

Die wichtigsten fixen Vertriebskosten sind: Raum-, Lagerhaltungs-, Personal- und Transportmittelkosten.

Raumkosten sind die Kosten der Bereitstellung betriebsfähiger Verkaufsräume, also Miete oder Verzinsung des im Gebäude investierten Kapitals zuzüglich der Gebäudebetriebskosten, ferner die Kosten des Mobiliars (Verzinsung, Abschreibung und Reparaturen), Heizung, Beleuchtung, Reinigung, Beaufsichtigung usw. Da die Umsatzkapazität eines Betriebes weitestgehend von den vorhandenen Räumen abhängig ist, muß die Vertriebskapazität von Anfang an richtig veranschlagt werden, denn einmal vorhanden, bilden die Räume einen in hohem Maße fixen Kostenbestandteil.

Die Raumkosten spielen von Vertriebsform zu Vertriebsform, von Branche zu Branche, eine verschiedene Rolle. Einen besonders wichtigen Kostenbestandteil stellen sie bei allen Einzelhandelsbetrieben dar, während sie beim Großhandel und auch beim direkten Vertrieb (mit Ausnahme des Vertriebes durch Filialen, die unter denselben Bedingungen wie der Einzelhandel arbeiten) weniger schwer ins Gewicht fallen.

Im Einzelhandel ist die Lage des Verkaufslokals von ausschlaggebender Bedeutung für die Geschäftsentwicklung. Darum stellt die **Miete** hier einen besonders wichtigen Kostenfaktor dar. Untersuchungen über den Einfluß der Mietkosten auf die Rentabilität amerikanischer Warenhäuser [1]) haben zu folgenden grundsätzlichen Ergebnissen geführt:

1. Mit wachsender Betriebsgröße steigen die Mietkosten absolut (von 0.32—1.18 $ per Quadratfuß) und relativ in % vom Umsatz (von 2.5—3.9% vom Umsatz);
2. je höher die Mieten, desto schneller der Lagerumschlag;
3. je schneller der Lagerumschlag, desto höher der Umsatz per Quadratfuß;
4. je höher der Umsatz per Quadratfuß, desto höher der Ertrag;
5. je höher die Miete, desto größer Handelsspanne, Lagerumschlag, Umsatz per Quadratfuß, desto höher aber auch der Anteil der Mietkosten an den Gesamtkosten und am Verkaufspreis.

Lagerkosten sind alle Aufwendungen, die durch die Lagerung der zu vertreibenden Ware entstehen: Verzinsung des im Lager investierten Kapitals, Kosten für die Lagerräume, die Lagerverwaltung, Versicherung, Verluste durch Schwund, Verderb, Diebstahl, Entwertung.

Die **Personalkosten** sind bei fast allen Vertriebsformen die wichtigsten fixen Kosten. Allerdings sind nicht alle Personalkosten fix, aber die Angestellten mit fixen Gehältern und längeren

---

[1]) M. P. McNair, Department Store Rentals. Harvard Business Review 1931, Heft 1—2.

Kündigungsfristen überwiegen meist. Fix sind die Kosten für leitende, sonstige qualifizierte und Büroangestellte und Angestellte zur Ausführung der Aufträge, während die Erlangung der Aufträge meist proportionale (Umsatzprovisionen) oder teils fixe, teils proportionale Kosten (Gehalt und Provision) verursacht.

Auch die Transporteinrichtungen (vor allen im Großhandel und im Einzelhandelsgroßbetrieb) stellen hauptsächlich fixe Kosten dar. Nach Feststellungen der Forschungsstelle für den Handel müssen 84% aller Transportkosten als fixe Kosten angesehen werden. Da in manchen Branchen (Modehäusern, Wäscheausstattungen, Herrenkonfektion) 80—100% der Waren zugestellt werden, machen die Zustellkosten einen ganz erheblichen Teil der Vertriebskosten aus.

Neben den bereits genannten finden sich noch zahlreiche feste Kostenarten von geringerer Bedeutung, wie z. B. Konzessionen, Verbandsbeiträge, Zeitungsabonnements, Pauschalgebühren für Telephone usw.

Zu den proportionalen Vertriebskosten gehören alle Wertspesen, Umsatzprovisionen, Umsatzsteuern, Einfuhrzölle, Versicherungsprämien, Verpackungskosten usw.

Daneben t.itt noch eine ganze Reihe von Kosten auf, deren Charakter weder fix noch proportional, sondern unregelmäßig variabel ist. Ihre Höhe steht in keinem direkten Zusammenhang mit dem Umsatz. Sie werden lediglich durch den Willen des Unternehmers bestimmt, wie z. B. die Reklamekosten und aller neutrale Aufwand (Unterstützungen, Stiftungen, freiwillige Beiträge usw.). Selbst in den Fällen, in denen es üblich ist, die Reklameaufwendungen nach den Umsätzen zu richten (in Amerika vielfach 1—10% des vorjährigen Umsatzes), besteht kein kausaler Zusammenhang zwischen den Kosten und dem Umsatz. Der Umsatz ist nur eine willkürlich angenommene Bemessungsbasis.

Über die Höhe der Vertriebskosten einiger Industriezweige konnte der Enquete-Ausschuß folgende Feststellungen machen:

Uhrenindustrie	ca.	6.7%	der Ges.-Kosten
Edelmetall- und Schmuckwarenindustrie	„	3.4 „	„ „
Fensterglasindustrie	„	5.0 „	„ „
Hohlglasindustrie	„	6.0 „	„ „
Papierindustrie	„	13.0 „	„ „
Gummiwarenindustrie	„	17.0 „	„ „
Porzellanindustrie			
a) Geschirrporzellan	„	7.0 „	„ „
b) Zierporzellan	„	8.0 „	„ „
c) technisches Porzellan	„	11.0 „	„ „
Handschuhindustrie	„	6.0 „	„ „
Margarineindustrie	„	17.5 „	„ „

Eine Analyse der Vertriebskosten in der Kabelfabrikation ergab folgende Zusammensetzung:

Gehälter und Löhne	1.8
Steuern u. soziale Abgaben	0.05
Umsatzsteuer	0.85
Versandlager-Kosten (Lagerspesen)	0.64
Reisespesen	0.44
Allg. Bürounkosten	0.62
Telegraph u. Telephon	0.06
Provisionen	0.14
Propaganda u. Preislisten	0.28
Kreditkosten	0.46
Gesamt	5.34

Das Verhältnis der wichtigsten Kostenteile zum Umsatz in einzelnen Zweigen des Groß- und Einzelhandels zeigen folgende Tabellen:

Handlungsunkosten im Kolonialwarengroßhandel (in Prozenten des Umsatzes).

1914	1919	1922	1923	1924	Filialen
16,51	16,25	20,9	17,4	18,0	14,01

Vertriebskosten in einem Zweig des Einzelhandels.
(In Prozenten des Umsatzes.)

Betriebe mit Verkaufskräften	Geschäftsräume Insges.	Miete	Löhne, Gehälter, Soziallast.	Steuern	Reklame	Porti, Fernspr., Telegr.	Versicherung
	1		2	3	4	5	6
1— 5	4,6	3,0	4,2	4,9	1,1	0,7	0,3
6— 20	4,4	2,9	6,4	2,1	1,6	0,8	0,4
21— 80	4,1	2,6	10,0	2,0	2,2	0,6	0,3
81—400	3,9	2,4	10,6	2,3	2,6	0,6	0,3

Betriebe mit Verkaufskräften	Verpackung, Transport	Zinsen f. Leihkapital	Verzinsung des Eigenkap.	Unternehmerlohn	Insgesamt ohne 9,10	Insgesamt mit 9,10
	7	8	9	10	11	12
1— 5	0,5	1,4	3,4	6,7	15,2	25,1
6— 20	0,4	1,3	3,8	4,2	18,4	25,9
21— 80	0,6	1,0	2,8	2,6	22,7	27,5
81—400	0,7	1,0	2,4	2,1	23,0	27,4

Feste Kosten zwingen jeden Betrieb zur Erreichung eines **Mindestumsatzes**, denn erst bei der Erreichung einer bestimmten Umsatzmenge halten sich Bruttogewinn und Vertriebskosten die Waage (toter Punkt). Die Errechnung dieses Mindestumsatzes erfolgt (nach Schär) durch eine Zerlegung der Gesamtkosten in fixe und proportionale. Der Mindestumsatz muß so groß sein, daß der Bruttogewinn sowohl die fixen als auch die proportionalen Kosten deckt. Den gesuchten Mindestumsatz x findet man nach folgender Formel:

$$g \cdot x = f + x \cdot p$$
$$x(g - p) = f$$
$$x = \frac{f}{g - p}$$

g = Gewinnkoeffizient (Verh. Bruttogewinn: Umsatz, z. B. 30%).
p = Proportionalkostenkoeffizient (proportionale Kosten: Umsatz, z. B. 5%).
f = fixe Kosten, z. B. 100000 RM.).

$$x = \frac{100\,000}{0{,}3 - 0{,}05} = 400\,000 \text{ RM.}$$

Durch den Mindestumsatz werden alle fixen Kosten gedeckt, alle darüber hinausgehenden Umsätze verursachen nur noch propor tionale Kosten; erst sie bringen der Unternehmung einen Gewinn, der um so größer ist, je mehr Umsätze getätigt werden können.

Solange die Kapazität des Betriebes noch nicht voll genützt ist, besteht die Möglichkeit einer Kostendegression; je größer die Umsätze, desto geringer der Anteil der fixen Kosten am einzelnen Umsatz. Hieraus ergibt sich für jeden Betrieb eine optimale Umsatzgröße, bei der das Verhältnis zwischen Bruttogewinn und Kosten am günstigsten ist. Diese optimale Umsatzgröße ist nicht identisch mit der größten erzielbaren Umsatzmenge. Ist die optimale Umsatzgröße überschritten, so setzt eine Kostenprogression ein, die so lange anhält, bis die Vertriebskapazität vergrößert wird und sich hieraus neue Möglichkeiten der Kostendegression ergeben.

Weit wichtiger als die Kostenprogression durch Überbeschäftigung ist die Progression durch Rückgang des Umsatzes. Hieraus ergibt sich die außerordentliche Empfindlichkeit der Einzelhandelsbetriebe gegenüber allen Umsatzschwankungen. Sie hat zu der überall zu beobachtenden Tendenz geführt, entweder die fixen Kosten absolut zu senken oder sie in variable, möglichst in proportionale, zu wandeln.

Die Senkung der fixen Kosten kann entweder im Rahmen der bisherigen oder durch Übergang zu einer anderen Vertriebsform erfolgen.

Die Raumkosten können gesenkt werden durch genaue Kalkulation der Kapazität, durch Verlegung des Geschäftes in Nebenstraßen, billigere Miete (bes. beim Großhandel, der nicht auf die unmittelbaren Verkehrsgegenden angewiesen ist), durch ausschließliche oder teilweise Benutzung von Etagenräumen [1]), durch Verzicht auf luxuriöse Inneneinrichtungen, technische Vorrichtungen zur Verkleinerung der Räume in stillen Zeiten usw.

Eine Senkung der fixen Personalkosten ist möglich durch Anwendung von proportional verlaufenden Lohnsystemen (Provisionen). Allerdings sind hier die Möglichkeiten begrenzt.

Eine Senkung der Lagerkosten ist durch Verkleinerung der Lagerbestände und Beschleunigung der Umsatzschnelligkeit

---

[1]) Hieraus resultieren die relativ niedrigen Raumkosten der Warenhäuser, die in Deutschland bis 5, in Amerika bis 14 übereinanderliegende Stockwerke benutzen.

möglich. Kleinhaltung der Läger, d. h. Beschränkung des Lagers auf eine optimale Größe bei gleichzeitiger Wahrung eines guten Sortiments, ist nur möglich durch bewußte Einstellung des gesamten Lagers auf eine bestimmte Käuferschicht und Beschränkung auf betriebseigene Artikel. Erfahrungsgemäß setzen sich Waren aus Grenzgebieten nur sehr langsam um und bringen keine Gewinne.

Der Erreichung eines möglichst kleinen, aber trotzdem gut sortierten Lagers dient die Aufstellung eines Lagerbudgets und eines Lagerplanes[1]).

Nicht minder wichtig als die allgemeine Kleinhaltung der Läger ist die Anpassung der Lagergröße an den Rhythmus des Geschäftslebens.

Eine besondere Möglichkeit der Kleinhaltung des Lagers bildet der „Hand-Mund-Kauf". Er vermindert ferner die Lagerdauer und senkt neben den Kosten auch das Risiko der Lagerhaltung (bes. bei Modewaren). Allerdings bedeutet diese Einkaufsmethode lediglich die Verschiebung der Lagerhaltungsfunktion von einer Handelsstufe zur anderen, vom Einzelhandel zum Großhandel; aber gerade hieraus ergeben sich für den Großhandel neue Betätigungsmöglichkeiten in den Branchen, in denen er ausgeschaltet zu werden drohte.

Parallel mit den Bestrebungen zur Kleinhaltung der Läger laufen die zur Beschleunigung des Lagerumschlages. Jede Kalkulation der Verkaufspreise berücksichtigt eine bestimmte

[1]) Vorbildlich erscheint die von Filene (Mehr Rentabilität im Einzelhandel, Berlin 1927) geschilderte Methode der Aufstellung von Normallagerplänen, wie sie in seinen großen Warenhausbetrieben üblich sind. Es erfolgt zunächst in jeder Abteilung die Feststellung der gangbarsten Artikel. Von diesen werden dann die gangbarsten Preislagen ermittelt (regelmäßig eine untere Preislage, eine Haupt- und eine obere Preislage, dazu einige Zwischenpreislagen), die etwa 85% des gesamten Lagers ausmachen sollen. In jeder Preislage müssen stets zwei Artikel vorhanden sein, ein preiswertester, der den größten Substanzwert hat und das Beste darstellt, was sich zu diesem Preis überhaupt beschaffen läßt, und ein rentabelster, der besonders billig eingekauft worden ist und der dem Unternehmen einen besonderen Gewinn bringt. Durch die Lagerdisposition nach diesem Prinzip konnte Filene eine erhebliche Senkung der gesamten Lagerkosten erreichen.

Lagerdauer. Gelingt es, die einkalkulierte Lagerdauer zu unterschreiten, so ergibt sich hieraus für den Betrieb ein besonderer Gewinn, überschreitet dagegen eine Ware die Normallagerdauer, so entstehen Verluste. Im amerikanischen Einzelhandel wurden Umschlagszahlen des durchschnittlichen Lagers als Minimum ermittelt[1]):

Juwelen	2	Geschenkartikel	6
Bekleidung	$3^1/_2$	Warenhaus	6
Schuhe	$3^1/_2$	Kolonialwaren	10
Textilwaren	$3^1/_2$	Konfitüren	12
Eisenwaren	$3^1/_2$	Penny Stores	4—6 (manchmal 10)

Beckmann berichtet von folgenden Unterschieden in der Umsatzschnelligkeit verschiedener Großhandelsbetriebe derselben Branche:

	Minimum	Maximum	Durchschnitt
Drogen	2,0	6	3,6
Kolonialwaren	2,1	15,6	5,6
Eisenwaren	2,5	5,3	3,6
Schuhe	2,7	4,5	3,7

Die Umschlagsgeschwindigkeit nimmt in der Regel mit zunehmender Betriebsgröße zu, als Folge der besseren Durchorganisation der Großbetriebe. Wie groß dabei die Differenzen innerhalb einer Branche sein können, geht aus folgender Tabelle hervor:

Betriebe mit	Lagerumschlag
1— 5 Verkaufskräften	2,5
6— 20 „	2,8
21— 80 „	3,4
81—400 „	3,9

Der Beschleunigung des Lagerumschlages dienen Reklame, Sonderverkäufe und eine angemessene Preispolitik, vor allem beim Überschreiten der Normallagerdauer.

Neue Vertriebsformen zur Vermeidung oder Niedrighaltung der fixen Kosten sind:

1. das System der Massenfilialgeschäfte (Chain Stores):

---

[1]) Walter S. Hayward und Percival White, Chain Stores, New York 1925, Seite 148 ff.

Zusammenfassung einer großen Anzahl von Spezialgeschäften unter einheitlicher Leitung, gemeinsamer Einkauf, zentrale Lagerhaltung. Dieselben Gründe haben auch zur Bildung von Warenhauskonzernen geführt;

2. die Einheitspreisgeschäfte, den Massenfilialbetrieben eng verwandt. Sie beschränken sich bei allen Waren auf eine Preislage.

3. die Geschäfte mit Selbstbedienung. Diese vermeiden fast alle Personalkosten. Das Verkaufspersonal wird teils durch automatische Einrichtungen ersetzt, zum Teil überläßt man dem Kunden, sich selbst zu bedienen und an den Kassen den Preis zu zahlen. Sogar das Aufsichtspersonal erübrigt sich in den meisten Fällen, da die Veruntreuungen so gering sind, daß sich eine Aufsicht nicht rentiert. Die Vertriebskosten sind bei diesem System außerordentlich gering, sie sollen nur etwa 3,1% des Umsatzes betragen;

4. die Basement-Stores. Diese verfolgen den ausgesprochenen Zweck, einen recht schnellen Umsatz zu erreichen. Sie sind meist den Warenhäusern angegliedert, oft in Kellerräumen untergebracht und beruhen auf der Ansicht, daß jede Ware, wenn sie nur billig genug ist, innerhalb einer bestimmten Frist verkauft werden kann. Dem Basement-Store werden alle im regulären Betrieb als unverkäuflich angesehenen Waren zugewiesen, und besonders günstige Restposten werden hinzugekauft. Die Preisstellung ist von Beginn an sehr niedrig, und die Preise werden innerhalb bestimmter Fristen ganz automatisch gesenkt (nach 12 Tagen um 25%, nach 18 Tagen um 50%, nach 24 Tagen um 75%, was über 30 Tage lagert, wird verschenkt) [1]).

δ) Bedingtheiten und Grenzen des Absatzes.

Der Drang nach Absatz, die „Absatzenergie", ist bei den verschiedenen Betrieben und bei einem Betrieb zu verschiedenen

[1]) Filene a. a. O. Seite 275.

Zeitpunkten verschieden, je nach der Stärke der in einem Betriebe vorhandenen, in der Richtung des Absatzes wirkenden Spannungen. Sie ist Schwankungen unterworfen, die von vier Größen bedingt sind: vom Ausnutzungsgrad, der Gewinnspanne, dem finanziellen Status und der Markterwartung.

Das Absatzgebiet eines Betriebes ist in doppelter Weise begrenzt: regional (auf bestimmte geographische Gebiete) und sozial (auf bestimmte Käuferschichten).

Die regionalen Grenzen des Absatzes sind in erster Linie durch die Transportfähigkeit der Ware bedingt, durch ihre natürliche Lager- und Transportierbarkeit und die Transportkosten. Durch zunehmende Schnelligkeit des Transportes und Verbesserung der Konservierungs- und Kühltechnik (denn meist war es die Verderblichkeit der Ware, die den Transport über weite Strecken verhinderte) werden die Grenzen immer weiter hinausgeschoben und teilweise aufgehoben.

Das Problem der Transportfähigkeit kann heute für die meisten Waren als gelöst gelten und bildet kaum noch ein Hindernis für die unbegrenzte Ausbreitung eines Absatzgebietes. Grenzen bedeuten dagegen die Transportkosten. Aber nicht die absolute Höhe der Frachtkosten ist maßgebend, sondern 1. ihr Verhältnis zum Wert der Ware, 2. die vergleichsweisen Transportkosten der Konkurrenzbetriebe. Wäre die absolute Höhe der Transportkosten maßgebend, so wäre jeder Betrieb von einem kreisförmigen Absatzgebiet umgeben, dessen Radius durch die Spanne zwischen dem Marktpreis und den individuellen Selbstkosten bestimmt würde. Über ein derartig gleichmäßiges Absatzgebiet verfügt kein Betrieb; vielmehr beeinflussen die vergleichsweisen Kosten weitgehend seine Grenzen: der Standort der Konkurrenzbetriebe, das Vorhandensein mehrerer Transportmöglichkeiten mit verschiedenen Kosten und die herrschenden Tarifsysteme. So erhöht z. B. die Möglichkeit des Wassertransportes bei geringwertigen Massenprodukten den Aktionsradius eines Betriebes ganz erheblich. Vorzugstarife für Waren bestimmter Herkunft und Staffeltarife, bei denen die Transportkosten, auf den km berechnet, mit steigender Entfernung abnehmen, ermöglichen ebenfalls eine Erweiterung des natürlicherweise gegebenen Absatzgebietes. Nicht minder beeinflußt die Nähe politischer und Zollgrenzen seine Form und Größe.

Eine Überwindung oder Erweiterung der transportkostenbedingten Grenzen ist möglich:

1. durch Dezentralisierung der Werkbetriebe in der Weise, daß man die Herstellung aller geringwertigen, den Transport verteuernden Teile des Produktes an die Peripherie des bisherigen Absatzgebietes oder in das neu zu gewinnende Gebiet verlegt. Dadurch werden die Transportkosten gesenkt und der Aktionsradius erweitert [1]). Ein ähnliches Ergebnis wird durch die Errichtung von sogenannten „Auslieferungslagern" erreicht, an die die Lieferung in billigen Sammelladungen erfolgt. Hierdurch werden nicht nur die Transportkosten verringert, sondern auch die Lieferfristen verkürzt;

2. durch die Art der Preisstellung, ob einschließlich oder ausschließlich der Frachtkosten kalkuliert werden soll. Bei Fakturierung ab Lieferungsort, bei der der Kunde die Fracht zu zahlen hat, wirkt sich die ungünstige Lage eines Betriebes voll aus. Dagegen erlaubt die Lieferung frei Empfangsstation eine versteckte Preisdifferenzierung zwischen günstig und ungünstig gelegenen Abnehmern und ermöglicht die Konkurrenz auch in entfernteren Gebieten. Die Einführung einer gemeinsamen Frachtbasis für Betriebe mit verschiedenem Standort, besonders bei Kartellen und Trusts, hat geradezu den Zweck, die Wirkung des Standortes auf Frachtkosten und Konkurrenzfähigkeit aufzuheben;

3. durch die Größe des Absatzes an die einzelnen Abnehmer. Die Ausführung größerer Aufträge verursacht weniger

[1]) So haben z. B. die Singer-Nähmaschinenfabriken in allen Ländern Betriebe, in denen die importierten Getriebe in die Gußeisenteile einmontiert werden. Von Automobilen importiert man ebenfalls meist nur die Motoren usw.

Kosten als eine entsprechende Anzahl kleiner. Es bleibt also eine größere Marge für entstehende Frachtkosten übrig. Der Verkehr mit Großabnehmern kann daher noch auf Entfernungen rentabel sein, bei denen kleinere Aufträge Verlust bringen würden.

Innerhalb der regionalen Grenzen des Absatzgebietes gibt es Schranken dreierlei Art: die beschränkte Aufnahmefähigkeit des Marktes, die Konkurrenz fremder Erzeugnisse und Substitutionsartikel.

ε) Absatz und Wirtschaftsrhythmus.

In den meisten Betrieben vollzieht sich der Absatz der Produkte nicht regelmäßig, sondern ist Schwankungen unterworfen. Diese werden von den Betrieben am meisten als störend empfunden, die mit hohen fixen Kosten belastet sind. Die Absatzschwankungen beruhen vor allem auf 2 Komponenten:

1. dauernde Veränderungen im Absatzvolumen, bedingt durch
   a) innerbetriebliche Faktoren, d. h. durch absolute oder relative Veränderungen der Kosten und dadurch bedingte Veränderungen der Stellung der Unternehmung im Markt;
   b) außerbetriebliche Faktoren:
      α) das Normalwachstum der Branche (Trend, positiv oder negativ),
      β) technische Erfindungen (Substitutionsgüter, neue Produktionsverfahren usw.),
      γ) Modewechsel,
      δ) außerordentliche Verschiebungen in der Kaufkraft der Bevölkerung und andere Strukturänderungen;
2. rhythmische Absatzschwankungen:
   a) Konjunktur-,
   b) Saison-,
   c) Monats-, Wochen- und Tagesschwankungen.

Der Trend und die rhythmischen Bewegungen werden unter dem Begriff der wirtschaftszyklischen Bewegung zusammengefaßt. Der Trend ist das Normalwachstum, die Grundrichtung der Entwicklung, die auf- oder absteigend sein kann.

Von den rhythmischen Bewegungen steht an erster Stelle die Konjunkturbewegung. Ihr Einfluß ist verschieden stark in der Industrie, im Groß- und im Einzelhandel. Am stärksten ist er in den Industrien der Rohstoffe und Produktionsmittel, weniger stark in den Industrien der Konsumgüter. Je näher ein Produkt dem Konsumgut kommt, desto geringer ist der Einfluß der Konjunktur auf das Absatzvolumen. Im Warenhandel sind im Einzelhandel die Einflüsse geringer als im Großhandel.

Die Eigenart der übrigen rhythmischen Wirtschaftsbewegungen ist ihre relative Kurzwelligkeit. Saisonschwankungen sind kurzwellige Wirtschaftsbewegungen, die in etwa gleichem Ausmaß in gewissen Zeitabschnitten eines Jahres regelmäßig wiederkehren. Sie werden vor allem durch Witterungseinflüsse, ferner durch die Lage der Festtage und durch Zahlungs- und Kaufsitten verursacht. Sie wirken auf den Absatz aller Betriebe ein, jedoch bestehen große Intensitätsunterschiede.

Je konsumnäher das Gut, desto heftiger die Saisonschwankungen. Am intensivsten wirken sie sich bei den Gütern des täglichen Bedarfes aus, im Handel stärker als in der Produktion, im Einzelhandel wiederum stärker als im Großhandel. Schwankungen des Umsatzes in einem Monat um 100—200% sind nicht selten. In Produktionsbetrieben sind Saisonschwankungen natürlicher und sozialer Art zu unterscheiden. Erstere sind von der Saison unbedingt abhängig (Bau-, Ziegelindustrie, wegen der Witterung), letztere sind nur mit ihrem Absatz saisonabhängig.

Neben diesen Jahresrhythmen, die in allen Arten von Betrieben zu beobachten sind, treten besonders im Handel und im Verkehr noch kurzfristigere Schwankungen mit Monats-, Wochen- und Tagesrhythmen auf.

Die monatlichen Absatzschwankungen, vor allem hervorgerufen durch monatliche Gehaltszahlungen an Beamte und Angestellte, sind charakterisiert durch ein Ansteigen der Umsätze am Anfang, oft auch in der Mitte des Monats und ein entsprechendes Sinken gegen Monatsende. Dem Monatsrhythmus entspricht ein ebenfalls durch die Lohnzahlungen hervorgerufener Wochenrhythmus, der verstärkt wird durch den frühen Sonnabend-Arbeitsschluß und die Vorratskäufe für den Sonntag. Es gibt Branchen, in denen am Sonnabend 50% des Wochenumsatzes getätigt werden. Im Schuheinzelhandel verteilt sich der Umsatz beispielsweise auf die einzelnen Wochentage folgendermaßen:

Montag	18.0%
Dienstag	14.7%
Mittwoch	13.6%
Donnerstag ...	14.0%
Freitag	15.6%
Samstag	24.1%

Auch während der einzelnen Tagesstunden schwankt der Absatz stark und stellt die Betriebe vor oft recht schwierige organisatorische Aufgaben. In einem Stuttgarter Warenhaus wurde z. B. folgender Tagesrhythmus des Umsatzes festgestellt:

8—9	Uhr	2.57%	14—15	Uhr	6.66 %
9—10	„	5.99%	15—16	„	10.99 %
10—11	„	8.45%	16—17	„	14.10 %
11—12	„	8.58%	17—18	„	16.24 %
12—13	„	6.90%	18—19	„	13.73 %
13—14	„	5.79%			

Im Kolonialwarenhandel ist es typisch, daß zwei Drittel des Umsatzes in der Zeit von 16—19 Uhr getätigt werden.

Diese Absatzschwankungen struktureller und zyklischer Natur zwingen zu betriebspolitischen Maßnahmen, um die Schwankungen auszugleichen, sie zu mildern oder sie in ihrer Wirkung abzuschwächen. Daneben gilt es, den Vertrieb zu rationalisieren, ihm die Gestaltung höchster Zweckmäßigkeit zu geben, auch den Absatz entsprechend den Bedingtheiten und Gegebenheiten des Marktes zu organisieren und ihm den Charakter des Planmäßigen und Systematischen zu geben. Der Sinn ist, die kommende Entwicklung vorwegzunehmen und

Produktion und Absatz auf langfristige Planung einzustellen. Hierzu stehen dem Betrieb drei Mittel zur Verfügung:

1. Konjunkturbeobachtung mit Hilfe der allgemeinen und betriebswirtschaftlichen Konjunkturstatistik,
2. die Marktanalyse,
3. die Marktbeobachtung.

Die Konjunkturbeobachtung bezweckt eine Vorausschätzung der wirtschaftlichen Entwicklung. Sie wird ergänzt durch die Marktbeobachtung, eine fortlaufende, systematische Beobachtung der strukturellen und zyklischen Veränderungen eines begrenzten Marktes zwecks Gewinnung von Unterlagen für Betriebsdispositionen. Die Marktbeobachtung unterscheidet sich von der Konjunkturbeobachtung lediglich durch die Beschränkung auf ein kleineres Beobachtungsgebiet und durch Einbeziehung von konjunktursymptomatisch irrelevanten, für die Beurteilung der Marktlage aber wichtiger Faktoren, wie z. B. Konkurrenzverhältnisse, Absatz-, Lager- und Produktionsverhältnisse der Konkurrenten u. ä.

Eine dritte Form der Marktuntersuchung ist die Marktanalyse. Hierunter verstehen wir eine einmalige Untersuchung eines Marktes zur Feststellung des effektiven und potentiellen Bedarfs und der Tatsachen, die für den Absatz, seine Technik und Ausdehnung von Bedeutung sind. Sie soll vor allem ein Urteil ermöglichen:

1. über die absetzbare Menge,
2. den tatsächlichen Absatz im Verhältnis zum möglichen,
3. die Voraussetzung einer Absatzsteigerung und die hierzu einzuschlagenden Wege,
4. die vorteilhafteste Absatztechnik, die Anforderungen der Abnehmer an die Ware, Konkurrenzprodukte, Preisverhältnisse u.ä.

Die Marktanalyse unterscheidet sich von der laufenden Marktbeobachtung vor allem durch die Intensität, mit der sie durchgeführt wird, und durch die dabei angewendete Technik. Die Marktbeobachtung muß sich, da sie laufend geführt wird, mit Zahlen und Unterlagen begnügen, die immer und ohne besondere Schwierigkeiten zu haben sind. Die Marktanalyse dagegen, die nur einmal oder in größeren Zeitabständen durchgeführt wird, kann tiefer gehen und z. B. durch persönliche Rückfragen, Rundschreiben, Preisaufgaben und anderen, oft mit hohen Kosten verbundenen Methoden Dinge zu erfahren versuchen, die nicht ohne weiteres bekannt sind. Oft bauen Marktanalyse und Marktbeobachtung derart aufeinander auf, daß die durch die Marktanalyse als relevant ermittelten, leichter in Erfahrung zu bringenden Tatsachen regelmäßig beobachtet und in längeren Zeitabständen durch erneute Marktanalysen ergänzt bzw. kontrolliert werden.

Auf diesen drei Grundlagen baut sich die wirtschaftliche Planung und die Aufteilung des Budgets für längere und kürzere Perioden auf. Zunächst wird der voraussichtliche Absatz errechnet, korrigiert durch die Erfahrungen des Unternehmers und feststehende Betriebstatsachen — ein Beweis, daß trotz empirisch-statistischer und stochastischer Methoden Intuition und Erfahrung nicht ausgeschaltet werden können. Der geschätzte voraussichtliche Absatz bildet dann die Grundlagen für weitere Budgets: das Produktions-, Kosten- und Finanzbudget. Damit bekommt aber das Wirtschaften den Grundzug des Systematischen und Planmäßigen.

Schluß.

Der Betrieb ist eine Leistungsgemeinschaft für Zwecke des Volksganzen. Die Belange der Volksgemeinschaft stehen vor den Belangen des Betriebes. Der Betrieb leitet seine Existenzberechtigung aus seiner Erfüllung einer sozialen Funktion her. Nur soweit er diese seine Funktion erfüllen kann und nur in dem Grade, wie er sie erfüllt, ist er existenzberechtigt. Darum ist ein Betrieb nie *Selbstzweck*, sondern immer nur *Mittel zum Zweck*, ein Mittel zur Deckung des Bedarfs auf der einen

Seite und zur Erfüllung des Rechtes auf Arbeit anf der anderen Seite.

Jeder Betrieb kann nur unter einem Gesichtspunkte geführt werden: dem der wirtschaftlichsten Leistung für das Volksganze. Jeder Betrieb ist wirtschaftlich zu führen und stets mit vollem Verantwortungsbewußtsein gegenüber Volk und Staat. Das ist für den privaten Betrieb nicht anders als für den öffentlichen; sonst würde der private Betrieb seinen Nutzen höherstellen als den der Gesamtheit, und der öffentliche Betrieb würde nicht wirtschaftlich sein.

Wer aber seinen Nutzen vor den der Gesamtheit stellt, ist nicht gemeinwirtschaftlich und vergeht sich damit am Volk, und wer unwirtschaftlich ist, schädigt gleichfalls das Volksganze, weil er zu teuere oder zu schlechte Leistungen hervorbringt. Bei einer gegebenen Kaufkraft des Volkes erhält es dann zu wenige oder zu schlechte Gegenleistungen. Betriebswirtschaftlich denken heißt daher gemeinnützig und wirtschaftlich zugleich denken. Gemeinnützig denken heißt aber, die Gesamtheit dem Betrieb voranstellen und daher stets die Wirkung der Leistung auf Volk und Staat bedenken, und wirtschaftlich denken heißt, kalkulatorisch Kosten und Leistung abwägen, immer in dem Streben, die Leistung mit den vergleichsweise geringsten Kosten zu erstellen. Sozialistisches und wirtschaftliches Denken müssen harmonisch vereint sein. Sozialismus und Wirtschaftlichkeit sind keine Gegensätze.

Die Ergebnisse der Betriebswirtschaftslehre sind heute für jeden Betrieb unentbehrlich. Man kann sie nicht dadurch abtun, daß man sie als theoretisch hinstellt, womit man sie als lebensfern bezeichnen möchte. Das aber ist die Betriebswirtschaftslehre nicht, vielmehr ist es immer ihr Bestreben gewesen, möglichst wirklichkeitsnah zu sein und in ständiger Fühlung mit der Praxis zu stehen. Freilich ist die Betriebswirtschaftslehre keine Photographie der Praxis, was ja nicht in jedem Falle ein Vorzug wäre. Betriebswirtschaftslehre ist Forschung und systematisierte Erfahrung der Praxis. In ihr vereinigt sich die Erfahrung einer ganzen Welt, ergänzt durch systematische Untersuchungen und Versuche. Beziehungen und Abhängigkeiten, Regelmäßigkeiten und Tendenzen der wirtschaftlichen Erscheinungen auf der einen Seite, Grundsätze und Verfahrensweisen auf der anderen Seite sind ihr Ergebnis. Kein Betrieb kann auf die Forschungsergebnisse und systematisierten Erfahrungen und Methoden einer ganzen Welt verzichten, wenn er nicht ins Hintertreffen geraten will.

Und ein Zweites ist gleichfalls zu berücksichtigen. Die Erfahrungen machen es nicht allein, vor allem deswegen nicht, weil die Wirtschaft sich so sehr schnell ändert. Die Erfahrung besitzt ihre Bedeutung vor allem dann, wenn die Vergangenheit wiederkehrt. Die Vergangenheit kehrt aber nicht wieder. Deswegen muß zur Erfahrung die Schulung treten, die befähigt, neue Dinge bewußt zu gestalten und eigene Lösungen für neue Aufgaben zu finden. Aus diesem Grunde ist heute die Betriebsführung notwendigerweise verwissenschaftlicht, und neben den reinen Praktiker tritt heute der akademisch geschulte Betriebswirt.

Dazu kommt endlich noch ein Drittes, das eine verstärkte betriebswissenschaftliche Betrachtung des Betriebes erfordert: die Funktion, die der Markt als Ansporn zur wirtschaftlichsten Leistung bei freiem Wettbewerb hatte, kann er heute nicht mehr erfüllen. Die freie Wirtschaft ist an ihrer Unordnung zugrunde gegangen, weil Fixkapital und Fixkosten die vollständige Konkurrenz in eine beschränkte Konkurrenz verwandelt hatten. Fehlt aber die äußere, die Marktkonkurrenz, so muß als Ersatz eine innerbetriebliche Konkurrenz herbeigeführt werden, um den Betrieb zur Bestleistung anzuspornen. Zur Durchführung innerbetrieblichen Wettbewerbes sind betriebswirtschaftliche Methoden und organisatorische Maßnahmen besonderer Art erforderlich.

Diese Gründe zwingen zur Einführung wissenschaftlicher Methoden im Betriebe, weil sonst die Bestleistung nicht erzielt werden kann. Zusammenhänge zu erkennen und rationale Verfahrensweisen zu entwickeln, die der Praxis dienen, das ist die Aufgabe der Betriebswirtschaftslehre, und hierin liegt ihre Bedeutung für die Wirtschaft.

Schlagwortverzeichnis.

Ablaufdiagramm 124
Absatz 189 ff.
— bedingtheiten 214
— gebiet 215
— grenzen 214
— rhythmus 217 ff.
— schwankungen 217 ff.
Abschreibung 134 f.
Abteilungsbildung 143
Agent 195, 198
Akkord 128
Einzel- 128
Gruppen- 128
Stück- 127
Stückzeit- 127
Aktien 165
— gesellschaft 24, 29
Arbeit 115 ff.
Bestgestaltung der — 120, 123
Recht auf — 116, 222
Arbeitsidee 117
— kostenkoeffizient 174
— lohn 126 ff.
— physiologie 126
— platzgestaltung 123
— psychologie 126
— studien 123, 125
— teilung 142 ff.
— vereinigung 145 ff.
— vorbereitung 123/25
Anspannungskoeffizient 115
Auflösung 170
Aufwand 56

Bankenorganisation 163
Bedeauxsystem 126
Beirat 121
Beschäftigungsgrad 68
Beschaffung 141, 153 ff.
Beschaffungsverhältnisse 99
gehemmte — 99
normale — 99
Bestand 171
eiserner — 171
Höchst- 172
Melde- 172
normaler — 131
spekulativer — 131
Bestellmenge 172
Beteiligungsgesellschaft 44
Betrieb 6, 7
anlageintensiver — 132
forderungsintensiver — 132
vorratsintensiver — 132
öffentlicher — 23 f.
Betriebsablauf 46 ff.
— ausdehnung 54
— formen 21 ff.
— kostenkoeffizient 115
— obmann 122
— organisation 123
— sicherung 52
— technik 7
Betriebswirtschaft 6 ff.
Betriebswirtschaftslehre 9
Gliederung der — 13 ff.
Methode der — 10 ff.
Bewertung 64, 99
Bilanz 50, 102, 104, 109, 110, 132
Börse 160, 167
Buchhaltung 49, 149
Budget 150

Dachgesellschaft 46
Dezentralisation 144
Direktverkehr 145

Effekten 164 ff.
— haltegesellschaft 45
— substitution 44
Ehrengerichte 122
berufsständische — 122
soziale — 122
Emission 167
direkte — 167
indirekte — 167
Einkauf 170
Einzelfirma 24, 28
Erfolg 101
periodischer — 101
Erhaltungswirtschaft 156 f.
Erlös 102
Ertrag 53
Brutto- 101, 103
Netto- (Rein-) 101
Ertragsanalyse 112
— ermittlung 109
— rechnung 109
Erweiterung 169
Fabrik 179
Fertigung 183
Einzel- 183
Massen- 183
Serien- 183
Sorten- 182
Filiale 195 f.
Finanzierung 153 ff.
Außen- 154
besondere — 154
Eigen- 154
Fremd- 154
Innen- 154
laufende — 154
Selbst- 154
Finanzierungsbasis 26
— gesellschaft 45
— grundsätze 155
Finanzkapital 44
— plan 156
Funktionen 141 ff.
Fusion 169

Geldmarkt 159 ff.
nicht organisierter — 161
organisierter — 160
— Teilmärkte 160
Gesellschaft 24
Offene Handels- 28
Aktien- 24, 29
— m. b. H. 27, 30
— m. b. H. & Co. 30
Kommandit- 24, 29
Kommandit- auf Aktien 24, 27
Stille — 29
Gesetzmäßigkeit 137
kausale — 137
statistische — 137
Genossenschaft 24, 31
Genußscheine 166
Gewerkschaft 131
Gewinn 26
anorganischer — 103
Außen- 105
Betriebs- 105
echter — 104
Konjunktur- 105
Markt- 105
organischer — 103
realisierter — 103

Schein- 105
Total- 102
Umsatz- 115
Umsatzbrutto- 115
unechter — 104
Unternehmungs- 106
— arten 107
— begriffe 107
Gründung 168
Güter 131
verbundene — 100
Kapital- 131
— arten 131

Haftsummenkredit 31
Handel 199
Einzel- 203ff.
Export- 201f.
genossenschaftlicher — 204
Groß- 199ff.
Werks- 197
Handwerk 171

Instanz 145
Instanzenweg 145
Interessengemeinschaft 41
Interimsscheine 166

Kalkulation 65
Divisions- 65
Zuschlags- 65f.
Wert- und Preis- 92ff.
Kalkulationsvorschriften 91
Kartell 32
— auflösung 36
— aufsicht 35
— bildung 35f.
— formen 37f.
Kapital 128
Eigen- 129, 155
Fremd- 130, 155
Mindest- 26f.
ruhendes — 131
Kapitalmarkt 161
nicht organisierter — 163
organisierter — 162
— Teilmärkte 162
Kommissionär 195, 198
Konferenzsystem 147
Konjunktur 218
— bewegung 218
— beobachtung 220
Konkurrenz 17
fehlende — 18
unvollständige — 17f.
vollständige — 17
Konsument 55
Kontrollgesellschaft 45
Konzentrationsformen 32
Konzern 42
Kosten 56ff.
Differential- 75
Differenz- 75
Durchschnitts- 75
Einheits- 71, 75
Einzel- 61
feste — 70ff., 206
Gemein- 61
Gesamt- 61
Grenz- 75
Kapazitäts- 68ff.
Kapital- 138ff.
Plan- 111
proportionale — 76, 208
reale — 100
Schicht- 75
Sprung- 71
Standard- 64f.
veränderliche — 70
vermeidbare — 76
— arten 59ff.
— deckung 52
— degression 72, 74
— optimum 73
— progression 74
— proportionalität 73
— verlauf 71
Kostenrechnung 65
Selbst- 65ff.
Kostenstellen 60f.
— bildung 143
Kostenträger 62
— rechnung 150
Kredit 158
— arten 158f.
— basis 26f.
— markt 158
— sicherung 159
Kreislauf 46ff.

Lager 172
— bestand 172
— dauer 213
— haltung 171f.
— kosten 207, 211
— umschlag 212f.
Lenkung 15
Leitung 141f., 151
Liniensystem 146
Linienstabsystem 146
Liquidität 132
Lohn 126ff.
Leistungs- 127
Prämien- 128
Zeit- 127

Manufaktur 178
Maschine 181
Antriebs- 181
Arbeits- 181
Kraft- 181
Markt 220
— analyse 220
— beobachtung 220
— untersuchung 220
Materialindex 174
Menschenführung 115ff.
Technik der — 118f.
Monopol 18, 42
absolutes — 97
relatives — 97

Nationalsozialismus 22, 117
Normung 143
Nutzen 81

Objektprinzip 143
Obligation 166
Organisation 139ff.
Arbeits- 120ff.
Büro- 140
funktionelle — 146
militärische — 146
Rechnungs- 140, 148f
Organisationsprinzipien 147
— typen 146
Optimum 73
Optimale Betriebsgröß 184f.

Preis 85ff.
Angebots- 95
Beschaffungs- 104
Konkurrenz- 95
Monopol- 86, 96ff.
Nachfrage- 93
— bildung 89ff.
— prüfung 91
— überwachung 91
— untergrenze 77
Produktion 141f., 173ff.
Produktionsformen 183
— gestaltung 51

— kapazität 184
— prozeß 176ff.
— stufen 175
Prozeßgliederungsprinzip 144

Raumanordnung 123
Rechnungswesen 151
Refa 126
Reichsbank 160
Rentabilität 112f., 155
Eigenkapitals- 113
Gesamtkapitals- 113
Rentabilitätsplan 157
Reserven, stille 130
Risiko 135f.
— intensität 136
— kalkulation 138
— prämie 137
Rücklagen 52, 129
Rückstellung 52
Rückzahlung 170

Sanierung 169
Soll-Iststrechnung 116
Soziale Frage 116
Sozialpolitische Selbstordnung 121
Spezialisierung 143
Stabsystem 146
Standardisierung 143
Standort 173
Statistik 150
Syndikat 38

Transport 185f.
— abteilung 188
— fähigkeit 215
— kosten 215
Trust 42
Typung 143

Umsatz 189ff.
— belastung 115
— messung 189
Mindest- 210
Umschlagsdauer 192
— geschwindigkeit 193, 213
— häufigkeit 191f.
— koeffizient 115, 192
Unternehmer 151
Unternehmung 8
kapitalistische — 21
sozialistische — 21
Rechtsformen der — 23f., 46
Groß- 44

Vergleichsrechnung 150
Verkaufsbüro 195
Verkaufskontor 198, 202
Verkehrsbetriebe 168
Verrechnungspreise 64
Versandabteilung 196
Verschuldungskoeffizient 115
Vertrauensrat 121
Vertrieb 185ff.
direkter — 194ff.
indirekter — 199ff.
Vertriebsabteilung 195
— formen 194ff.
— kosten 204ff.
Verwaltung 141, 153

Wagnis 137f.
Werkhandelsgesellschaft 195, 197, 202
Werkstäbler 146
Werkverkehr 187
Wert 78ff.
Einzel- 83
Ertrags- 84
Ersatz- 104
gemeiner — 83
Gesamt- 83
Geschäfts- 84
Haupt- 82
Hilfs- 82
Kosten- 83
Marktzeit- 80
Niederst- 104
Reproduktionskosten- 83
Sonder- 82
Tages- 99
Zeit- 83, 104
Wertminderung 134f.
Wettbewerb 15ff.
freier — 19
gebundener — 19
Leistungs- 19
Nicht-Leistungs- 19
Wirtschaft 6f.
freie — 15
gelenkte — 15ff., 51, 88ff.
Wirtschaftlichkeit 8, 112, 113
Wirtschaftsordnung 14ff.
Wirtschaftsplan 150

Zeitraumrechnung 149
Zeitstudien 125
Zentralabteilungsprinzip 144
Zentralisation 144
Zins 134

FSC
www.fsc.org
MIX
Papier | Fördert gute Waldnutzung
FSC® C083411

Kolibri 360 GmbH
Ferdinand-Jühlke-Straße 7
99095 Erfurt, Deutschland
produktsicherheit@kolibri360.de